# 독자의 1초를 아껴주는 정성!

세상이 아무리 바쁘게 돌아가더라도
책까지 아무렇게나 빨리 만들 수는 없습니다.
인스턴트 식품 같은 책보다는
오래 익힌 술이나 장맛이 밴 책을 만들고 싶습니다.

길벗이지톡은 독자여러분이
우리를 믿는다고 할 때 가장 행복합니다.
나를 아껴주는 어학도서,
길벗이지톡의 책을 만나보십시오.

독자의 1초를 아껴주는
정성을 만나보십시오.

미리 책을 읽고 따라해본 2만 베타테스터 여러분과
무따기 체험단, 길벗스쿨 엄마 2% 기획단,
시나공 평가단, 토익 배틀, 대학생 기자단까지!
믿을 수 있는 책을 함께 만들어주신 독자 여러분께 감사드립니다.

홈페이지의 '독자마당'에 오시면
책을 함께 만들 수 있습니다.

(주)도서출판 길벗 www.gilbut.co.kr
길벗 이지톡 www.gilbut.co.kr
길벗 스쿨 www.gilbutschool.co.kr

스크린 영어 리딩

MARVEL
어벤져스
엔 드 게 임
2

# 스크린 영어 리딩 – 어벤져스 : 엔드게임 2
Screen English Reading – Avengers - Endgame 2

**초판 발행** · 2020년 3월 30일

**번역 및 해설** · 이시재
**발행인** · 이종원
**발행처** · (주)도서출판 길벗
**브랜드** · 길벗이지톡
**출판사 등록일** · 1990년 12월 24일
**주소** · 서울시 마포구 월드컵로 10길 56(서교동)
**대표전화** · 02)332–0931 | **팩스** · 02)323–0586
**홈페이지** · www.gilbut.co.kr | **이메일** · eztok@gilbut.co.kr

**기획 및 책임편집** · 신혜원(madonna@gilbut.co.kr) | **디자인** · 최주연
**제작** · 이준호, 손일순, 이진혁 | **영업마케팅** · 김학흥, 장봉석
**웹마케팅** · 이수미, 최소영 | **영업관리** · 김명자, 심선숙 | **독자지원** · 송혜란, 홍혜진

**편집진행** · 김해리 | **전산편집** · 연디자인 | **CTP 출력** · 예림인쇄 | **인쇄** · 예림인쇄 | **제본** · 예림바인딩

**ISBN** 979-11-6521-060-1  04740 (길벗 도서번호 301051)
　　　979-11-6521-059-5  04740 (세트)

이 도서의 국립중앙도서관 출판예정도서목록(CIP)은 서지정보유통지원시스템 홈페이지(http://seoji.nl.go.kr)와
국가자료종합목록 구축시스템(http://kolis–net.nl.go.kr)에서 이용하실 수 있습니다. (CIP제어번호 : CIP2020004303)
ⓒ 2020 MARVEL

**정가 16,000원**

---

**독자의 1초까지 아껴주는 정성 길벗출판사**

**(주)도서출판 길벗** | IT실용서, IT/일반 수험서, IT전문서, 경제경영서, 취미실용서, 건강실용서, 자녀교육서
더퀘스트 인문교양서, 비즈니스서
**길벗이지톡** | 어학단행본, 어학수험서
**길벗스쿨** | 국어학습서, 수학학습서, 유아학습서, 어학학습서, 어린이교양서, 교과서

페이스북 · www.facebook.com/gilbuteztok
네이버 포스트 · http://post.naver.com/gilbuteztok
유튜브 · https://www.youtube.com/gilbuteztok

─ 스크린 영어 리딩 ─

**MARVEL**

# 어벤져스
## 엔드게임

### 2

번역·해설 **이시재**

길벗
이지:톡

# 영어 고수들은 영화를 읽는다!

## 영어 고수들이 추천하는 영어 학습법, 원서 읽기

'원서 읽기'는 영어 고수들이 가장 강력하게 추천하는 영어 학습법입니다. 언어학자, 영어 교육자 할 것 없이 영어 고수들이 입을 보아 원시 읽기를 추천하는 이유는 무엇일까요? 첫째, '원서 읽기'는 간편합니다. 대화 상대가 있어야 연습이 가능한 영어회화와 비교하면, 원서 읽기는 책만 있으면 언제 어디서든 혼자서도 학습이 가능합니다. 스스로를 영어 환경에 노출시킬 수 있는 가장 간단한 방법이죠. 둘째, '원서 읽기'는 경제적입니다. 책 한 권만 있으면 독학이 가능합니다. 유명한 학원을 갈 필요도, 비싼 강의를 들을 필요도 없습니다. 내 수준과 취향에 맞는 책 한 권만 고르면 그 어떤 강의 부럽지 않은 효과를 낼 수 있습니다. 셋째, '원서 읽기'는 효과적입니다. 영어 문장을 꾸준히 읽다 보면 문장 구조를 자연스럽게 파악할 수 있습니다. 많은 문장을 접하면 나중엔 길고 복잡한 문장도 끊어 읽기가 가능해지죠. 또한 상황을 머리에 그리며 단어를 익히기 때문에 단어의 어감을 확실히 익힐 수 있습니다. 기계적으로 문법과 단어를 외우는 것보다 훨씬 효과적입니다. 우리말과 마찬가지로 외국어 역시, 책을 많이 읽어야 어휘력과 독해력이 늘어나며 실력이 향상됩니다.

## 어떤 책을 읽어야 할까?

원서 읽기가 이렇게 좋은데, 정작 영어책 한 권을 완독했다는 사람을 찾기 힘든 이유는 무엇일까요? 대부분의 경우 적절한 책을 선정하는 데 실패했기 때문입니다. 원서 읽기에 도전하겠다고 호기롭게 고전 소설을 펼쳤다가 며칠도 안 돼 포기한 경험 한 번쯤 있으시죠? 우리말로 읽어도 난해한 소설을 영어로 읽는 것은 애초에 성공할 확률이 아주 낮은 도전입니다. 낯설고 어려운 텍스트로 공부하면 동기부여가 되지 않기 때문입니다. 생각만 해도 스트레스가 쌓이죠. **읽으면서 즐거움을 느낄 수 있는 책을 찾는 것이 가장 중요합니다.**

영어 독해 문제를 풀 때, 내가 알고 있는 정보가 나오면 독해가 쉽게 느껴졌던 경험이 있나요? 내가 알고 있는 것, 배경지식이 있는 것은 영어로도 쉽게 읽히기 때문입니다. **그래서 원서 읽기를 한다면, 내가 아는 이야기로 하는 것이 훨씬 도움됩니다.** 스토리를 알고 있으니 문맥을 살피며 단어의 뜻을 유추할 수 있습니다. 이 책은 마블 히어로 영화 〈어벤져스-엔드게임〉으로 원서 읽기를 할 수 있습니다. 마블 영화를 좋아하는 사람이라면 누구든 흥미롭게 학습할 수 있죠. 영화 장면을 떠올리며 읽으면 상황의 맥락과 단어의 뉘앙스를 정확하게 파악하는 데 큰 도움이 될 것입니다. 영화의 감동을 원서로 한 번 더 느껴보세요.

## 이 책의 구성

이 책은 본책과 워크북, 두 권으로 구성되어 있습니다. 원서의 내용을 담은 본책은 영한대역으로 구성했습니다. 워크북은 어려운 단어와 표현의 해설을 담았습니다.

--------- **본책** ---------

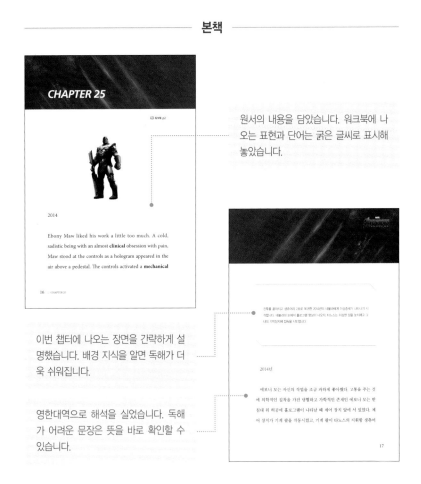

원서의 내용을 담았습니다. 워크북에 나오는 표현과 단어는 굵은 글씨로 표시해 놓았습니다.

이번 챕터에 나오는 장면을 간략하게 설명했습니다. 배경 지식을 알면 독해가 더욱 쉬워집니다.

영한대역으로 해석을 실었습니다. 독해가 어려운 문장은 뜻을 바로 확인할 수 있습니다.

# 워크북

**챕터 28**

📖 원서가 술술 읽히는 단어장

- fire escape (화재 대피용) 비상계단
- alley 골목길, 좁은 길

- impact 영향, 충격, 충돌
- rubble 돌무더기, 잔해
- passenger 승객, 탑승객
- swivel (가운데가 고정된 채 돌듯) 회전하다, (몸, 눈길) 홱 돌리다
- glare 노려보다, 쏘아보다

- brief 짧은, 잠깐의, (말, 글이) 간결한, 간단한
- reiterate 반복하다, 되풀이하다
- repeat 반복하다, 거듭 말하다
- guts 용기, 기개, 배짱, 근성, 인내력

- carry out 수행하다, 이행하다
- billion 10억
- steering wheel (자동차의) 핸들

- retake 다시 가지다, 되찾다, 재촬영하다
- acquire 습득하다, 얻다, 획득하다
- military installation 군사 시설
- hint at 암시하다, (징후, 생각 등을) 나타내다
- vague 애매한, 모호한, (기억 등이) 희미한, 어렴풋한

10

원서의 단어 뜻을 실었습니다. 쪽수가 표기되어 있어 간편하게 찾아볼 수 있습니다.

- stutter 말을 더듬다
- associate 동료, 동지, 동반자
- improvise (연주, 연설 등을) 즉흥적으로 하다

- confirmation 확인, 확증
- fumble (말을) 더듬다, (손으로) 더듬거리다, 더듬어 찾다
- pep talk 격려의 말, 격려 연설, 응원 연설
- expectantly 기대하여

📖 이 문장도 알고 가자

● I dropped the ball. 실수했어.

▶ 스포츠에 스트롤 좋아하는 데 실패한 또는 거 동료들에게 말하는 장면입니다. 공을 떨어뜨렸다는 이야기는 바이털인다? 가기 중에 스포츠 경기에서 공을 놓치는 (상황을 비유하는 말입니다. 공을 놓친다는 것은 아주 큰 실수였다? drop the ball은 큰 실수를 하다, 실수로 망치다?라는 뜻입니다.

● Little stroll down memory lane. 옛 기억에 젖...

▶ stroll은 걷다, 산책하다?라는 뜻인데요. memory lane을 더듬어가는 기억의 길을 뜻합니다. 과거의 기억을 잠깐 떠올리는 것은 기억을 되짚어보다는 정도로 이해할 수 있습니다.

● THE Garden State. 뉴저지 주.

▶ 여기서 The Garden State, 영화의 주인공 뉴저지를 리미터하는데요. 뉴저지에서 태어났다?는 뉴저지 주의 별명을 직책을 수행하며 어려움을 뉴저지의 누지요 주는 장면에서 밝고 맑은 수 있다는 말 좋은 뜻처럼 뉴저지의 그래놀을 정하며 주고라고 말하면서 뉴저지의 '정원의 주'는 별칭을 돌리고 있습니다.

11

어려운 표현 설명을 실었습니다. 배경 지식이나 관용어구를 중심으로 설명했습니다.

## 이 책의 학습법

자신에게 맞는 학습법을 찾는 것이 가장 좋지만, 어떻게 학습해야 할지 감이 잡히지 않는 다면 영어 수준에 맞춘 학습법을 추천해드립니다.

### ▪ 내 수준 체크하기

내가 어느 정도 수준인지 잘 모르겠다면, 한 챕터를 골라 눈으로 읽어보세요. 10·30% 해석되면 초급, 반 정도 해석되면 중급, 70% 이상 해석되면 고급 수 준입니다.

### ▪ 초급자라면 워크북부터 학습해보세요

원서를 읽기 전에 단어 뜻을 눈으로 훑어보세요. 모르는 단어에는 체크를 해 둡니다.(절대 단어를 외우려고 하지 마세요.) 단어 뜻을 대강 익혔다면 본격적 으로 원서를 읽습니다. 해석을 먼저 읽고 내용을 파악해두면 영문 읽기가 훨 씬 수월합니다. 정해진 분량을 학습한 후 다시 워크북으로 돌아가 단어를 다 시 쭉 훑어보세요. 아까 체크한 단어들이 확실하게 각인되었을 것입니다.

■ **중고급자라면 원서부터 읽어보세요.**

중고급자라면 먼저 원서를 쭉 읽어보세요. 막히는 부분이 있어도 해석과 단어 뜻을 보지 말고, 문맥으로 의미를 유추하며 계속 읽습니다. 다시 봐도 이해되지 않는 구문과 단어는 워크북을 참고하세요. 단어를 따로 체크해놓았다가 다음날 학습하기 전에 복습하는 것, 잊지 마세요.

본책 ➡ 워크북

### 캡틴 아메리카 스티브 로저스

제2차 세계 대전 당시, 나라에 도움이 되기 위해 군대에 지원하지만 허약한 몸이 결격사유가 되어 수차례 입대를 거부당한다. 슈퍼 솔져 프로젝트에 자원하여 인간의 한계를 뛰어넘은 초인 병사로 거듭나며 그토록 염원하던 전쟁에 참전한다.

### 아이언맨 토니 스타크

억만장자이자 천재 발명가, 무기 제조사 '스타크 인더스트리'의 CEO이다. 적의 공격으로 심장에 치명상을 입지만, 목숨을 지킬 수 있는 슈트를 만들어 기사회생한다. 이 일을 계기로 무기 만드는 것을 그만두고 '아이언맨'으로 거듭난다.

### 블랙 위도우 나타샤 로마노프

구소련 스파이 출신으로 코드네임은 '블랙 위도우'이다. 제2차 세계 대전 중 러시아에서 신체 개조를 받아 강한 신체 능력을 갖게 되었다. 현재는 국제평화유지기구 쉴드(S.H.I.E.L.D)의 요원으로 활동 중이다.

### 헐크 브루스 배너

감마선을 연구하는 과학자였으나, 실험 도중 감마선에 노출되어 거대 녹색 괴물 '헐크'가 되었다. 평소에는 브루스 배너 박사의 모습이지만, 화가 나면 어마어마한 파괴력을 가진 헐크로 변신한다.

### 토르 토르 오딘슨

우주 먼 곳에 존재하는 '아스가르드'라는 행성의 왕이자 천둥의 신이다. 천둥과 번개를 사용할 수 있는 능력이 있으며 '묠니르'와 '스톰브레이커'라는 망치가 주무기이다.

### 호크아이 클린트 바튼

초능력은 없지만, 그를 상쇄할 만한 궁술와 격투술을 겸비하고 있다. 쉴드의 요원으로 활동하다가 어벤져스의 일원이 된다.

### 앤트맨 스캇 랭

과거에는 범죄를 저지르고 살았지만, 행크 핌 박사를 만나 앤트맨으로 거듭난다. 핌 박사가 개발한 고도의 과학 기술이 접목된 슈트를 입으면 개미만큼 작아진다.

### 캡틴 마블 캐럴 댄버스

지구에서 공군 파일럿으로 활동하던 중 광자 엔진 폭발에 휘말려 기억을 잃고 우주의 크리족 전사로 살아간다. 후에 스스로 엄청난 힘을 가졌음을 깨닫고, 압도적인 초능력을 이용해 온 우주의 위험에 대항해 싸운다.

### 스파이더맨 피터 파커

방사성 거미에 물려 손에서 거미줄을 발사하는 능력을 갖게 된 천재 10대 소년. 엄청난 능력을 이웃을 돕는 데 사용하며, 늘 어벤져스의 일원이 되고 싶어 한다.

### 닥터 스트레인지 스티븐 스트레인지

천재 외과의사였으나 불의의 사고로 수전증이 생겨 절망에 빠진다. 마지막 희망을 걸고 찾아간 곳에서 에인션트 원을 만나 최강의 마법사, 소서러 슈프림으로 거듭난다.

### 가디언즈 오브 갤럭시

우주의 사고뭉치 스타 로드, 가모라, 드랙스, 로켓, 그루트, 맨티스가 뭉친 팀. '오브(파워 스톤)'의 인연으로 만나게 되어 우주를 위협하는 무리들에 맞선다.

### 타노스

인피니티 스톤의 힘으로 우주 생명체의 반을 없애려 한다. 인구의 반이 사라져야 우주가 평화를 되찾을 수 있다고 믿으며 인피니티 스톤을 수집한다.

# 목차

# 목차

# CHAPTER 25

📖 워크북 p2

2014

Ebony Maw liked his work a little too much. A cold, sadistic being with an almost **clinical** obsession with pain, Maw stood at the controls as a hologram appeared in the air above a pedestal. The controls activated a **mechanical**

전투를 끝마치고 생츄어리 2호로 복귀한 2014년의 네뷸라에게 이상증세가 나타나기 시작합니다. 네뷸라의 눈에서 홀로그램 영상이 나오자, 타노스는 이상한 점을 눈치채고 그녀의 기억장치에 접속을 시도합니다.

2014년

에보니 모는 자신의 작업을 조금 과하게 좋아했다. 고통을 주는 것에 의학적인 집착을 가진 냉혈하고 가학적인 존재인 에보니 모는 받침대 위 허공에 홀로그램이 나타날 때 제어 장치 앞에 서 있었다. 제어 장치가 기계 팔을 작동시켰고, 기계 팔이 타노스의 지휘함 생츄어

arm that extended from the **chamber** within the *Sanctuary II*, Thanos's **mother ship**.

The arm reached toward Nebula's head.

Thanos was there; he **snatched** the mechanical arm with a massive hand and plugged it into a **port** at the base of Nebula's skull. Nebula **groaned** and **shifted** against her **restraints**.

"**Run diagnostics**," he commanded. "Show me her memory file."

With a wave of his hand, Maw tapped at the hologram controls hovering in front of him. Information began to scroll past, but it made no sense. Maw wrinkled his already wrinkled face, grunting softly.

"**Sire**," he said, confused, "the file appears **entangled**."

Gamora stood behind her father, watching as Thanos and Ebony Maw tried to **withdraw** the information they were seeking from Nebula, both **oblivious** to her sister's **discomfort**. As always.

리 2호 안의 함실에서 뻗어 나왔다.

기계팔이 네뷸라의 머리를 향해 뻗어 나갔다.

타노스가 그곳에 있었고, 그가 거대한 손으로 기계팔을 낚아채 네뷸라의 두개골 밑에 있는 삽입구에 꽂아 넣었다. 네뷸라가 신음했고 구속 장치에 저항하며 몸을 움찔거렸다.

"진단을 시작해." 타노스가 명령을 내렸다. "기억 파일을 띄워라."

에보니 모가 손을 휘저으며 눈앞에 떠 있는 홀로그램 제어 장치를 두드렸다. 정보가 스크롤되어 지나가기 시작했지만, 말도 안 되는 정보들이었다. 모는 이미 인상 쓰고 있던 얼굴을 한층 더 찌푸리며, 살짝 끙 하는 소리를 냈다.

"전하." 모가 혼란스러운 듯 말했다. "자료가 뒤섞인 것 같습니다."

가모라는 자신의 아버지 뒤에 서서, 타노스와 에보니 모가 네뷸라에게서 정보를 알아내려고 하는 모습을 지켜보았는데, 두 사람 모두 동생의 고통은 의식하지 않고 있었다. 언제나처럼 말이다.

"It was a memory, but not hers," he determined, looking at the information. "There's another consciousness sharing her network. Another Nebula."

"**Impossible**," Thanos declared. This could not be.

"This **duplicate** carries a timestamp from nine years in the future," Maw concluded.

Thanos turned his head slowly. Perhaps this could be a **valuable** discovery after all. "Where is this other Nebula?"

"In our solar system," Maw said, making some calculations. "On Morag."

"Can you **access** her?" A thought had already occurred to him.

"Yes, the two are linked," Maw confirmed.

"Search the duplicate's memories for Infinity Stones." How else could this duplicate have traveled in time?

At his master's **bidding**, Ebony Maw worked the controls and activated the hologram projector in Nebula's left eye. Nebula's head rose, and the hologram projected from her eye.

"기억은 맞습니다만, 그녀의 것이 아닙니다." 에보니 모가 정보를 바라보며 단언했다. "네뷸라의 네트워크를 공유하는 다른 의식이 있습니다. 또 다른 네뷸라입니다."

"그럴 리 없다." 타노스가 단정지었다. 그럴 리가 없었다.

"이 복제품은 지금으로부터 9년 뒤인 미래의 시간대를 갖고 있습니다." 모가 결론지었다.

타노스가 천천히 고개를 돌렸다. 어쩌면 값진 발견일지도 모른다. "또 다른 네뷸라는 어디에 있지?"

"우리 태양계에 있습니다." 모가 계산하며 대답했다. "모라그입니다."

"네뷸라에게 접속이 가능한가?" 타노스에게 곧바로 한 가지 생각이 떠올랐다.

"네, 둘은 연결되어 있습니다." 모가 확인해 주었다.

"복제품의 기억에서 인피니티 스톤을 찾아라." 이 복제품은 어떻게 시간을 뛰어넘었단 말인가?

에보니 모는 주인의 명령에 따라 제어 장치를 조작하여 네뷸라의 왼쪽 눈에서 홀로그램 영사기를 작동시켰다. 네뷸라의 머리가 올라갔고, 홀로그램이 그녀의 눈에서 투사되었다.

In the air above them, figures of several humanoids appeared in a room of some kind.

"And these Stones have been in a lot of different places throughout history," said one person.

"Our history. So, not a lot of convenient spots to just drop in. Yeah?" said another.

Gamora looked at the hologram as she walked over to Ebony Maw's side. Had the information Thanos was seeking just dropped into their laps—thanks to her sister?

"Which means we have to pick our targets," one figure continued in the memory **projection**.

"Correct." Another agreed.

"Freeze image," Thanos ordered, staring at the hologram figures.

"Terrans," Gamora **hissed**. Stupid creatures. What had they done?

Thanos reached up with an **oversize** hand, pointing at the people in the hologram.

그들 위 허공으로, 방처럼 보이는 곳에 있는 인간 같은 것들의 형상 몇 개가 나타났다.

"그리고 스톤들은 역사 속 수많은 장소에 있었지." 누군가 말했다.

"우리의 역사지. 그러니까 그냥 들렀다 갈 휴게소는 많지 않아. 알아듣지?" 또 다른 누군가가 말했다.

가모라가 에보니 모의 곁으로 걸어와 홀로그램을 바라보았다. 타노스가 그토록 찾던 정보가 이들 발 앞에 놓인 것이다. 그녀의 동생 덕분이랄까?

"그 말은 우리가 목표물을 골라야 한다는 거네." 기억 투사 영상 속 누군가가 말했다.

"맞아." 누군가가 동의했다.

"영상을 멈춰라." 타노스가 지시하고는 홀로그램 속 인물들을 바라보았다.

"테란들이네요." 가모라가 날 선 소리를 냈다. 무지한 생명체들. 이들이 무슨 짓을 저질렀단 말인가?

타노스가 거대한 손을 뻗어 홀로그램 속 인물들을 가리켰다.

"Avengers," he **identified** with **disdain**. "**Unruly wretches**. What's that **reflection**?"

Thanos pointed at the hologram, at a distortion that appeared to be a reflection.

"**Amplify** this, Maw," he indicated the section.

With a wave of his hand, Ebony Maw zoomed in on an area of the hologram. The image enlarged, as it focused in more and more.

"I don't understand," Gamora said, bewildered by what appeared before them.

The zoom finished. The reflection showed Nebula.

"Two Nebulas," Gamora stated, amazed.

"No," Thanos corrected. "The same Nebula from two different times." Then he turned to Ebony Maw. "Set course for Morag. And scan the duplicate's memories. I want to see everything."

The light from Nebula's left eye began to flicker once more.

"어벤져스." 타노스가 경멸감을 담아 그들의 정체를 밝혔다. "구제 불능인 가여운 족속. 저기 비친 건 뭔가?"

타노스가 홀로그램에서 반사된 것으로 보이는 왜곡된 부분을 가리켰다.

"확대해라, 모." 그가 한 부분을 가리켰다.

에보니 모가 손을 움직여 홀로그램의 한 부분을 확대시켰다. 화면이 확대되었고, 한 부분에 초점이 맞춰진 채 계속 확대됐다.


"말도 안 돼." 가모라가 그들 앞에 나타난 무언가를 보고 당황스러워하며 말했다.

확대가 끝났다. 그 영상은 네뷸라를 보여주고 있었다.

"네뷸라가 둘이라니." 가모라가 놀라며 대답했다.

"아니." 타노스가 짚어주었다. "두 개의 다른 시간대에 존재하는 같은 네뷸라다." 그러고 나서 그가 에보니 모를 바라보았다. "모라그로 항로를 설정하고, 저 복제품의 기억을 파헤쳐라. 모든 걸 봐야겠다."

네뷸라의 왼쪽 눈에서 나온 불빛이 다시 깜빡이기 시작했다.

The pain was beyond **unbearable**. No one in the room noticed. They were all lost in their own thoughts.

고통은 참을 수 없는 정도를 훨씬 넘어섰다. 그 방 안의 누구도 그것을 알아차리지 못했다. 모두가 저마다의 생각에 빠져있었기 때문이다.

# CHAPTER 26

📖 워크북 p4

ASGARD

2013

"What are you doing?" asked Frigga.

    Thor yelled in surprise at the words.

    Then Frigga shouted in a **startled** response.

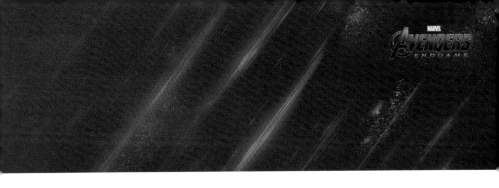

2013년의 아스가르드로 온 토르는 오딘의 궁전에서 돌아가신 어머니를 갑작스레 마주칩니다. 당황한 토르는 태연한 척하려 애쓰지만, 프리가 여왕은 자신의 아들이 다른 시간대에서 왔다는 사실을 쉽게 알아차립니다.

아스가르드

2013년

"여기서 뭐 하니?" 프리가가 물었다.

토르가 그 말을 듣고 놀라 소리를 질렀다.

그러자 프리가도 놀라서 소리쳤다.

They had just run into one another in the grand hall. Thor backed down the hall, trying to cover himself with the **bathrobe** he was wearing, putting it in front of his face in a **vain effort** at disguise.

"Oh, God!" Frigga tried to calm herself, recognizing who it was. "You're better off leaving the sneaking to your brother." She always **granted** Loki his strengths, if no one else did.

"No, I wasn't sneaking, I was just going for a walk," Thor **evaded**.

Curious, Frigga walked closer to the man in the bathrobe and looked at his **attire**.

"And then, um, I …" He was at a loss for words. Loki truly was the better liar.

"What are you wearing?" Frigga asked of his curious **outfit**.

"Oh, I always wear this," Thor tried to **excuse** his **appearance**. "It's one of my favorites." But he never could fool his mother.

그들은 방금 대복도에서 서로를 마주쳤다. 토르는 뒷걸음질치며 입고 있던 목욕용 가운으로 자신의 몸을 가리고 얼굴을 덮는, 위장 치고는 볼품없는 노력을 했다.

"맙소사!" 프리가가 침착하려 애쓰며 그가 누구인지를 알아보았다. "숨는 일은 네 동생한테 남겨두는 게 낫겠구나." 아무도 인정하지 않아도 프리가는 늘 로키의 능력을 인정했다.

"아뇨, 숨은 게 아니에요. 그냥 산책하고 있었어요." 토르가 얼버무렸다.

프리가는 궁금해하며 목욕용 가운을 입은 토르에게 가까이 다가가 그의 복장을 살폈다.

"그러다가, 음, 그게…." 토르는 할 말이 없었다. 로키가 확실히 거짓말에는 더욱 일가견이 있었다.

"뭘 입고 있는 거니?" 프리가가 그의 특이한 복장에 대해 물었다.

"아, 이거 맨날 입잖아요." 토르가 자신의 모습을 변명하려 애를 썼다. "제일 좋아하는 옷 중 하나예요." 하지만 그는 결코 어머니를 속일 수는 없었다.

Frigga reached out with her hand and placed it upon Thor's cheek. As she looked into the face of her son, she noticed something was off with his right eye. Something strange.

"What's wrong with your eye?" she asked, concerned.

Thor looked into his mother's face and gently took her hand, lowering it from his head. Then he **mimicked** a sword swing, his hand slicing through the air before him.

"Oh, my eye," he **hesitated**, struggling to think of a **suitable** lie. "That's … remember the, uh, the Battle of Harokin when I got hit in the face with the … the broadsword?"

Frigga touched her son's hair **affectionately**.

"You're not the Thor I know at all, are you?" She already understood the answer as well as she understood her sons.

"Yes, I am," Thor chuckled uncomfortably.

Looking at her son with a mixture of love and pity, Frigga said softly, "The future hasn't been kind to you, has

프리가가 손을 뻗어 토르의 뺨 위에 얹었다. 그녀가 아들의 얼굴을 바라보고는 그의 오른쪽 눈이 뭔가 이상하다는 사실을 알아차렸다. 뭔가가 이상했다.

"눈은 왜 그런 거니?" 그녀가 걱정스럽게 물어보았다.

토르가 어머니의 얼굴을 바라보며 부드럽게 손을 잡은 뒤 자신의 얼굴에서 내려놓았다. 그러더니 칼 휘두르는 흉내를 내며 손으로 허공을 갈랐다.

"아, 눈이요." 토르가 어떤 거짓말이 먹힐지 열심히 생각하며 머뭇거렸다. "그… 기억나세요? 그, 음, 하로킨 전투에서 제가 브로드소드로 얼굴을 맞아서… 이렇게 된 거요?"

프리가가 아들의 머리를 사랑스럽게 어루만졌다.

"너는 내가 아는 토르가 아니구나?" 프리가는 그녀의 두 아들을 아는 것만큼이나 이 물음에 대한 정답도 이미 잘 알고 있었다.

"아뇨, 맞는데요." 토르가 불편한 듯 껄껄 웃었다.

프리가는 자신의 아들을 애정과 연민이 섞인 눈으로 바라보며 부드럽게 말했다. "미래에서 많이 힘들었나 보구나."

it?"

"I didn't say I was from the future," Thor tried to avoid her gaze, but he realized the game was up.

"I was raised by witches, boy," Frigga reminded him with more than a bit of **sass**. "I see with more than eyes, you know that." Thor should **know better than to underestimate** his mother. It was her **perception** that gave her **insight** into both her sons' hearts and allowed her to always recognize their potential when no one else did.

Thor looked at his mother, shrugged his shoulders, and sighed. "Yeah, I'm totally from the future."

"Yes, you are, honey," she said, soothingly. She knew there would be a **forthcoming** explanation of his presence there.

"I really need to talk to you," Thor confessed, nearly in tears.

"We can talk," Frigga waited patiently for her son to **unburden** himself.

Thor reached out and hugged his mother close.

"전 미래에서 왔다고 한 적 없는데요." 토르가 그녀의 눈길을 피하려 애썼지만, 이미 들통났다는 사실을 깨달았다.

"난 마녀들 손에서 자랐단다, 아가." 프리가가 조금 으스대며 그에게 상기시켜 주었다. "난 눈으로 보는 것 말고도 많은 걸 볼 수 있어. 너도 알잖니." 토르는 자신의 어머니를 과소평가할 만큼 어리석지는 않았다. 두 아들의 마음에 통찰력을 불어넣어 주고, 그 누구도 몰랐을 때 두 아들의 잠재성을 언제나 알아봐 준 것이 바로 그녀의 선구안이었기 때문이다.

토르가 어머니를 보며 어깨를 으쓱하고는 한숨을 쉬었다. "네, 저 미래에서 왔어요."

"그래, 나도 알아, 내 아들." 그녀가 위로하듯 말했다. 프리가는 토르가 곧 이곳에 왜 왔는지 설명을 해줄 것도 알고 있었다.

"드릴 말씀이 있어요." 토르가 거의 울 것 같이 고백했다.

"얘기하자꾸나." 프리가는 아들이 스스로 털어놓을 때까지 참을성 있게 기다려 주었다.

토르가 팔을 뻗어 어머니를 한껏 끌어안았다.

* * *

She was asleep in her bed when Rocket entered. He **scampered** behind the **ornate** bed frame and took a hiding spot behind some **pillows**.

The woman **snored** softly.

Rocket had extracted the Aether—the Reality Stone—with **relative** ease. Now all that remained was for him to leave the chamber.

Except just then she started to wake up, and Rocket hid back behind the pillows.

As light shone through the windows, the woman—it was Jane, right, that's what Thor called her, Jane—got out of bed and walked over to some clothes that were sitting on the edge of the bed.

Peeking out from behind the pillows, Rocket got down low and snuck out of the chamber unnoticed.

\* \* \*

그녀는 로켓이 방에 들어올 때 침대에서 잠을 자고 있었다. 로켓은 침대 장식틀 뒤로 날쌔게 움직인 뒤 베개 뒤에 숨을 곳을 찾았다.

여자는 살짝 코를 골고 있었다.

로켓은 에테르, 즉 리얼리티 스톤을 비교적 수월하게 추출했다. 이제 남은 일은 침실을 빠져나가는 것뿐이었다.

하지만 그때 그녀가 잠에서 깨어나 로켓이 베개 뒤로 숨었다.

환한 빛이 창살을 통해 들어오자, 그 여자는 ─ 제인이었다. 그렇다. 토르는 그녀를 그렇게 불렀다. 제인. ─ 침대에서 벗어나 침대 가장자리에 놓인 옷을 향해 걸어갔다.

베개 뒤에서 몰래 살펴보던 로켓은 몸을 숙인 채 들키지 않게 침실을 빠져나갔다.

"His head was over there, and his body over there, and I mean, what was the point? I was too late," Thor proclaimed in frustration and guilt.

His mother stood there with him, listening.

"I was just standing there. Some idiot with an **axe**," Thor fumed.

"Now, you're no idiot," Frigga said **sternly**. She leaned toward her son. "You're here, aren't you? Seeking counsel from the wisest person in Asgard." She smiled, knowing she had raised neither fools nor **cowards**.

Thor sat on a smell bench at the foot of Frigga's bed. He lifted a small bottle that he carried in his hand and took a drink.

"I am, yes." And somewhere beneath the **melancholy**, he was beyond grateful for this **opportunity**.

"Idiot, no. A failure? **Absolutely**," she told him in no **uncertain terms**.

* * *

"놈의 머리는 여기에, 몸통은 저쪽에 있었어요. 제 말은, 그게 무슨 소용이겠어요? 이미 너무 늦었어요." 토르가 좌절감과 죄책감에 휩싸여 외쳤다.

그의 어머니는 그의 곁에서 경청하고 있었다.

"전 그냥 거기 서 있었어요. 도끼 든 바보였죠." 토르가 성을 냈다.

"이제 넌 바보가 아니란다." 프리가가 단호히 말했다. 그녀는 아들에게 몸을 기울였다. "여기에 왔잖니. 아스가르드에서 가장 지혜로운 사람에게 조언을 구하려고 말이야." 프리가가 미소를 지었고, 그녀는 자신이 바보나 겁쟁이를 키우지 않았다는 사실을 알고 있었다.

토르가 프리가의 침대 끝에 있는 작은 의자에 앉았다. 그가 들고 다니던 작은 병을 들고 한 모금 들이켰다.

"네, 맞아요." 우울한 감정 아래의 어딘가에서 그는 이러한 기회를 가진 것에 대한 감사함을 뛰어넘는 감정을 느꼈다.

"바보, 아니지. 패배자? 물론이고말고." 그녀가 아들에게 분명하게 말했다.

Thor bristled. "I think that's a little bit harsh." His mother was always **straightforward**, but he knew she loved him and wanted the best for him. Oh, how he'd missed her!

"And do you know what that makes you?" Frigga asked as she approached her son, sitting beside him. She reached out and moved a lock of hair from Thor's face. She rested her forehead against his. "Just like everyone else."

"I'm not supposed to be like everyone else, am I?" Thor responded **helplessly**. How could he be? He was Thor Odinson, Prince of Asgard. Hero. Avenger. He was expected to be better.

"Everyone fails at who they're supposed to be, Thor," Frigga revealed the simple secret to her son. "The **measure** of a person, of a hero, is how well they **succeed** at being who they are."

Thor looked into his mother's eyes.

"I've really missed you, Mom."

토르가 움찔했다. "그건 약간 가혹하네요." 그의 어머니는 언제나 직설적이었지만, 그는 그녀가 자신을 사랑하고 언제나 가장 좋은 것만 주고 싶어 한다는 것을 잘 알고 있었다. 아, 그가 얼마나 어머니를 그리워했던가!

"그러면 그게 널 뭘로 만든 지 아니?" 프리가는 아들에게 다가가 그의 옆에 앉으며 물었다. 그녀는 손을 뻗어 토르의 얼굴에서 머리칼을 쓸어 넘겼다. 그녀는 자신의 이마를 아들의 이마에 댔다. "다른 사람들처럼 된 거야."

"전 남들과 똑같으면 안 되잖아요." 토르가 무기력하게 대답했다. 어떻게 그럴 수 있단 말인가? 그는 토르 오딘슨, 아스가르드의 왕자이다. 영웅. 어벤져스의 멤버. 그에겐 언제나 더 나은 모습이 기대됐다.

"누구나 기대대로 살진 못해, 토르." 프리가가 아들에게 간단한 비밀을 말해주었다. "한 사람의 그리고 영웅의 됨됨이는 그들이 어떻게 진정한 자신으로 잘 거듭나느냐에 달렸단다."


토르가 어머니의 눈을 바라보았다.

"정말 보고 싶었어요, 엄마."

Rocket was now sprinting down the Grand Hall on all fours, running as fast as his **furry** legs would carry him, holding onto the Aether **extraction device**.

"Thor! I got it!" Rocket screamed.

He ran right past several Asgardian guards, who immediately gave chase.

"Get that rabbit!" shouted a guard.

* * *

"Mom, I have to tell you something," Thor was unsure how to proceed.

"No, son, you don't. You're here to **repair** your future, not mine." She didn't want to hear whatever it was he felt **compelled** to say. ❶Knowing what **lay ahead** was a heavy **burden** for anyone to bear.

"This is about your future," he pressed. On some level, he knew he couldn't save her, but on another, he still wanted to try.

* * *

로켓은 이제 네 발로 대복도를 내달리고 있었다. 에테르 추출 장비를 매단 채 가능한 빨리 털이 복슬복슬한 그 네 발을 움직이고 있었다.

"토르! 챙겼어!" 로켓이 소리 질렀다.

로켓이 아스가르드 경비병 몇을 지나치자, 곧바로 추격전이 벌어졌다.

"저 토끼 잡아라!" 한 경비병이 외쳤다.

* * *

"엄마, 드릴 말씀이 있어요." 토르는 어떻게 말해야 할지 몰랐다.

"아니다, 아들아. 하지 말아라. 넌 네 미래를 바로 잡으러 찾아온 거지 내 미래가 아니란다." 그녀는 자신의 아들이 반드시 말하고 싶어 하는 것이 무엇이든 간에 듣고 싶어 하지 않았다. 그 이후에 들게 될 얘기는 누구든 견디기에 큰 부담이 될 것이기 때문이었다.

"이건 엄마의 미래 얘기예요." 토르가 다그쳤다. 한편 토르는 어머니를 구할 수 없다는 것을 알고 있었으나, 다른 한편으론 여전히 시도해 보고 싶었다.

"It's none of my business," Frigga insisted. She would not hear it.

Thor looked at his mother, wanting to tell her, yet knowing she was right.

Then Rocket came running into the chamber.

"Hi," he **nonchalantly** greeted the pair as if his presence wasn't **extraordinary**.

Frigga looked at the curious creature and waved. She thought, *Friend of Thor. Okay.* Rocket held up the extraction device in victory.

"You must be Mom," Rocket said to Frigga. Then he looked at Thor. "I got the thing. Come on. We gotta move." Those guards weren't far behind him, and Thor and Rocket had places, or rather, time to go to.

Thor looked at his mother again as Frigga took a step toward him, holding his hand.

"I wish we had more time," he said softly. Leaving her again was like losing her again. Part of him just wanted to stay.

"그건 내가 관여할 일이 아니란다." 프리가는 완고했다. 그녀는 듣지 않을 작정이었다.

토르가 자신의 어머니를 바라보았고, 그는 어머니의 말씀이 옳다는 것을 알고 있었지만, 그 얘기를 해드리고 싶었다.

그 순간 로켓이 두 사람이 있던 방으로 달려 들어왔다.

"안녕하세요." 로켓은 마치 자신의 존재가 그리 대단하지 않다는 듯 두 사람에게 태연하게 인사를 건넸다.

프리가는 그 희한하게 생긴 생명체를 바라보며 손짓을 했다. 그녀는 '토르의 친구로구나. 그렇겠지.'라고 생각했다. 로켓이 승리에 취해 추출 장치를 꺼내 들었다.

"어머니시군요." 로켓이 프리가에게 말했다. 그러고는 그가 토르를 바라보며 말했다. "물건 챙겼어. 가자. 뛰어야 돼." 경비병들이 그리 멀지 않은 곳에 있었고, 토르와 로켓은 가야 할 장소, 아니 따지자면 가야 할 시간이 있었다.

토르는 자신의 어머니가 다가와 손을 맞잡아줄 무렵에 어머니를 한 번 더 바라보았다.

"시간이 더 있으면 좋겠어요." 토르가 부드럽게 말했다. 한 번 더 어머니를 두고 간다는 건 어머니를 또다시 잃는 것과 같았다. 그는 한편으론 계속 남아있고 싶었다.

"No, this was a gift," and she was grateful for what they had. "Now you go and be the man you're meant to be."

"I love you, Mom."

"I love you."

Thor and Frigga hugged once more, neither wanting to end the embrace. At last, Thor stepped away.

"Come on, we gotta go," Rocket urged, tapping his time-travel band.

"Goodbye," Frigga said, smiling at her son.

Rocket then began the countdown. "Three ..."

"No, wait!" Thor suddenly exclaimed, holding up his hand.

Rocket stopped just as he was about to push the button on his time-travel band. He stared at Thor as the Asgardian extended his left hand, closed his eyes, and tilted his head down. Thor held his hand outward in hope and expectation, and Rocket scratched his head.

"What, what am I looking at?" Rocket asked.

Frigga smiled knowingly. "Oh, sometimes it takes a

"아니다, 선물 같은 시간이었단다." 그녀는 그들이 함께한 순간에 기뻐했다. "이제 돌아가 진정한 네 모습으로 거듭나렴."

"사랑해요, 엄마."

"나도 사랑한다."

토르와 프리가가 한 번 더 서로를 끌어안았고, 두 사람 모두 이 포옹이 영원히 이루어지길 바랐다. 마침내 토르가 발걸음을 옮겼다.

"빨리 와. 튀어야 한다니까." 로켓이 다그치며 자신의 시간여행 밴드를 두드렸다.

"잘 가렴." 프리가가 자신의 아들에게 미소를 지으며 말했다.

로켓이 그 뒤 숫자를 세기 시작했다. "셋…."

"안 돼, 잠깐!" 토르가 갑자기 소리치며 손을 들어 올렸다.

로켓이 시간여행 밴드 위에 있는 버튼을 누르려던 찰나에 멈췄다. 로켓은 토르가 자신의 왼팔을 뻗고 두 눈을 감은 채, 고개를 아래로 숙이는 모습을 바라보았다. 토르는 소망과 기대를 가지고 팔을 앞으로 뻗었고, 로켓은 머리를 벅벅 긁어댔다.

"뭐, 뭐 하는 건데?" 로켓이 물었다.

프리가가 눈치채며 미소를 지었다. "아, 가끔 시간이 좀 걸리죠."

second."

Opening one eye, Thor looked to his right, his left hand still extended. He closed the eye once more. Please, he thought. *Please let it be.*

In the distance, Rocket heard something like a **whooshing** sound.

A second later, and an object soared through an open window behind them, coming to rest precisely in Thor's left hand.

Rocket saw that it was a large hammer.

*Mjolnir.* Rocket knew it must be Mjolnir. Thor had talked about it on their trip to Nidavellir, where the two, along with Groot, had worked with the **dwarf** Eitri to create Thor's axe, Stormbreaker.

"Ah!" Frigga said, delighted for her son, for she knew what it meant. Although of course, she'd known it was true all along.

Thor looked at the hammer in his hand and smiled, then he laughed. He **tossed** the hammer into the air,

토르가 한쪽 눈을 떠 자신의 좌우를 바라보았고, 그의 왼손은 여전히 뻗어 있었다. '제발' 토르는 생각했다. '제발 돼라.'

로켓은 저 멀리서 무언가가 획 하는 소리를 들었다.

잠시 뒤 한 물체가 이들 뒤로 열린 창문을 통해 날아와 토르의 왼손에 정확하게 안착했다.

로켓은 그것이 커다란 망치라는 것을 알아차렸다.
'묠니르구나.' 로켓은 분명 묠니르일 것이라 생각했다. 난쟁이 에이트리와 토르의 도끼 스톰브레이커를 만들기 위해 그루트와 로켓, 토르가 니다벨리르로 향하던 중 토르가 이야기해 준 적이 있었다.

"어머!" 프리가가 아들을 위해 기뻐하며 말했고, 그녀는 이것이 무엇을 의미하는지 아주 잘 알고 있었다. 그녀는 당연히 이 모든 게 벌어질 일이란 것을 알고 있었다.
토르가 자신의 손에 있는 망치를 보더니 미소를 지었고, 곧바로 웃었다. 토르가 망치를 공중으로 던진 뒤 한 손으로 잡았다.

catching it with one hand.

"I'm still **worthy**," Thor was **elated** and incredibly **relieved** at the same time.

"Oh, boy," Rocket said, **unimpressed**, as he tapped on the controls of his time-travel band. The time-travel suit **enveloped** him.

"Goodbye, Mom," Thor bid his mother and his home a final **farewell**.

"Goodbye," Frigga said, taking one last look at her beloved son. And she sent him off prepared to save the future—and find his own way in it.

With Mjolnir in hand, Thor and his companion Rocket suddenly shrunk in size, and in a **brilliant** flash of light, disappeared into the Quantum Realm.

"난 아직 자격 있어!" 토르는 기분이 날아갈 것 같았고, 그와 동시에 엄청나게 안도감을 느꼈다.

"환장하겠네." 로켓이 시간여행 밴드의 제어 장치를 두드리며 놀랍지도 않다는 듯 대답했다. 시간여행 슈트가 로켓을 감쌌다.


"잘 있어요, 엄마." 토르가 자신의 어머니와 고향에 마지막 작별 인사를 고했다.

"잘 가렴." 프리가가 사랑하는 아들에게 마지막 눈길을 주며 대답했다. 그리고 그녀는 미래를 구할 준비가 된 자신의 아들을 떠나보냈다. 자신의 길을 찾아 나선 아들을 말이다.

묠니르를 손에 든 토르와 동료 로켓의 크기가 순식간에 작아지더니 반짝이는 불빛과 함께 양자 세계로 사라졌다.

# CHAPTER 27

📖 워크북 p7

MORAG

2014

Peter Quill was dancing through the **ruins** of the temple on Morag. He was wearing headphones, and the sound of the mix tape **blared** through his **portable** tape player, a

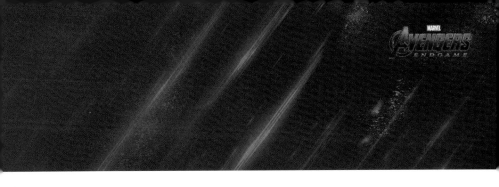

2014년의 모라그 행성에서 네뷸라와 로디는 폐허 더미에 몸을 숨긴 채 파워 스톤을 찾으러 올 피터 퀼을 기다립니다. 퀼에게서 필요한 장비를 얻은 둘은 멀리 떨어진 사원으로 발걸음을 옮깁니다.

모라그

2014년

피터 퀼은 모라그에 있는 사원의 폐허 더미를 지나며 춤을 추고 있었다. 퀼은 헤드폰을 쓰고 있었고, 자신의 어머니에게 선물 받은 휴대용 카세트 플레이어를 통해 믹스 테이프의 음악이 요란하게

gift from his mom.

He was splashing through **puddles**, jumping, spinning, kicking water everywhere. The dance was one of pure joy. Orloni hopped throughout the chamber, and Quill gave one a kick. He continued to dance, moving down some steps and then sliding along some **greasy** sludge on the floor.

Reaching down, he snatched an Orloni and proceeded to use it as a microphone, singing along to the mix tape that played in his ears. A second later, he flung the Orloni away.

"So, he's an idiot?" Rhodey asked based on what he was seeing.

"Yeah," Nebula said. Yet somehow, her sister loved that man. **Unbelievable**.

They watched Quill from their hiding place until he drew near.

And as Quill danced, Rhodey **clocked** him right on the head, knocking him out. Quill fell and hit the ground

울려퍼졌다.

퀼이 바닥에 있는 물웅덩이를 튀겨대며 뛰고, 돌고, 사방에 있는 물을 발로 찼다. 그 춤사위는 그야말로 순수한 기쁨 그 자체였다. 올로니 한 마리가 사원의 실내를 가로질러 뛰어왔고, 퀼이 그 올로니를 걷어찼다. 퀼은 계속해서 춤을 추고, 계단을 내려가고, 바닥에 놓인 웬 기름 같은 찌꺼기 위를 미끄러지듯 움직였다.

퀼이 손을 뻗어 올로니 한 마리를 낚아채더니 마치 마이크로 쓰려는 듯 손에 쥐고는 자기 귀로 흘러들어 오는 믹스 테이프 음악에 맞춰 노래하기 시작했다. 그러더니 그가 올로니를 집어던졌다.

"그러니까, 쟤는 바보다?" 로디는 자신이 본 것을 바탕으로 질문했다.

"응." 네뷸라가 대답했다. 그럼에도 어찌 되었든 네뷸라의 언니는 저 인간을 사랑했다. 믿을 수 없을 노릇이었다.

두 사람은 숨어있던 자리에서 퀼이 다가올 때까지 그를 지켜보았다.

그리고 퀼이 춤을 추며 다가오자, 로디가 그대로 그의 머리를 후려갈겨 기절시켰다. 퀼이 올로니처럼 바닥에 쓰러졌다.

like an Orloni.

Nebula moved quickly, crouching down beside Quill and digging into the **satchel** he carried with him. She **rummaged** for a few seconds until she pulled something out.

"What's that?" Rhodey questioned.

"The tool of a thief," Nebula answered. Rhodey **assumed** the object she held in her hand was some kind of **lock pick**. But he appreciated that she was **succinct**.

Nebula then took the device over to the temple **vault** a few feet away. Inserting the lock pick, the tumblers on the lock spun around, opening. Then she removed the lock pick from the lock as the vault doors opened slowly.

It was dark in the chamber, and Rhodey held aloft a glowing **sphere** that provided **ample** light. They looked inside the vault, and saw an **orb** sitting in the background, resting upon a pedestal. Beams of energy formed a sort of cage around the pedestal.

네뷸라가 재빠르게 다가와 퀼 옆에 앉더니 그가 챙기고 다니던 가방 안으로 손을 집어넣었다. 네뷸라가 잠깐 뒤적거리더니 무언가를 꺼냈다.

"그건 뭐야?" 로디가 물었다.

"도둑질 장비." 네뷸라가 답했다. 로디는 네뷸라가 손에 들고 있는 것이 일종의 자물쇠 따개라 짐작했다. 그렇지만 로디는 네뷸라가 간단명료하단 걸 전적으로 깨달았다.

네뷸라는 이후 장치를 들고 조금 멀리 떨어진 사원을 향해 걸어갔다. 자물쇠 따개를 집어넣자 자물쇠 주변의 원형 장치들이 돌아가더니 문이 열렸다. 금고의 문이 서서히 열리자 네뷸라는 자물쇠에서 자물쇠 따개를 뺐다.

금고 안은 어두컴컴했다. 로디가 상당히 밝은 빛을 내뿜고 있는 빛나는 구체를 높이 들어 올렸다. 두 사람은 금고 안을 바라보았고, 그 뒤편의 어느 받침대 위에 자리 잡은 오브를 발견했다. 에너지로 된 빛줄기가 받침대 주변을 마치 새장처럼 감싸고 있었다.

Nebula set foot inside the vault, and Rhodey quickly reached out a hand to stop her.

"Whoa, whoa, whoa, whoa!" he cautioned her. "This is the part where, you know, **spikes** come out with **skeletons** on the end of them and everything."

"What are you talking about?" Nebula asked. Terrans and their strange ideas.

"When you break into a place called, 'The Temple of the Power Stone,' there's gonna be a bunch of **booby traps**. Okay?" Rhodey would rather be safe than sorry.

Nebula ignored him completely, walking into the vault. "All right," Rhodey gave in with a shrug. "Go ahead." He was still going to watch his step.

Rhodey followed after her as Nebula moved closer to the orb on the pedestal. Without **hesitation**, she reached out with a mechanical hand, moving it through the force field that surrounded the pedestal. All at once, the metal of her hand began to glow red hot, as it **endured** the power of the force field. She grabbed hold of the orb and then

네뷸라가 금고 안으로 발을 들이자, 로디가 재빠르게 손을 뻗어 그녀를 막았다.

"워, 워, 워, 워!" 로디가 그녀에게 주의를 줬다. "이때쯤 끝에 사람 해골이나 뭐 아무거나 매달린 창이 튀어나오거든."

"무슨 소리를 하는 거야?" 네뷸라가 물었다. 테란들의 희한한 발상이란.

"그러니까 '파워 스톤의 사원' 같은 곳에 무단 침입하는 건데 엄청나게 많은 함정이 있을 거란 말이지. 알겠어?" 로디는 언제나 안전제일주의였다.

네뷸라가 그를 완전히 무시하더니 그대로 금고 안으로 걸어 들어갔다. "알았어." 로디가 어깨를 으쓱거렸다. "가보자." 로디는 여전히 내딛는 발걸음이 조심스러웠다.

로디가 네뷸라를 뒤따라왔고, 네뷸라는 받침대 위에 담긴 오브에 가까이 다가갔다. 네뷸라는 망설임 없이 자신의 기계 손을 뻗어 받침대를 둘러싼 역장 안으로 집어넣었다. 그 순간 그녀의 금속 팔이 역장의 힘을 견디며 붉은빛으로 뜨겁게 달아오르기 시작했다. 네뷸라는 오브를 집어 들고 곧바로 받침대에서 끌어당겨 역장 밖으로 꺼냈고, 빼내는 과정에서 끙 앓는 소리를 냈다.

pulled it from the pedestal and through the force field, grunting from the **exertion**.

Nebula's arm continued to glow after she had removed it from the force field. The orb was in her hands as she walked over to Rhodey and dropped it into his armored gauntlets. He caught the artifact as Nebula blew on her hand **in an effort to** cool it off.

A few seconds later, the **appendage** had ceased to glow so brightly.

Rhodey looked at Nebula as she lowered her hand. Was she … embarrassed? Rhodey couldn't tell what Nebula was feeling sometimes. She acted almost **devoid of** them—feelings. And yet, Rhodey knew better. She might put up a tough, cold front, but deep down there was a depth of feeling that Rhodey had **rarely** encountered before.

"I wasn't always like this," she noted, almost apologetic. But she wasn't one to open up to other people and so she left it at that.

네뷸라의 팔은 역장에서 빼낸 뒤에도 계속해서 타고 있었다. 오브는 네뷸라가 로디에게 다가가 그의 중무장한 장갑에 떨어뜨릴 때까지 그녀의 손에 있었다. 로디가 유물을 건네받았고, 네뷸라는 자신의 팔을 식히려고 입으로 바람을 불었다.

잠시 뒤 네뷸라의 빨갛게 달아올랐던 팔이 식었다.

로디는 네뷸라가 손을 내리는 모습을 바라보았다. '혹시… 부끄러워서 저러나?' 로디는 가끔 네뷸라가 무슨 감정을 느끼는지 알 수가 없었다. 네뷸라는 감정이란 것들을 거의 피하려고 했다. 그렇지만 로디는 잘 알고 있었다. 네뷸라가 강인하고 냉철하게 보이려 하지만, 그녀의 마음속 깊은 곳 어딘가에는 로디가 이전에 드물게 겪었던 감정이 있다는 사실을 말이다.

"나도 원래는 이렇지 않았어." 네뷸라가 거의 사과하듯 말했다. 그러나 네뷸라는 다른 누군가에게 마음을 털어놓을 위인이 아니었기에 그냥 그런 식으로 넘겨 댔다.

"Me, neither," Rhodey replied. "But we work with what we got, right?" He thought about the **leg braces** that had allowed him to walk after a **crushing injury**. Were they any different than her arm? **Ultimately** everyone, even an Avenger, needs **assistance** with something. And you compensate and adjust as best you can. Or you cease to function at all.

Nebula looked at Rhodey. She nodded. She wasn't used to being understood.

Then Rhodey raised his arm and looked at the time-travel band. The two faced each other as they tapped their bands **simultaneously**; time-travel suits expanding and flowing over their bodies.

"Let's sync up. Three … two … one …"

Rhodey pressed the button on his device, shrinking away into **apparent nothingness** as he entered the Quantum Realm.

But just as Nebula was about to press hers, sparks flew from her head, and her helmet retracted. Screaming in

"나도 그래." 로디가 대답했다. "그래도 주어진 대로 최선을 다해 야지." 로디는 추락 사고 이후 자신을 걸을 수 있게 해준 다리 보호 기구를 떠올렸다. 그것이라고 네뷸라의 팔과 무슨 차이가 있겠는 가? 궁극적으로 모두가, 어벤져스조차도 무언가의 도움이 필요하 다. 그리고 가능한 한 최선을 다해 도움에 보답하고 적응해 가는 것 이다. 그렇지 않으면 결국 도태될 테니 말이다.

네뷸라가 로디를 바라보더니 고개를 끄덕였다. 누군가가 자신을 이해해주는 것에 네뷸라는 익숙하지 않았다.

이후 로디가 자신의 팔을 들어 올려 시간여행 밴드를 쳐다보았 다. 둘은 서로를 바라보며 동시에 각자의 밴드를 두드렸고, 시간여 행 슈트가 펼쳐지더니 그들의 몸을 뒤덮었다.

"신호 맞추자. 셋… 둘… 하나…."

로디가 장치 위에 있는 버튼을 누르자, 아무것도 없는 듯한 크기 로 줄어들더니 양자 세계로 들어갔다.

그러나 네뷸라가 자신의 밴드에 있는 버튼을 누르려던 순간, 그 녀의 머리에서 불꽃이 튀더니 헬멧이 벗겨졌다. 네뷸라가 고통에

pain, Nebula grabbed her head and fell to the ground.

The hologram projector in her left eye switched on.

* * *

Inside the chamber on *Sanctuary II*, 2014 Nebula screamed in pain. The projector was showing images of people, Terrans, confronting her father.

"You murdered trillions!" one shouted.

"You should be grateful," the Thanos hologram replied.

From her **vantage point**, Gamora watched her sister's agony as she projected the hologram for her father and Ebony Maw.

It wasn't right, she thought. What they were doing wasn't right. For a lot of reasons.

"Where are the Stones?" the figures **interrogated** the hologram Thanos.

"Gone. **Reduced** to atoms," he told them.

"You used them two days ago," another **accused** him.

비명을 지르며 머리를 부여잡고 땅바닥으로 쓰러졌다.

그녀의 왼쪽 눈에 있던 홀로그램 영사기가 작동했다.

* * *

생츄어리 2호의 함실 내부에서는 2014년의 네뷸라가 고통에 차 소리를 질렀다. 영사기는 사람들, 즉 테란들이 그녀의 아버지와 대립하는 영상을 보여주고 있었다.

"넌 수많은 생명을 죽였어!" 누군가 소리쳤다.

"나한테 감사해야지." 홀로그램 속 타노스가 대답했다.

가모라는 자신이 서 있던 그 자리에서, 동생이 아버지와 에보니모를 위해 홀로그램을 투사하며 고통스러워하는 모습을 바라보았다.

'무언가가 잘못됐다.' 가모라는 생각했다. 이들이 지금 벌이고 있는 일은 무언가가 잘못되어 있었다. 여러 가지 이유로 말이다.

"스톤들은 어디 있어?" 영상 속 인물들이 홀로그램 속 타노스를 심문했다.

"사라졌다. 원자로 분해됐지." 타노스가 이들에게 답했다.

"이틀 전에도 스톤을 썼잖아!" 또 다른 인물이 타노스를 힐난했다.

"I used the Stones to destroy the Stones. It nearly killed me. But the work is done. It always will be. I am inevitable." The hologram Thanos seemed satisfied.

"What did you do to them?" Gamora asked her father as they watched the scene unfold.

At that, Ebony Maw **halted** the hologram.

"Nothing," Thanos **deduced**. "Yet. They're not trying to stop something I'm going to do in our time. They're trying to undo something I've already done in theirs." This meant he had succeeded.

"The Stones," Gamora concluded, realizing the truth.

Thanos looked over at his daughter. "I found them all," he said to her in wonder. Then he reached up and touched Gamora's chin, pushing hair off her shoulder. "I won. **Tipped** the cosmic **scales** to balance." He tried to process the notion and all its **implications**.

Gamora then crouched down, kneeling before her father, **bowing obediently** as she tried to **filter** the **conflicting** thoughts rolling through her mind.

"스톤을 파괴하려고 스톤을 썼다. 나도 거의 죽을 뻔했지. 하지만 과업은 이루어졌다. 언제나 그럴 것이고. 나는 필연적인 존재다."

홀로그램 속 타노스는 만족스러워 보였다.

"저들에게 뭘 하신 거죠?" 가모라가 눈앞에 드러난 장면을 바라보며 자신의 아버지에게 물었다.

그 순간 에보니 모가 홀로그램을 멈췄다.

"아무것도 하지 않았다." 타노스가 추론했다. "아직은. 저들은 내가 이 현실에서 하려고 하는 걸 막으려는 게 아니다. 저들의 현실에서 내가 이미 실현시킨 무언가를 되돌리려는 거지." 이 말은 타노스가 성공했다는 것을 의미했다.

"스톤은요?" 가모라가 진실을 깨달으며 입을 닫았다.

타노스가 자신의 딸을 내려다보았다. "내가 모두 찾았다." 그가 감탄하며 딸에게 대답했다. 그런 뒤 그가 손을 뻗어 가모라의 턱을 만지고는 그녀의 어깨 너머로 머리칼을 넘겨주었다. "내가 이긴 거야. 우주란 이름의 천칭에 균형을 맞춘 거지." 타노스가 자신의 생각과 그 모든 결과를 설명했다.

가모라는 이후 몸을 낮춰 아버지 앞에 무릎을 꿇었고, 자신의 머릿속을 헤집어 놓는 갈등에 부딪힌 생각들을 걸러내려 애를 쓰며 순종적으로 고개를 숙였다.

Her father. He won. He found the Stones. He killed half the universe. Killed them.

"This is your future," Ebony Maw proclaimed.

"It's my destiny," stated Thanos, more sure of it now than ever.

Maw **reactivated** the controls, and the hologram **resumed** playing.

"My father is many things. A liar is not one of them." Nebula spoke the truth.

"Thank you, daughter. Perhaps I treated you harshly." Did Thanos even register what his other self had said as he **tortured** her now in the present for information about the future?

Suddenly, an axe could be seen in the hologram, slicing the hologram Thanos's head right off his body.

Gamora slowly stood as she watched everything **unfold** before her eyes.

"And that is destiny **fulfilled**," Thanos said deliberately.

"Sire, your daughter ..." Ebony Maw identified the

그녀의 아버지. 그가 승리했다. 그가 스톤을 찾아냈다. 그가 온 우주의 절반을 살해했다. 그들을 죽여버린 것이다.

"이것이 전하의 미래이옵니다." 에보니 모가 외쳤다.

"이것이 내 숙명이다." 타노스가 말했고 이전보다 더욱 확신에 차 있었다.

모는 제어 장치를 재가동시켜 홀로그램을 다시 재생시켰다.

"아버지는 뭐든 될 수 있지만, 거짓말쟁이는 아냐." 네뷸라가 진실을 털어놓았다.

"고맙구나, 딸아. 내가 널 너무 가혹하게 대했던 것 같구나." 과연 타노스는 미래에 관한 정보를 캐내려고 지금 현재 네뷸라를 고문하면서, 또 다른 자신이 말한 저 발언을 신경쓰기나 할까?

그 순간 도끼가 홀로그램에 비치더니, 홀로그램 속 타노스의 머리를 그대로 잘라버렸다.

가모라가 눈 앞에 펼쳐진 모든 것을 바라보며 천천히 일어났다.

"저렇게 내 숙명이 실현되었다." 타노스가 천천히 대답했다.

"전하, 전하의 따님은…." 에보니 모가 분노에 찬 말뜻을 밝히며

subject of his **wrath**, glaring at Nebula.

Touching a control, a chain moved across the chamber, wrapping itself around Nebula's neck, tightening, then choking her.

"No!" Nebula screamed out. She was not to blame for this!

Ebony Maw held out his hand, wrapping the chain ever tighter around Nebula's neck.

"… is a **traitor**," Maw concluded.

Thanos then walked slowly toward his daughter.

"That's not me," Nebula was barely able to speak. "It's not, I could never … I would never **betray** you." There was both truth and fear in her eyes.

Then Thanos raised his hand and snapped the chain that held Nebula fast. He yanked it away, and Nebula was no longer slowly choking to death.

"Never …" she repeated. "Never …"

Thanos raised a single finger to Nebula's cheek and **caressed** it. Then he held his daughter's chin.

네뷸라를 노려보았다.

제어 장치를 조작하자 함실을 가로질러 쇠사슬이 내려와 네뷸라의 목을 감싸더니 더욱더 강하게 그녀의 목을 조르기 시작했다.

"안 돼!" 네뷸라가 비명을 질렀다. 이 일로 질책을 받을 사람은 그녀가 아니었다!

에보니 모가 자신의 손을 내밀더니 네뷸라의 목을 한층 더 강하게 조였다.

"…반역자입니다." 모가 말을 마쳤다.

그러자 타노스가 천천히 자신의 딸을 향해 걸어갔다.

"그건 제가 아니에요." 네뷸라는 간신히 말을 할 수 있었다. "아니에요. 저는 결코… 저는 결코 아버지를 배신하지 않아요." 그녀의 눈에 진실과 두려움이 모두 서려 있었다.

그때 타노스가 자신의 손을 들어 네뷸라의 목을 감싸고 있던 쇠사슬을 순식간에 끊었다. 그가 사슬을 그대로 잡아당겼고, 네뷸라는 더 이상 죽기 직전까지 서서히 목이 졸리지 않았다.

"결코…." 네뷸라가 반복해서 말했다. "결코 아니에요…."

타노스가 한 손가락을 네뷸라의 뺨에 들어 올려 어루만져 주었다. 그러고는 딸의 턱을 잡았다.

"I know," he said icily. "And you'll have the chance to prove it." Perhaps she would finally be useful after all.

* * *

Nebula was lying on the ground of the temple. The projector in her left eye had just **shut down**, and the pain along with it. She pushed herself up off the **damp** floor, and the **realization** filled her with absolute terror.

"No!" she shouted. "He knows!" As they had looked through her eyes, she had seen through her counterpart's.

**Fleeing** the temple, Nebula raced across the surface of Morag, toward the pod the Guardians' ship had left behind for her and Rhodey. Opening the hatch, she moved inside and grabbed a communicator, raising it to her mouth. It **crackled** with **static**, and Nebula smashed it against the wall, trying to get it to work.

"Barton!" she yelled into the headset. "Barton, come in. Romanoff! Come in, we have a problem. Come on! Come in, we have a pro—Thanos knows. Thanos—"

"나도 안다." 타노스가 차갑게 대답했다. "그리고 그걸 증명할 기회를 너에게 주마." 어쩌면 네뷸라가 마침내 쓸 만해질지도 모른다.

* * *

네뷸라는 사원 바닥에 쓰러져 있었다. 그녀의 왼쪽 눈 안에 있던 투사기가 작동을 멈추자 고통도 사라졌다. 네뷸라가 축축한 땅바닥에서 몸을 일으켜 세우자, 눈앞의 현실이 절대적인 공포감으로 그녀의 온몸을 채웠다.

"안 돼!" 네뷸라가 소리쳤다. "아버지가 알고 있어!" 저들이 과거의 자신의 눈을 통해 보았듯, 네뷸라도 과거의 자신을 통해 모든 사태를 본 것이다. 네뷸라가 사원을 달아나 모라그 행성의 표면을 가로질러, 자신과 로디를 위해 남겨져 있던 가디언즈 우주선의 포드를 향해 뛰어갔다. 네뷸라는 문을 열고 안으로 들어가 통신기기를 집어 든 뒤, 그녀의 입으로 가져갔다. 지지직거리는 소리가 났고, 네뷸라는 통신기기를 벽에 대고 두들기며 작동시키려고 애를 썼다.

"바튼!" 네뷸라가 헤드셋을 통해 소리를 질렀다. "바튼, 응답해. 로마노프! 응답해. 문제가 생겼어. 어서! 응답해. 지금 문제가… 타노스가 알고 있어. 타노스가….."

Her voice trailed off when she saw the shadow through the windshield of the pod. A shadow so large that it **blotted out** the single, **solitary** star that provided light to Morag. All grew dark around her, and Nebula looked out the windshield to see a beam of light coming down from the sky.

She felt the pod move away from the planet's surface, soaring **skyward**.

Nebula knew where she was going.

In just a few minutes, she would see her father again. And she felt afraid.

포드의 유리창 너머로 그림자가 드리우는 것을 네뷸라가 보았을 때 그녀의 목소리가 작아지기 시작했다. 그 그림자는 너무도 거대하여 모라그에 빛을 내주던 단 하나의 고독한 별을 덮어버릴 정도였다. 네뷸라의 주변이 모두 암흑으로 변했고, 그녀는 한 줄기의 빛이 하늘에서 내려오는 것을 창을 통해 바라보았다.

그녀는 포드가 행성 표면에서 떨어져 나와 하늘로 솟구치는 것을 느꼈다.

네뷸라는 자신이 어디로 향해가는지 잘 알고 있었다.

앞으로 몇 분 뒤, 그녀는 자신의 아버지를 다시 만나게 될 것이다. 그녀는 두려웠다.

# *CHAPTER 28*

📖 워크북 p10

NEW YORK

2012

Steve hopped the railing and went over the side of the
**fire escape** with practiced ease. Holding his shield in one
hand and Loki's scepter in the other, he hit the **alley** below,

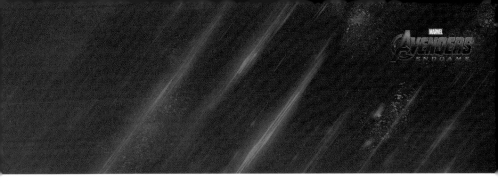

토니와 스캇, 스티브가 다시 한자리에 모입니다. 스캇은 스페이스 스톤을 회수하는 데 실패하자 토니에게 책임을 물으며 비난합니다. 현재로 돌아갈 핌 입자밖에 남지 않은 상황에서 토니는 새로운 방도를 궁리합니다.

뉴욕

2012년

스티브가 난간을 뛰어넘어 그대로 비상 탈출 계단을 숙련된 노련함으로 넘어갔다. 한 손에는 자신의 방패를, 다른 손에는 로키의 창을 든 채 그 아래 골목길로 떨어진 스티브는 착지하면서 충격을

his legs absorbing the **impact**. Standing up, he saw Tony and Scott sitting in a car, waiting for him. The vehicle was covered in **rubble** from the recent battle against the Chitauri.

"Cap," Tony greeted his teammate, leaning out the driver's window. "Sorry, buddy, we got a problem."

"Yeah, we do," Scott echoed.

Opening the **passenger**'s side door, Scott got out of the car and walked over to Steve, the defeat written all over his face.

"Well, what are we gonna do now?" Steve asked. Failure wasn't an option for him.

"You know what?" Tony didn't have an answer. "Give me a break, Steve. I just got hit in the head with the Hulk."

Scott **swiveled** his head and **glared** at Tony. "You said that we had one shot. This … this was our shot. We shot it. It's shot. Six Stones or nothing." Were they just going to give up?

다리로 흡수했다. 자리에서 일어난 스티브는 토니와 스캇이 차 안에 앉아 자신을 기다리고 있는 것을 발견했다. 그 차는 치타우리족과 맞서 싸운 최근의 격전으로 인해 돌무더기로 덮여 있었다.

"캡." 토니가 동료를 맞이하며 운전석 창문으로 고개를 내밀었다. "미안해, 친구. 문제가 생겼어."

"그래요. 생겼죠." 스캇이 따라 했다.

스캇이 좌석 문을 열고 차에서 나와 스티브에게 걸어갔다. 패배라는 글씨가 얼굴에 가득 쓰여 있었다.

"그래서, 이제 뭘 해야 하는데?" 스티브가 물었다. 실패는 스티브가 생각해 둔 선택지가 아니었다.

"그거 알아?" 토니도 답이 없었다. "잠깐만 쉬게 해 줘, 스티브. 헐크한테 머리를 맞았거든."

스캇이 머리를 빙그르르 돌리더니 토니를 바라보았다. "기회는 한 번뿐이라더니. 이게… 이게 한 번뿐인 기회인데. 이미 썼잖아. 그게 기회였다고. 스톤 여섯 개가 아니면 끝이야." 이대로 그들은 포기하려는 걸까?

There was a **brief** moment of silence, and then Scott **reiterated**, "It was six Stones or nothing." He wasn't ready to give up.

Tony cocked his head, just as frustrated as the others and disappointed in himself. "You're **repeating** yourself, you know that? You're repeating yourself."

"You're repeating yourself! You're repeating yourself!" Scott mimicked in anger, talking over Tony.

"Dude," Tony said, trying to get through to Scott. It was over. They'd lost. And it was on his watch.

"No. You never wanted a time heist!" Scott ranted. "You … you weren't on board with the time heist."

And then Tony did something most unexpected.

He admitted, ❶ "I dropped the ball."

Steve looked as his friend. It took **guts** to own your mistakes, especially the ones that weren't necessarily your fault.

"You ruined the time heist," Scott needed to blame someone, he was not done yet.

잠시 침묵이 흘렀고, 곧바로 스캇이 말을 반복했다. "스톤 여섯 개가 아니면 끝이라고." 스캇은 포기할 준비가 되어 있지 않았다.

토니가 고개를 숙였다. 그는 다른 사람들만큼 좌절했고, 스스로에게도 실망했다. "자꾸 같은 말만 하잖아. 그건 알아? 같은 말만 하고 있다고."

"당신도 같은 말만 하거든! 당신도 같은 말만 하거든!" 스캇이 분노에 차 흉내를 내며 토니에게 말했다.

"이봐." 토니가 스캇에게 말하려 했다. 끝났다. 이들은 실패할 것이다. 토니에게 책임이 있었다.

"아니. 애초에 시간 강탈도 싫어했으면서!" 스캇이 고함을 질렀다. "당신은… 당신은 시간 강탈에 동의하지도 않았잖아."

그러자 토니가 가장 예상치 못한 일을 했다.

토니가 인정한 것이다. "실수였어."

스티브가 토니를 바라보았다. 자신의 실수를 인정한다는 건 용기가 필요했다. 특히나 굳이 자신의 잘못이 아니라면 더더욱 말이다.

"당신이 시간 강탈을 망친 거야." 스캇은 누군가를 비난해야만 했고, 아직 끝난 게 아니었다.

"Is that what I did?" Tony questioned, letting Scott vent.

"Yeah," Scott said, finally.

"Are there any other options with the Tesseract?" Steve asked, trying to move forward. They still had a plan to **carry out**, with only the fate of **billions** of lives on the line.

"No," Scott said with conviction. "No, no, there's no other options." He was losing hope by the minute.

Scott grabbed the back door on the driver's side of the car and slammed it closed in frustration.

"There's no do-overs," he stated. "We're not going anywhere else. We have one particle left. Each." Their mission was over. They'd lost. Again.

Tony sat in the car staring straight ahead at the **steering wheel**. For a second, it looked like he wanted to smash his forehead into the dashboard. Then, his eyes opened.

"That's it. All right?" Scott said. "We use that, bye-bye, you're not going home."

"그게 내가 망친 거야?" 토니는 스캇에게 계속하라는 듯 물었다.

"그래." 스캇이 마침내 대답했다.

"테서랙트를 찾을 다른 방안 같은 거 없어?" 스티브는 문제를 해결하려 애를 쓰며 물었다. 이들은 아직 실행에 옮길 계획이 있었고, 수십억의 인명이 여기에 달려 있었다.

"아뇨." 스캇이 확신에 찬 목소리로 말했다. "아뇨, 없어요. 다른 방안이 없다고요." 스캇은 시간이 지날수록 희망을 잃고 있었다.

스캇이 운전석 방향의 차 문을 잡고는 좌절감에 쾅 하고 닫았다.

"다시 하기 따윈 없어요." 스캇이 언급했다. "어디도 갈 수가 없다고요. 남은 입자는 한 사람당 한 개뿐이에요." 이들의 임무는 끝장나버렸다. 어벤져스는 실패할 것이다. 또다시 말이다.

토니는 차 안에 앉아 운전대를 바라보고 있었다. 잠깐 동안 토니는 차량 내부 받침대에 이마를 찧으려는 것처럼 보였다. 그 순간 토니의 두 눈이 뜨였다.

"이게 다라고요. 이제 알겠어요?" 스캇이 말했다. "이미 기회를 썼고, 안녕이라고요. 집에 돌아갈 수 없어요."

"Yeah, well, if we don't try, then no one else is going home, either," Steve countered, trying to stop Scott from focusing on the negative.

"I got it." Tony's thoughts were already several steps ahead. It could be done. Maybe.

Tony stepped out of the car as Steve and Scott watched.

"There's another way to **retake** the Tesseract and **acquire** new particles," Tony explained. "❷ Little stroll down memory lane. **Military installation**, Garden State."

Garden State, as in ❸ THE Garden State.

New Jersey.

Steve knew exactly what Tony was **hinting at**.

"When were they both there?" Steve was ready to work out a plan if there was a new objective.

"They … were there at a … at a time … I have a vaguely exact idea," Tony suggested, mind still spinning.

"How **vague**?" Steve knew they had to be precise or they would never get home again.

"그래, 뭐, 우리가 시도도 안 하면 누구도 돌아갈 수 없어." 스티브가 응수하며 스캇을 부정적인 생각에서 벗어나게 하려고 안간힘을 썼다.

"생각났어." 토니의 생각은 이미 몇 수 앞을 내다보고 있었다. 성공할 것이다. 어쩌면.

스티브와 스캇이 바라보던 그 순간, 토니가 차에서 빠져나왔다.

"테서랙트를 되찾아 새로운 입자를 얻을 방법이 있어." 토니가 설명했다. "잘 기억해 봐. 군사 시설. 정원의 주."


정원의 주. 그렇다. 바로 정원의 주.

뉴저지.

스티브는 토니가 말하려던 것이 무엇인지 정확하게 알고 있었다.

"두 사람이 언제 거기 있었지?" 스티브는 새로운 목표가 생기면 곧바로 실행에 옮길 준비가 되어 있었다.

"그게… 거기서… 시기가… 애매하게 정확한 생각이 안 나." 토니가 말했고, 여전히 그의 머리는 빠르게 돌아가고 있었다.

"얼마나 애매한데?" 스티브는 정확한 시기를 알아야만 했다. 안 그랬다간 두 번 다시 돌아올 수 없기 때문이었다.

"What are you talking about?" Scott said, **stuttering**. "Where are we … where are we going?"

Tony ignored Scott. "I know for a fact they were there."

"Who's 'they'?" Scott asked. But the two men of action weren't slowing down to let him catch up.

"And I know how I know," Tony continued.

"What are we doing? Guys, what's—what is it?" Scott was frustrated and excited at the same time. Clearly they both thought there was a real shot of still completing their mission and getting home again. And even as an **associate** himself at this point, Scott trusted that the Avengers knew what they were doing.

"Well, looks like we're **improvising**," Steve announced, adjusting his shield-slinging arm. Then he walked past Tony and over to Scott. He handed Loki's scepter over to Ant-Man.

"Great," Tony said, sounding ready for action.

"What are we improvising?" Scott wanted to help.

"Scott, get this back to the compound," Steve told him

"무슨 얘기들을 그렇게 해요?" 스캇이 말을 더듬으며 말했다. "뭐 어니… 우리 뭐 어디 살 데 있어요?"

토니는 스캇을 무시했다. "두 사람이 거기 있다는 사실만 알아."

"'두 사람'이 누군데요?" 스캇이 물었다. 그러나 얘기 중이던 그 누구도 스캇이 이해할 수 있게 알려주지 않았다.

"나도 내가 어떻게 알고 있단 것만 알아." 토니가 말을 이어갔다.

"뭐 하는 데요? 저기요, 뭐… 뭔데요?" 스캇은 좌절해 있었지만 동시에 흥분해 있었다. 명백히 두 사람은 여전히 자신들의 임무를 수행해 다시 고향으로 돌아갈 진짜 기회를 떠올리고 있었다. 그리고 그 시점에서 스캇은 자신이 조력자일 뿐일지라도 어벤져스가 분명 계획이 있을 거라고 믿었다.


"뭐, 진전은 있을 것 같군." 스티브가 말하며 방패를 끼고 있던 팔을 움직였다. 그러더니 토니를 지나 스캇에게 다가갔다. 스티브가 로키의 창을 앤트맨에게 넘겨주었다.


"좋아." 토니가 대답했고, 임무를 수행할 준비가 된 듯했다.

"뭐가 진전이 있는데요?" 스캇도 도움을 주고 싶어 했다.

"스캇, 이걸 가지고 본부로 돌아가." 스티브가 평소에 명령을 내

in a voice that sounded used to giving orders.

Scott obediently took the scepter in hand and watched as Steve and Tony faced one other, their arms extended. They started to enter new coordinates into their time-travel bands.

"Suit up," Tony said to Steve.

"What's in New Jersey?" Scott asked, really not sure what was happening now. Shouldn't they tell him? Like, if something went wrong, so he could at least let Bruce and the other Avengers know?

That sounded reasonable, right?

"Zero-four …" Tony began, entering the coordinates on his time-travel band. Steve repeated the numbers as he did the same.

"Uh, zero-seven …"

"Hey. Excuse me," Scott interrupted, trying to get Steve's attention.

"One-nine seven-oh," Tony finished, and then he held up his hand, ready to press the button on the band that

리던 목소리로 스캇에게 말했다.

스캇은 눈총석으로 장을 쥐었고, 스티브와 토니가 서로를 바라보며 팔을 뻗는 모습을 지켜보았다. 두 사람이 시간여행 밴드에 새로운 좌표를 입력하기 시작했다.

"슈트 입어." 토니가 스티브에게 말했다.

"뉴저지에 뭐가 있는데요?" 스캇은 지금 무슨 일이 벌어지는 것인지 모르겠다는 듯 물었다. 스캇에게도 알려 줘야 하지 않을까? 이를테면 일이 잘못될 경우에 적어도 브루스나 다른 어벤져스 멤버들에게 스캇이 알릴 수 있도록?

그게 적어도 합리적일 것이다. 그렇지 않은가?

"0-4⋯." 토니가 말을 시작하더니 자신의 시간여행 밴드에 좌표를 입력했다. 스티브도 토니가 말한 번호를 따라서 입력했다.

"어, 0-7⋯."

"저기요?" 스캇이 스티브의 주의를 끌려고 애를 쓰며 중간에 끼어들었다.

"1-9-7-0." 토니가 말을 끝마치자마자 자신의 손목을 들어 올려 새로운 목적지로 데려다줄 시간여행 밴드 위의 버튼을 누를 준비

would send him to their next destination.

"Are you sure?" Steve asked. He trusted Tony but wanted **confirmation**. They were traveling in time, so it was better not to rush.

"Cap? Captain? Steve? Sorry. America. Rogers," Scott **fumbled**. "Look, if you do this, and it doesn't work, you're not coming back." How could the world cope without these two heroes in it? This was a huge risk.

Both Tony and Steve turned and looked at Scott. With a tap of their time-travel bands, the now-familiar time-travel suits formed over their bodies.

At last, Tony noted, "Thanks for the **pep talk**, pissant," which was not a thing Scott wanted to hear. But it was the closest Tony would get to gratitude for his concern. Then Tony turned to Steve and asked one simple question: "You trust me?"

Their eyes met, and Steve inhaled, then exhaled. "I do," he said. And he did.

"Your call." Tony looked at Steve **expectantly**.

를 했다.

"확실하지?" 스티브가 물었다. 스티브는 토니를 믿었지만, 확인하고 싶었다. 두 사람은 제때 맞춰 시간여행을 해야 했기에 서둘러서 좋을 게 없었다.

"캡? 캡틴? 스티브? 죄송해요. 아메리카. 로저스?" 스캇이 말을 더듬었다. "저기, 지금 시간여행을 갔다가 실패하면 못 돌아와요." 대체 세상이 이 두 영웅 없이 어떻게 견뎌낼 수 있겠는가? 이건 너무나 위험이 컸다.

토니와 스티브 모두 고개를 돌려 스캇을 바라보았다. 그들은 자신들의 시간여행 밴드를 두드리더니, 이제는 눈에 익은 시간여행 슈트를 입고 있던 옷 위로 형성시켰다.

마침내 토니가 대답했다. "응원 한 번 기가 막히네, 불개미." 결코 스캇이 듣고 싶었던 말은 아니었지만, 그가 아는 바로는 저 정도면 감사에 속하는 진짜 토니다운 말이었다. 이후 토니가 스티브에게 고개를 돌려 한 가지 간단한 질문을 했다. "날 믿나?"

두 사람의 눈이 마주쳤고, 스티브가 숨을 들이마시더니 그대로 내쉬었다. "믿어." 스티브가 대답했다. 말 그대로 그를 믿고 있었다.

"네가 하자고 한 거야." 토니가 기대하며 스티브를 바라보았다.

"Here we go," Steve declared confidently. In a way, it was like going home again, he reflected.

There was a flash of light as Captain America and Iron Man disappeared from view.

Scott was still pretty sure they should have told him where they were going.

"가자고." 스티브가 자신 있게 선언했다. 스티브는 마치 고향으로 돌아가는 것처럼 기억을 떠올렸다.

캡틴 아메리카와 아이언맨이 사라지던 순간, 한 줄기의 빛이 나타났다.

스캇은 여전히 이들이 어디로 가는 건지 알려 줬어야 했다고 확신했다.

# CHAPTER 29

📖 워크북 p12

NEW JERSEY

1970

The army base was **bustling** with activity as a jeep approached the security checkpoint. Outside the **barbed-wire fence** that surrounded the installation, a car went

토니와 스티브는 1970년으로 시간을 이동해 뉴저지에 있는 캠프 리하이 군사 시설에 잠입합니다. 그들은 각각 박사와 군인으로 변장한 뒤 흩어져 임무를 수행하고, 테서랙트를 찾기 위해 고군분투하던 토니는 그곳에서 자신의 아버지를 우연히 만나게 됩니다.

뉴저지

1970년

지프 한 대가 경비 초소로 다가올 무렵, 군사 기지는 군사 작전으로 분주하게 움직이고 있었다. 군사 시설을 둘러싼 철책 밖에서 자동차 한 대가 속도를 내며 달려왔다.

speeding by. The driver adjusted his sunglasses and looked out the window at a soldier standing guard.

"Hey, man!" the driver called out. "Make love, not war!" He looked like a hippie with his long hair, mustache, and sunglasses.

A young woman with blonde hair seated next to him made the peace sign with her fingers.

The guard was impassive. He was used to this kind of thing, especially this one guy. He seemed to love driving past at least twice a day, shouting the same thing. [1] The guard recognized the car because of the "NUFF SAID" bumper sticker on the back.

A sign out front of the installation said,

UNITED STATES ARMY

CAMP LEHIGH ARMY BASE

78TH **INFANTRY DIVISION**

**BIRTHPLACE** OF CAPTAIN AMERICA

차량의 운전자는 쓰고 있던 선글라스를 다잡으며 경비를 서고 있던 군인을 바라보았다.

"이봐, 군인 양반!" 운전자가 외쳤다. "사랑을 나눠. 전쟁 말고!" 남자는 기다란 머리에 수염과 선글라스를 낀 모습이 히피와 다를 바가 없었다.

그의 옆에 앉아 있던 금발의 젊은 여성이 손가락으로 평화의 표시를 만들어 보였다.

경비병은 무덤덤했다. 운전자는 원래 그런 남자였고, 특히나 이 남자는 더했다. 하루에 두 번이나 운전할 정도로 운전을 사랑하는 듯했고, 언제나 같은 말을 외쳐댔다. 초소의 경비병도 그 차의 후방 범퍼에 붙여진 '그만 말해' 딱지를 보고 이를 알아차렸다.


군사 시설의 정문 밖 표지판에는 이렇게 쓰여 있었다.


미 육군
캠프 리하이 군사 기지
제78 보병 사단
캡틴 아메리카의 탄생지

Steve and Tony had arrived minutes earlier, having jumped out of the Quantum Realm already inside the installation. One quick stop in a **barracks** and both had managed to secure **serviceable** disguises for themselves that were all too familiar. Tony was wearing a **business suit**, while Steve was wearing army **fatigues**. Steve wore a cap and realized that he had better duck and avoid looking at people's eyes **unless** he wanted to be recognized.

After all, in 1970, Captain America had yet to be found and revived. If Steve Rogers was to be seen walking around the base like nothing happened, there were going to be questions. LOTS of questions. Something they didn't have any time for.

"Clearly you weren't actually born here, right?" Tony asked, **mildly curious** but mostly passing the time.

"The idea of me was," Steve conceded. Fort Lehigh had changed from his training days, back when he was still "skinny Steve." Back before Doctor Erskine had **administered** the Super-Soldier Serum and Vita-Rays,

스티브와 토니는 양자 세계를 통해 군사 시설 내부로 이미 몇 분 전에 도착해 있었디. 두 사람은 병영 시설에 재빠르게 들어가 간신히 각자에게 너무도 잘 어울리는 직책에 맞는 신분 위장을 했다. 토니는 사업용 정장을, 스티브는 군대식 훈련복을 입었다. 스티브는 모자를 쓰고 있었는데, 본인이 들키고 싶은 게 아니라면 최대한 몸을 사리고 사람들 눈에 띄지 않는 게 낫다는 것을 깨달았다.

어찌 되었든 1970년에는 캡틴 아메리카가 아직 발견되지 않아 되돌아오지 않았기 때문이다. 만약 스티브 로저스가 별일 없다는 듯 군사 기지를 활보하고 다닌다면 수많은 의문점, 엄청나게 많은 의문점이 생길 것이다. 일일이 대답해 줄 시간도 없을 그런 것들 말이다.

"진짜로 여기서 태어난 건 아니지?" 토니는 어느 정도 호기심이 있었지만, 결국은 시간 때우기용 질문이었다.

"캡틴 아메리카는 여기서 태어났지." 스티브가 인정했다. 리하이 기지는 그가 '약골 스티브'였을 때 훈련을 받던 시절과는 많이 달려져 있었다. 어스킨 박사가 슈퍼 솔져 세럼과 비타 광선으로 스티브를 캡틴 아메리카로 만들어주기 전 말이다.

**transforming** him into Captain America.

They followed a walkway that connected several buildings.

"Well, imagine you're S.H.I.E.L.D. running a **quasi-fascistic intelligence organization**," Tony considered as they walked past some soldiers. "Where do you hide it?"

"In **plain** sight," Steve concluded.

They found themselves outside a concrete bunker. Everything about the bunker—its central location, as well as the fact that no one was going in—screamed, "look here." So Steve and Tony opened the door and went inside.

Tony tapped on his glasses, activating the infrared scanner.

It was time to find an Infinity Stone.

* * *

Tony and Steve entered an elevator, heading down. A female S.H.I.E.L.D. agent, **badge** around her neck, held a file folder and was flipping through the contents. The agent

그들은 건문 몇 채가 언설되어 있는 보도를 따라 걸었다.


"음, 자네가 유사 파시즘 정보기관을 운영하는 쉴드라고 쳐 봐." 토니는 그들이 병사 몇 명을 지나칠 때 말했다. "그걸 어디다 숨길 거야?"

"눈에 잘 띄는 곳에." 스티브가 말을 마쳤다.

두 사람은 외부에 자리 잡은 콘크리트 벙커를 발견했다. 벙커에 모든 게 다 있다고 보면 됐다. 벙커의 중심에 그 누구도 "여기 좀 봐!" 하고 비명을 지르면서 들어가지 않을 테니 말이다. 그래서 스티브와 토니가 문을 열고 그 안으로 들어갔다.

토니가 쓰고 있던 선글라스를 두드려 적외선 감지기를 작동시켰다.

이제 인피니티 스톤을 찾을 시간이 다가왔다.


＊ ＊ ＊


토니와 스티브가 엘리베이터 안으로 들어와 아래로 향하고 있었다. 목에 배지를 차고 있던 한 여성 쉴드 요원이 파일을 든 채 내용물을 훑어보고 있었다. 요원이 스티브를 향해 눈길을 돌렸다.

turned to gaze at Steve. Even with the hat pulled down over his head and covering his eyes, he was still pretty easy to **spot**. And not hard to look at.

So Tony took a step forward, putting himself between the agent and Steve, so she couldn't get a good view of him.

The doors opened, and Tony stepped out.

"Good luck on your mission, Captain," Tony said. It was both **banter** and a **necessity**.

"Good luck on your project, Doctor," Steve replied. Now they would each be on their own.

Steve watched as Tony tapped the side of his glasses and walked into the crowd of people in the hallway. The elevator doors closed once more.

Inside the elevator, the S.H.I.E.L.D. agent looked at Steve curiously. "You new here?" she asked. Was she being friendly or **inquisitive**?

Steve nodded, playing along. "Not exactly."

She nodded back, then glanced at her folder.

모자를 푹 눌러 쓰고 눈을 덮고 있다 할지라도 스티브는 여전히 눈에 꽤 쉽게 띄었다. 비리보는 새 어렵지도 않았다.

그래서 토니가 한 발짝 앞으로 나왔고, 요원과 스티브 사이에 서서 요원이 스티브를 자세히 볼 수 없게 만들었다.

엘리베이터 문이 열리자 토니가 빠져나왔다.

"임무 잘 완수하시게, 대위." 토니가 농담 반 진담 반으로 말했다.

"연구도 잘 되길 바라, 박사." 스티브가 답했다. 이제 두 사람 모두 각자의 임무에 접어들었다.

스티브는 토니가 안경 옆을 두드리며 복도 속 인파를 향해 걸어가는 것을 바라보았다. 엘리베이터 문이 한 번 더 닫혔다.

엘리베이터 안에서 쉴드 요원이 스티브를 호기심 어린 눈으로 바라보았다. "여기 새로 오셨어요?" 그녀가 물었다. 친근하게 굴려는 걸까, 아니면 심문하려는 걸까?

스티브가 고개를 끄덕이며 장단에 맞추었다. "꼭 그렇진 않죠."

그녀가 고개를 끄덕이며 파일을 바라보았다.

Steve thought she seemed unconvinced.

∗ ∗ ∗

Tony ran down the center of an enormous room, looking from side to side through his glasses.

"Come on, you bastard," he urged. It had to be here.

He tapped the side of his glasses to look at the **myriad storage units** that lined the research lab. The glasses were scanning for any traces of **gamma energy**. As Bruce had noted before, the Infinity Stones emitted a gamma **signature**, making them **relatively** easy to trace—provided you had a vague idea of where to look in the first place.

The readout in his glasses said:


ACTIVE MODE

PARTICLE DETECTION

GAMMA SIGNATURE NEGATIVE

스티브는 그녀가 믿는 눈치로 보이지 않았다.


* * *

토니가 거대한 방의 중심부로 달려가 쓰고 있던 안경을 통해 좌우를 훑어보았다.

"나와라, 이 자식아." 토니가 다급히 말했다. 여기 있어야만 했다.

토니는 연구실에 줄지어 나열된 수많은 저장 장치를 수색하기 위해 쓰고 있던 선글라스의 옆부분을 두드렸다. 안경은 감마 에너지의 흔적을 탐색하고 있었다. 브루스가 일전에 알려 주었듯이, 인피니티 스톤들은 감마 신호를 방출하고 있었기에 비교적 찾아내기 수월했다. 처음 보는 장소에서 어디를 봐야 할지 막연하더라도 말이다.

안경에 문구가 적혀 있었다.


작동 모드
입자 감지
감마 신호 없음

Then he raced ahead, turning his head to a group of storage units on his left.

GAMMA SIGNATURE NEGATIVE

Turning his head to the right, he scanned more bins but came up with the same result:

GAMMA SIGNATURE NEGATIVE

He was running out of storage units. Finally, he came to one that looked **heavily fortified**. Peering through his glasses, he saw a glow coming from within the container. And then the most beautiful words he'd seen all day:

TARGET ACQUIRED

MATCH

**COMPOSITION ANALYSIS**

그러자 토니가 앞으로 내달리며 자신의 왼쪽에 있는 저장 장치로 부너기로 고개를 돌렸다.

감마 신호 없음

그가 오른쪽으로 고개를 돌려 더 많은 저장 장치를 탐색했으나 결과는 똑같았다.

감마 신호 없음

토니가 수색할 저장 장치들이 줄어들고 있었다. 마침내 그가 상당히 강화된 것처럼 보이는 저장 장치를 발견했다. 토니가 안경을 통해 들여다보자 컨테이너 내부에서 빛나는 물체가 보였다. 그 직후 토니가 오늘 본 것 중 가장 아름다운 문구가 눈앞에 나타났다.

목표물 포착
일치
구성요소 분석 중

Tony wanted to fall on his knees and kiss the ground. Except, A, he had no time, and B, that's gross. He settled for finding something to hold the Tesseract. On a desk, he saw a briefcase, and reached for it, knocking some papers off the side. He put the open briefcase down on a chair, then hurried over to the container where he had **located** the Tesseract.

"Gotcha," he whispered.

Tapping his arc reactor, Tony activated the Iron Man armor, but only one gauntlet, which covered his hand. Torches extended from his index and middle fingers, which he applied to the fortified container, cutting through posts that held the object closed. Shielding his eyes with his jacket, Tony continued to use his **blowtorch** until he took a final look and saw the container was now open.

Inside, just as he knew it would be, was the Tesseract.

"Back in the game," Tony proclaimed, grabbing the artifact. He took it over to the briefcase, and put it inside. Time to go.

토니는 그대로 주저앉아 땅바닥에 뽀뽀라도 하고 싶은 심정이었다. 하지만 첫째, 그럴 시간이 없었고, 둘째, 더러웠다. 토니는 테서랙트를 담을 무언가를 발견해 만족스러웠다. 토니가 책상 위에 놓인 서류 가방을 보고는 손을 뻗었고, 그 바람에 종이 몇 장이 옆으로 떨어졌다. 토니는 열린 가방을 의자 위에 둔 채, 테서랙트의 위치를 파악해 둔 컨테이너를 향해 서둘러 달려갔다.

"찾았다." 토니가 중얼거렸다.

토니가 아크 원자로를 두드려 아이언맨 슈트를 작동시켰다. 다만 한쪽 장갑만 작동시켜 손을 뒤덮게 만들었다. 토니는 검지와 중지 끝에서 뿜어져 나오는 용접 불꽃을 강화된 컨테이너에 갖다 대 컨테이너를 잠그고 있던 걸쇠들을 잘랐다. 토니는 자신의 두 눈을 재킷으로 가린 채, 계속해서 손가락 끝에 있는 용접 장치로 마지막 확인을 할 때까지 절단을 이어갔고, 마침내 컨테이너가 열렸다.

내부에는 토니가 진작부터 알고 있었듯 테서랙트가 들어 있었다.

"다시 돌아왔군." 토니가 외치며 유물을 손에 쥐었다. 토니가 테서랙트를 서류 가방으로 가져가 안쪽에 집어넣었다. 이제 떠날 시간이었다.

"Arnim, you in there?"

Tony felt like someone had **dumped** a cup full of ice down his back. He stood up straight, ears perking up.

He knew that voice.

"Arnim?" the voice repeated.

Tony closed the briefcase, **latching** it, and turned around to see Howard Stark.

His father.

"Hey!" Howard **unknowingly** addressed his son, holding a can of **sauerkraut** in one hand and a bouquet of flowers in the other. "The door is this way, pal." He **motioned** to the other side of the research lab.

"Oh, yeah," Tony agreed, walking away and freaking out only a little.

Times three thousand.

"Looking for Doctor Zola," Howard explained. "Have you seen him?"

"Yeah, no, Doctor Zola," Tony said, trying to keep his cool. "No, I haven't, haven't, haven't seen a soul."

"아르님, 자네 거기 있나?"

토니는 순간 가슴이 철렁 내려앉는 기분이 들었다. 그가 곧장 허리를 펴고 귀를 쫑긋 세웠다.

토니는 그 목소리를 단박에 알아챘다.

"아르님? 목소리가 말을 반복했다.

토니는 서류 가방을 닫아 걸쇠를 잠근 뒤, 하워드 스타크를 향해 고개를 돌렸다.

그의 아버지였다.

"이봐요!" 하워드가 이를 알지 못한 채 자신의 아들을 불렀고, 그의 한 손에는 사우어크라우트* 통조림이, 다른 한 손에는 꽃다발이 들려있었다. "문은 이쪽이오, 선생." 하워드가 연구실의 반대편을 가리켰다.

"오, 그렇군요." 토니가 수긍하며 걸어왔는데 약간 기겁한 듯 했다.

3000배나 말이다.

"졸라 박사를 찾고 있는데." 하워드가 설명했다. "혹시 봤소?"


"아, 아뇨, 졸라 박사님이라." 토니가 말하며 최대한 침착하게 행동하려 애를 썼다. "아뇨, 전혀, 전혀, 머리카락도 본 적이 없네요."

---

★ **사우어크라우트** : 소금에 절인 양배추

As they walked closer to each other, Tony accidentally **stumbled** into a chair, then reached down with a hand to steady it. They were closer to the exit, but Tony had stopped walking, standing in front of his father. He set the briefcase containing the Tesseract on a chair.

"Huh," Howard **pondered**, looking Tony up and down.

"Pardon me?" Tony was torn. He was both desperate to have one more moment with his father and equally needing to leave. Immediately.

❷ "Do I know you?" Howard asked. There was something almost familiar about this guy …

"No, sir, I'm uh, I'm a visitor from MIT," Tony answered, thinking on his feet. Then he took off his glasses, reached into his pocket, and pulled out an ID badge, showing it to Howard.

"Huh," Howard said again, as Tony lowered the badge.

"MIT," Howard nodded. "Got a name?"

"Howard," Tony spat out. *Stupid,* he immediately thought. Couldn't he have said anything else?

두 사람이 서로를 향해 가깝게 다가올 무렵, 토니는 실수로 의자에 걸렸고, 의자를 흔들리지 않게 하려고 한 손으로 붙잡았다. 두 사람은 출구에 가까이 있었으나, 토니는 발걸음을 멈추어 자신의 아버지 바로 앞에 섰다. 토니가 테서랙트가 담긴 서류 가방을 의자 위에 올려두었다

"그래요?" 하워드가 생각에 잠겼고, 토니를 위아래로 훑어보았다.

"지나가도 될지?" 토니의 마음이 찢어졌다. 그는 한 번만이라도 더 아버지와 함께 있고 싶다는 절박한 심정과 그와 동시에 지금 당장 떠나야만 한다는 이성에 사로잡혀 있었다.

"우리 구면인가요?" 하워드가 물었다. 무언가 이 남자에게서 굉장히 낯익은 기분이 들었다….

"아뇨, 선생님. 전, 그게, MIT에서 온 방문객입니다." 토니가 대답하며 최대한 정신을 붙잡으려 노력했다. 그 뒤 토니는 안경을 벗더니 자기 주머니로 손을 뻗어 ID 명찰을 꺼내고는 하워드에게 보여주었다.

"오." 토니가 명찰을 든 손을 내릴 때 하워드가 다시 말했다.

"MIT라." 하워드가 고개를 끄덕였다. "혹시 성함이?"

"하워드입니다." 토니가 아무 말이나 내뱉었다. '이런 등신.' 그는 곧바로 그렇게 생각했다. 많고 많은 이름 중에 하필 그 이름이라니?

"Well, that'll be easy to remember." Howard seemed **amused**.

"Howard … Potts." Pepper would like that one when he told her about it **someday**. And he wanted to get home to tell her about it.

Then his father tucked the can of sauerkraut under his arm and raised his right hand. Tony extended his right hand, and for reasons that he wasn't quite sure of, grabbed Howard's index finger, and shook only that, **limply**.

"Well, I'm, uh, Howard Stark." This guy Potts sure was awkward. But **appealing** somehow.

"Hi," Tony said, laughing nervously. *Could this go any worse?*

"Shake that, don't pull it," Howard indicated his finger, raising an eyebrow.

"Yeah," Tony acknowledged, feeling **seriously** uncomfortable. He knew he should go. But he didn't want to leave just yet.

"음, 기억하기 쉽겠네요." 하워드는 재미있어 했다.


"하워드⋯ 포츠입니다." 페퍼라면 언젠가 토니가 이 얘기를 들려줄 때 좋아할 것이다. 그리고 토니도 그녀에게 이 얘기를 꼭 해주고 싶었다.

그러자 토니의 아버지는 사우어크라우트 통조림을 자기 팔 아래로 내리더니 자신의 오른손을 들어 올렸다. 토니도 오른손을 뻗었고, 그가 왜 그랬는지는 잘 모르겠으나, 하워드의 검지손가락만을 쥔 채 두 사람은 그렇게 흐느적대며 악수를 했다.

"음, 나도, 어, 하워드 스타크입니다." 이 포츠라는 남자는 확실히 뭔가 어색해 보였다. 그런데도 뭔가 매력적이었다.

"안녕하세요." 토니가 대답하며 긴장한 듯 웃어댔다. '이보다 상황이 더 나빠질 수 있을까?'

"흔들어요. 손가락 당기진 말고." 하워드가 자신의 손가락을 가리키며 눈썹을 치켜세웠다.

"네." 토니가 눈치채며 엄청나게 불편한 감정을 느꼈다. 토니는 당장 가야 한다는 것을 알고 있었지만, 이렇게 바로 떠나고 싶지는 않았다.

❸ "You look a little green around the **gills** there, Potts."
Howard looked at him **strangely**.

Tony could feel his heart beating in his ears and throat. "Oh, I'm fine. Just long hours."

"You wanna get some air?" Howard asked, motioning toward the door.

Tony sighed and stared straight ahead.

"Hello, Potts?" Howard emphasized, trying to get Tony's attention.

"Yeah," Tony agreed, snapping to. ❹ "That'd be swell."

Turning to leave, Tony got only a few steps away before he heard Howard ask, "Need your briefcase?"

Chuckling nervously, Tony took the briefcase, and they left through the research lab door.

❺ "You're not one of those **beatniks**, are you, Potts?" Kids these days did the craziest things.

"어째 안색이 별로 안 좋으시네요, 포츠 씨." 하워드가 토니를 묘하게 바라보았다.

토니는 자신의 심장 박동 소리가 귀와 목에서까지 들리는 것을 느낄 수 있었다. "아, 괜찮습니다. 출장길이 너무 길어서요."

"바람 좀 쐴까요?" 하워드가 출입구를 가리키며 물었다.


토니가 한숨을 쉬며 앞을 바라보았다.

"포츠 씨, 제 말 들려요?" 하워드가 토니의 주의를 끌기 위해 힘주어 말했다.

"네." 토니가 동의했고 잽싸게 연이어 말했다. "그거 좋네요."

토니가 연구실을 벗어나려 고개를 돌렸고, 몇 걸음 채 걷지 못했을 때 하워드가 질문을 했다. "서류 가방 안 챙겨요?"

토니가 긴장한 듯 껄껄대며 서류 가방을 잡았고, 두 사람은 연구실 출입구를 따라 나갔다.

"혹시 비트족은 아니죠, 포츠 씨?" 요즘 애들은 정신 나간 짓을 잘해댔다.

# CHAPTER 30

📖 워크북 p16

*"Hello?"*

The voice belonged to Hank Pym—specifically, Hank Pym from the year 1970. He was standing in his lab at the Fort Lehigh installation, among **assorted** bottles, jars, test tubes, and scientific equipment. He looked at a **state-of-the-art** Ant-Man helmet, **featuring** the best **transistorized**

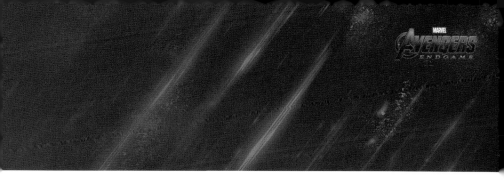

리하이 군사 시설 내에서 스티브는 행크 핌 박사에게 몰래 전화를 걸어 그가 연구실을 비우도록 유인합니다. 한편 하워드 스타크와 지상으로 올라온 토니는 자신의 아버지에게 마지막 작별 인사를 건네고 스티브와 함께 돌아갈 준비를 합니다.

"여보세요?"

행크 핌의 목소리가 들려왔다. 구체적으로 따지면, 1970년대 행크 핌의 목소리였다. 그는 리하이 군사 시설 내에 있는 자신의 연구실에서 다양한 유리병과 큰 병, 시험용 관과 과학 장비들 사이에 서 있었다. 행크 핌은 1970년대가 선사해줄 수 있는 가장 트랜지스터화된 기술을 가진 최첨단 앤트맨 헬멧을 바라보았다.

**technology** that 1970 had to offer.

"Doctor Pym?" inquired the voice on the other end of the line.

"That would be the number that you called, yes," Hank responded, only slightly **annoyed**. He **took a sip** from a cup of tea on his desk.

"This is Captain Stevens from Shipping. We have a package for you."

"Oh!" Hank exclaimed brightly. "Bring it up."

"Well, that's the thing, sir. We can't."

Hank's mouth **twitched**. "I'm confused," he said, sipping more tea. "I thought that was your job." Was he supposed to do everything around here?

"Well, it's just …" the voice hesitated. "Sir, the box is glowing, and, to be honest, some of our mail guys aren't feeling that great."

Hank leaned in. "They didn't open it, did they?"

"Uh, yeah, they did. You better get down here."

"핌 박사님?" 수화기의 반내번에서 목소리가 질문했다.

"지금 거신 번호가 맞습니다, 네." 행크가 대답했고 약간 짜증이 나 있었다. 그는 책상 위에 있던 차를 한 모금 들이켰다.

"수하물부 스티븐스 대위입니다. 박사님께 소포가 왔습니다."

"오!" 행크가 밝게 외쳤다. "갖고 와 주세요."
"음, 그게 말이죠, 박사님. 불가능합니다."

행크의 입꼬리가 움찔했다. "당황스럽군요." 그가 차를 조금 더 들이마셨다. "그게 당신들 업무인 줄 알았습니다만." 여기선 본인이 모든 걸 다 해야 한단 말인가?

"그게, 실은⋯." 목소리가 머뭇거렸다. "박사님, 상자가 빛나고 있습니다. 게다가 솔직히 말씀드리면 저희 배달병들이 뭔가 기분이 이상하다고 합니다."

행크가 전화기에 귀를 기울였다. "그걸 열어본 건 아니겠죠?"
"아, 예, 열어봤습니다. 어서 내려와 보셔야 할 듯합니다."

Hank slammed the phone back into its cradle and sprinted out of the lab, running down the hallway. He pushed S.H.I.E.L.D. agents and scientists out of his way, **in a** mad **dash** to get to Shipping and contain whatever it was those deadbeats had released.

Of course, there was nothing in Shipping waiting for Hank. Nothing except curious looks.

Steve Rogers **hung up** the phone and stepped out of an office right next to Pym's. He watched Hank make a run for it, shouting, "Excuse me! Out of the way!"

Once he saw Hank disappear, Steve opened the door to Hank's office and went inside. Quietly, he pulled the door shut.

Inside the lab, he walked past a table and saw the vast array of scientific experiments and equipment. If he didn't know what he was looking for, it would have been impossible to find anything.

But he did know.

He saw it on the wall. A glass containment unit with a

행크가 수화기를 본체에 쾅 하고 내려놓더니 연구실 밖으로 빠져나와 복도를 날리기 시작했다. 박사는 얼른 화물을 찾아 이 얼간이들이 대체 무엇을 개방한 건지 확인하기 위해 미친 듯이 달려가며 앞에 있는 쉴드 요원들과 과학자들을 밀쳤다.

물론 행크를 위한 소포 따위는 없었다. 오직 호기심 어린 표정으로 그를 쳐다보는 이들뿐이었다.

스티브 로저스가 전화를 끊고 핌의 연구실 바로 옆에 있던 사무실에서 빠져나왔다. 스티브는 행크가 "실례합니다! 비켜주세요!"를 외치며 달려가는 모습을 지켜보았다.

행크가 사라지자 스티브는 박사의 연구실 문을 열고 안으로 들어갔다. 그가 조용히 연구실 문을 닫았다.

연구실 내부에서 스티브는 실험대와 다양한 과학 실험 도구 및 장비 진열장을 지나쳤다. 만약 스티브가 자신이 찾는 것이 무엇인지 몰랐다면 결코 찾을 수 없었을 것이다.

그러나 스티브는 알고 있었다.

그가 벽을 바라보았고, 아주 깔끔하고 큼지막한 라벨에 글씨가

nice, big label on it that read:

PYM PARTICLES

DO NOT TOUCH

Smiling, Steve opened the unit and removed four vials of Pym Particles from inside.

So far, so good.

* * *

The doors to the **freight** elevator opened, and a couple of soldiers stepped out. Howard and Tony waited patiently, then went inside the elevator.

"So, flowers and sauerkraut," Tony commented, looking at Howard's haul. "You got a big date tonight?"

"Uh, my wife's **expecting**," he revealed. "And, uh, too much time at the office."

"Congratulations," Tony said, smiling. He had just congratulated Howard on his own **impending** arrival.

적힌 유리 보관함을 발견했다.


　핌 입자

　만지지 마시오


　스티브가 웃으며 보관함을 열어 핌 입자 유리병 4개를 꺼내 들었다.

　지금까진 모든 게 좋았다.


* * *

　화물 엘리베이터의 문이 열렸고, 군인 두 명이 걸어 나왔다. 하워드와 토니는 차분하게 기다린 뒤, 엘리베이터 안으로 들어갔다.


　"그래서 꽃과 사우어크라우트라." 토니가 언급하며 하워드가 들고 있는 물건을 바라보았다. "오늘 밤에 데이트 있으세요?"

　"음, 아내가 임신했습니다." 하워드가 털어놨다. "그런데, 음, 사무실에서 너무 시간을 보내서요."

　"축하드립니다." 토니가 웃으며 말했다. 그는 곧 있으면 태어날 자신을 생각하며 하워드에게 대답했다.

That felt only mostly **weird**.

"Thanks," Howard replied. Then he handed the flowers and sauerkraut over to Tony. "Hold this, will ya?"

"Yeah, sure," Tony took the items. "How far along is she?"

Howard looked forward, and took hold of the **knot** on his tie, adjusting it. Then he put both hands in front of his stomach and moved them out several inches, as if to indicate **exactly** how **pregnant** his wife was.

"She's at the point where she can't stand the sound of my chewing," Howard seemed **bemused**. "I guess I'll be eating dinner in the **pantry** again. Some day."

"Yeah. I have a little girl," Tony shared, cradling the sauerkraut and flowers. Howard in that moment was both an **expectant** father and a grandfather. Only he didn't know it. But it was Tony's one chance to tell him.

"Girl would be nice," Howard nodded. "Less of a chance she'd turn out exactly like me."

뭐랄까 좀 이상한 기분이 들었다.

"고맙소." 하워드가 대답했다. 그러고는 토니에게 꽃과 사우어크라우트를 건네주었다. "좀 들어주시겠습니까?"

"네, 물론이죠." 토니가 물건을 건네받았다. "몇 개월 되셨죠?"

하워드가 앞을 바라보더니 넥타이 매듭 부분을 잡고 조절했다. 그러고는 자신의 두 손을 배 앞으로 가져가 볼록한 모양을 그리며 마치 이 정도로 임신했다는 것을 보여 주려 했다.

"이제는 제가 뭘 먹는 소리만 들어도 견딜 수 없는 지경까지 이르렀죠." 하워드가 생각에 잠기며 말했다. "아무래도 이번에도 주방에서 저녁을 때워야 할 것 같습니다. 언젠간 같이 먹겠죠."

"그렇군요. 전 어린 딸이 하나 있습니다." 토니가 같은 주제를 공유하며 사우어크라우트와 꽃을 껴안았다. 그때 하워드는 아버지이면서 그와 동시에 할아버지가 되어 버렸다. 하워드 본인만 몰랐을 뿐이다. 그러나 이 순간만이 토니가 그에게 알려줄 유일한 기회였다.

"여자아이면 좋겠습니다." 하워드가 고개를 끄덕였다. "그럼 제 아이도 저처럼 되진 않을 테니까요."

"What'd be so **awful** about that?" Tony asked as he felt his lips **tremble**. Hold it together, he **warned** himself. This was no time to think about the good and the bad of his history with his father. The man he **worshipped** and, at times, **resented** more than anyone else he'd ever known.

"Let's just say that the, uh, greater good has rarely **outweighed** my own **self-interest**," Howard replied sadly.

Howard patted Tony on the arm as the elevator doors opened.

* * *

So far, so good … so much for that.

Steve was in the hallway trying to make himself as **inconspicuous** as possible and wanting to avoid the S.H.I.E.L.D. agent from the elevator. He'd thought she was suspicious, and it looked like his **instincts** had been confirmed.

He saw her up ahead as she entered the hallway with two Camp Lehigh guards.

"그렇게 되면 뭐가 어때서요?" 토니가 입술을 움찔거리며 물었다. 참자. 토니가 스스로에게 경고를 했다. 지금은 아버지와 함께 지냈던 시절의 좋고 나쁨을 따질 때가 아니었다. 이 남자는 토니가 때때로 따랐고, 그가 알고 있는 그 누구보다도 치가 떨리게 싫어했던 그의 아버지였다.

"말하자면, 뭐, 제 인생은 대의보단 내 이익을 좇아왔거든요." 하워드가 슬픈 듯이 대답했다.

엘리베이터 문이 열리자 하워드가 토니의 팔을 툭 쳤다.

* * *

지금까진 매우 좋았다…. 그것만으로도 최고였다.

스티브는 가능한 한 복도에서 눈에 띄지 않게 행동하며 엘리베이터에서 본 쉴드 요원을 피하려고 애쓰고 있었다. 스티브는 그녀가 수상한 낌새를 느꼈다고 생각했고, 자신의 본능이 맞다는 것이 검증되는 순간이었다.

스티브는 그녀가 두 명의 리하이 캠프 군인과 함께 복도로 들어오는 모습을 발견했다.

"And you've never seen these two men before?" a guard questioned her.

"No, I've got an eye for this," the agent stated confidently. "The two of them looked **fishy.**"

"Can you **describe** them?" he asked.

"Well, one of them had a hippie beard," the agent replied.

Steve nearly laughed out loud at the description of Tony, as he turned left, looking for a place to lay low.

"Hippie. Like Bee Gees, or Mungo Jerry?"

"Definitely Mungo Jerry," she confirmed.

Steve looked left and saw an office door, opened it, and ducked inside.

"Yeah, this is Chelser," came the voice of the guard through the closed door. "I need every **available MP** to sub-level six. We have a potential **breach.**"

Steve rolled his eyes. A "potential breach" was not going to help him find Tony and get them both back to the present. He looked in the office and saw the shadows of

"그 두 사람을 본 적이 없으시단 거죠?" 한 경비병이 그녀에게 질문했다.

"네, 제가 하는 일이 그거니까요." 요원이 자신있게 피력했다. "그 두 남자가 수상했어요."

"인상착의는요?" 남자가 물었다.

"뭐랄까, 그중 한 명은 히피 수염을 길렀어요." 요원이 대답했다.


스티브는 최대한 눈에 안 띄게 숨을 장소를 찾아 왼편으로 고개를 돌릴 때, 토니에 대한 묘사를 듣자마자 거의 폭소할 뻔했다.

"히피면 비지스 같은? 아니면 몽고 제리?"

"무조건 몽고 제리예요." 그녀가 단언했다.

스티브가 왼쪽을 바라보자 사무실 문이 있었고, 그 문을 열고 안으로 들어갔다.

"네, 첼셔입니다." 닫힌 문을 통해 경비병의 목소리가 들려왔다. "지하 6층 모든 가용 헌병 인력 요구상황 발생. 잠재적인 침입 가능성 확인."

스티브는 난처했다. '잠재적인 침입'이란 스티브가 토니를 찾아 두 사람 모두 현재로 돌아가는 데 결코 도움이 안 되는 단어였다. 스티브는 사무실 안을 둘러보다 사무실 문의 불투명 유리를 통해

the S.H.I.E.L.D. agent and the guard through the **frosted glass** window of the door. They **passed by**, and Steve waited a few seconds, giving them time to move on.

Right before he was about to open the door, something in the office caught his eye.

It was on the desk. A picture frame.

He walked over, picked up the frame, and saw himself.

Steve Rogers. Rather, Steve Rogers before the Super-Soldier experiment.

Then he looked back at the door and saw the name written in reverse on the frosted glass.

Peggy Carter.

"I said, bring them in," a confident voice **commanded**.

Steve hurried over to an interior window in the office that looked into another work space.

He saw her standing in a reception area with another S.H.I.E.L.D. agent.

"They're trying, ma'am," apologized the agent. "But Braddock's unit has been stopped by lightning strikes."

지나가는 쉴드 요원과 경비병의 그림자를 보았다. 두 사람이 지나가자 스티브는 한동안 기다리며 그들이 완전히 사라지길 기다렸다.

스티브가 다시 문을 열고 나가려던 그 순간, 사무실 안의 무언가가 그의 두 눈을 사로잡았다.

그것은 책상 위에 있었다. 사진 액자였다.

스티브가 걸어가 액자를 집어 들고 액자 속 자신을 들여다보았다.

스티브 로저스였다. 더 정확히 말하면, 슈퍼 솔저 실험을 하기 전의 스티브 로저스였다.

이후 스티브가 뒤돌아 문을 바라보았고, 불투명 유리에 거꾸로 적힌 이름을 발견했다.

페기 카터.

"데려오라고 했잖아." 확고한 목소리가 명령을 내렸다.

스티브는 또 다른 사무실을 보여주는 실내 유리창으로 달려갔다.

스티브는 페기가 다른 쉴드 요원과 함께 접대실에 있는 것을 목격했다.

"노력하고 있다고 합니다." 요원이 사과했다. "문제는 브래독의 부대가 낙뢰로 인해 발이 묶였답니다."

"Oh, for the love of …" said Peggy Carter, her voice trailing off. "Well, I'll look at the weather projections. You call Braddock and tell him to shelter in place. Assuming he's bright enough to come out of the rain."

Steve looked at Peggy, then down at the photo he still held in his hand. His past stood before him, **haunting** him like a ghost.

"Yes, ma'am," answered the agent.

Looking through the window, unnoticed, Steve saw that Peggy was reading a report. She suddenly snapped to attention and burst out, "❶ Crikey O'Reilly! **Sergeant?**"

"Yes, Ma'am?"

"Can you call **Air Command**? Braddock's gonna need reinforcements immediately." She was **decisive** as always.

"Ma'am?"

"Well, it's not lightning strikes we're looking at." Why did it seem like everything these days had a fantastic explanation? At least weather could be countered with an umbrella.

"오, 맙소사…." 페기 카터가 말했고, 그녀의 목소리가 옅어졌다. "일단 내가 날씨 영상 확인할게. 브래독한테 피할 장소나 알아보라고 해. 비도 뚫고 올 정도로 해맑은 사람이니까."

스티브가 페기를 바라보며 손에 들고 있던 액자를 내려놓았다. 스티브의 과거가 그의 앞에 놓여 있었고, 망령처럼 그의 머리에서 떠나지 않았다.

"네, 알겠습니다." 요원이 대답했다.

스티브는 눈에 띄지 않게 유리창 너머를 바라보며 페기가 보고서를 훑는 모습을 지켜보았다. 페기가 갑자기 주의를 돌리더니 소리쳤다. "이런 세상에! 요원?"

"네, 국장님?"

"공중 지원을 요청해 줄래요? 브래독은 당장 지원병력이 필요하니까." 페기의 목소리는 언제나 결단력 있었다.

"국장님?"

"그러니까 우리가 본 건 낙뢰가 아니야." 대체 왜 요즘 같은 때에는 모든 것에 환상적인 설명이 부여되어야만 하는 걸까? 적어도 날씨는 우산 하나로 대응할 수 있지 않은가.

The soldier in Steve was screaming, "Leave!" The mission depended on him.

But in that moment, he wanted nothing more than to walk through the door and ask Peggy for a dance.

* * *

Outside the Lehigh base, Howard and Tony were walking along. For reasons that weren't exactly clear to him, Tony was still holding the sauerkraut and flowers. Not that he minded. It was just … weird. Though not as weird as talking to his dead father.

"And so, where you at with names?" Tony asked.

"Well, if it's a boy, my wife likes Elmonzo," Howard noted, though even he didn't sound **enthused** at the idea.

"Huh!" Tony replied, **shuddering** at the thought of an alternate timeline where he was Elmonzo Stark, the **Invincible** Iron Man. "Well, you might wanna let that stew **awhile**. You got time."

스티브 안의 병사가 말했다. "떠나!" 임무는 스티브에게 달려 있있나.

그러나 그 순간 스티브는 당장 이 문을 박차고 나가 페기에게 함께 춤추자고 권하고 싶을 뿐이었다.

* * *

리하이 군사 기지 밖에서 하워드와 토니가 걷고 있었다. 자신에게 벌어진 알다가도 모를 연유로 인해 토니는 사우어크라우트와 꽃다발을 양손에 들고 있었다. 그러나 토니는 신경 쓰지 않았다. 단지 느낌이… 묘했다. 그렇다고 자신의 죽은 아버지와 대화하는 것만큼 기묘하진 않았다.

"그러면 이름은 뭘로 정하셨나요?" 토니가 물었다.

"그게, 아들이면 아내가 엘몬조가 좋다고 하더군요." 하워드가 대답했지만, 아내의 생각이 그리 달갑지 않은 듯했다.

"하!" 토니가 대답하며 또 다른 시간대의 무적의 아이언맨, 엘몬조 스타크를 떠올리며 몸서리를 쳤다. "뭐, 일단 결정은 미뤄두시죠. 시간이 있으니까요."

"Uh-huh," Howard acknowledged as he stopped walking and turned to face Tony. "Let me ask you a question. When your kid was born, were you nervous?"

Tony nodded. "Wildly."

Howard let out a heavy sigh, as if he was relieved to hear it wasn't just him.

"Yeah," Tony said, agreeing with the sentiment.

"Did you feel **qualified**?" Howard asked. "Like you had any idea how to **successfully** operate that thing?" He sounded completely **lost**. Not at all like the super-confident image he'd always projected. Was there actually something Howard Stark realized he couldn't do well?

Tony shook his head. "I literally pieced it together as I went along. I thought about what my dad did." He looked into the eyes of the man who had taught him how to be a father ... and how not to be one. And he suddenly desperately hoped Morgan only ever saw the best in him.

"그래야겠습니다." 하워드가 말뜻을 이해했고, 걸음을 멈추더니 토니를 바라보았다. "저도 하나 물어보죠. 아이가 태어났을 때 긴장됐소?"

토니가 고개를 끄덕였다. "말도 못 하죠."

하워드가 깊은 한숨을 내쉬었고, 마치 자신만 긴장한 게 아니란 것을 듣고 안도한 듯했다.

"그랬죠." 토니가 대답하며 아버지가 느끼는 감정에 공감했다.

"자격은 갖췄다고 생각했소?" 하워드가 질문했다. "아이를 어떻게 성공적으로 키울지 생각한 거라도 있었소?" 하워드는 거의 자포자기 수준이었다. 토니에게 항상 보였던 최고로 자신감이 넘치던 그 모습은 온데간데없었다. 하워드 스타크가 잘할 수 없다고 생각하는 것이 그의 인생에 있었던가?

토니가 고개를 저었다. "저도 말 그대로 키우면서 터득했습니다. 제 아버지께서 해주셨던 것들을 떠올렸죠." 토니는 자신에게 어떻게 아버지가 될 수 있고… 되고 싶지 않은 아버지가 무엇인지 가르쳐준 남자의 두 눈을 바라보았다. 그러다 갑자기 토니는 모건이 언제나 자신의 최고로 좋은 모습만을 봐주길 간절히 바랐다.

* * *

Steve had finally pulled himself away from Peggy and made it outside. He had avoided the S.H.I.E.L.D. agent and the Lehigh guards. Now all he had to do was find Tony.

Who, as it just so happened, was standing about 100 yards away from him. He saw Tony standing with a man only a little bit older than him, or maybe the same age, with a mustache. Immediately, Steve recognized him.

Howard Stark.

He hadn't seen Stark since … since he went into the ice back in '45. But there was no doubt that Stark would recognize him if he saw Steve standing there.

Lifting his thumb, Steve **signaled** to Tony, trying to get his attention.

But Tony wasn't looking.

* * *

"My old man, he never met a problem he couldn't solve with a belt," Howard divulged, making an 'ouch' face. He

＊ ＊ ＊

스티브는 마침내 페기에게서 눈길을 떼고 밖으로 나왔다. 그는 쉴드 요원과 리하이 경비병들을 피했다. 이제 남은 일은 토니를 찾는 것뿐이었다.

그 생각을 하자마자 스티브에게서 100야드 떨어진 곳에 그가 서 있었다. 스티브는 토니가 그보다 조금 더 나이 든, 아니면 동년배처럼 보이는 수염 있는 남자와 함께 서 있는 것을 보았다. 곧바로 스티브는 그 남자를 알아보았다.

하워드 스타크였다.

스티브는 스타크를… 자신이 1945년도에 얼음 속에 갇힌 이후로 본 적이 없었다. 그러나 하워드가 여기 서 있는 스티브를 보자마자 단박에 알아볼 것이라는 데에는 의심의 여지가 없었다.

스티브가 자신의 엄지손가락을 치켜세웠고, 토니에게 신호를 주며 주의를 끌려 했다.

그러나 토니는 쳐다보지 않았다.

＊ ＊ ＊

"제 아버지는 허리띠 없이 해결할 수 없는 문제따윈 두지도 않으셨죠." 하워드가 비밀을 밝히며 '아야'하는 표정을 지었다. 하워드

didn't seem to want to use that kind of **discipline** for his own child.

"I thought my dad was **tough** on me," Tony confessed to his own father. In a strange way, he wanted to thank him. Or maybe encourage him. "And now, **looking back** on it, I just remember the good stuff. ❷ You know? He did drop the odd pearl."

"Yeah? Like what?" Howard was curious.

"'No amount of money ever bought a second of time.'" Tony made the most of every second he now had standing face-to-face with Howard.

"Smart guy." Howard listened to his son.

"He did his best," Tony said, smiling. Why had he not realized that so long ago?

"I'll tell you, that kid's not even here yet and there's nothing I wouldn't do for him." Howard had no idea what his words meant to Tony, who'd never heard anything like that when his father had been in his life.

는 자신의 아이에게 그런 식의 훈육을 하고 싶어 하진 않아 보였다.


"저도 아버지가 엄격했다고 생각했습니다." 토니가 자신의 아버지에게 고백을 했다. 방식은 특이했지만, 토니는 아버지에게 감사를 표하고 싶었다. 어쩌면 아버지를 격려해주려는 것이었을지도 모른다. "그런데 지금은, 되돌아보니 좋은 추억만 기억에 남더군요. 왜 있잖아요, 아버지는 가끔 격언도 해주셨죠."

"그래요? 어떤 거요?" 하워드가 궁금해했다.

"'아무리 돈이 많아도 1초의 시간도 살 수 없다.'" 토니는 하워드와 마주 보며 서 있는 매 순간을 최대한 활용하고 있었다.


"똑똑한 분이셨군요." 하워드가 자신의 아들에게 귀를 기울였다.

"최선을 다하셨죠." 토니가 대답하며 미소를 지었다. 그는 그 오래전에 왜 이런 걸 깨닫지 못했던 걸까?

"저도 말씀드리자면, 아직 애가 태어난 건 아니지만, 이 세상에서 못 해줄 게 없을 것 같습니다." 살아생전 자신의 아버지에게 들어본 적도 없는 이 말이 토니에게 어떤 의미일지 하워드는 전혀 알지 못했다.

Tony smiled even more, processing the notion of his father's love as they started walking again.

Lifting his head, Tony noticed someone in the distance jabbing their thumb in the air.

Except it wasn't just someone. It was Steve.

Tony lifted the briefcase in his hand and pointed at it. Steve nodded. Then Tony shook his head, and turned right.

There was a **fancy** car waiting for Howard, and a driver was standing right outside. Tony recognized Jarvis immediately. And for a moment, it was like he'd stepped right back into his own **childhood** with the two men here together. One an all-too-**absent** father, and another a **constantly** present **father figure** who had inspired Tony to name his **protective AI** after him.

"Good to meet you, Potts," Howard said. He walked over to Tony and took the sauerkraut and flowers. Tony hoped that he would remember to give the flowers to his mother and keep the sauerkraut. Or maybe it was the

토니가 한껏 더 미소 지었고, 두 사람은 다시 걸으며 아버지의 사랑에 대한 담소를 나누었다.

토니가 고개를 들어 저 멀리서 허공에 엄지손가락을 치켜세우는 누군가를 바라보았다.

다만 누군가가 아니라 스티브였다.

토니가 손에 들고 있던 서류 가방을 들어 올리며 가리켰다. 스티브가 고개를 끄덕이자 토니가 고개를 저으며 오른쪽을 바라보았다.


거기에는 하워드를 기다리는 멋진 차가 있었고, 운전사가 차 바깥에 서 있었다. 토니는 단박에 자비스를 알아보았다. 그리고 잠깐이나마 토니는 여기 있는 두 사람과 함께 자신의 유년 시절로 되돌아간 듯했다. 한 명은 너무도 오래 가장의 자리를 비웠던 아버지였고, 또 다른 한 명은 자신의 보호 AI의 이름에 영감을 준 그리고 계속해서 그 자리를 지켜준 아버지와 같은 존재였다.


"만나서 반가웠소, 포츠 씨." 하워드가 말했다. 하워드는 토니에게 다가가 사우어크라우트와 꽃다발을 건네받았다. 토니는 자신의 아버지가 어머니에게 이 꽃다발을 전해주고, 사우어크라우트를 계속 간직해 주길 바랐다. 아니면 그 반대로라도 말이다.

other way around.

"Yeah," Tony responded, **overwhelmed**.

He stepped closer to his father, then tried to give him some **comfort**, "Howard—Howard, everything's gonna be all right." He'd survived his childhood and he was going to do whatever he could to make sure that Morgan's life was better than his. He would make sure she knew she was loved "three thousand." Times a **million**.

Father and son shook hands, and then Tony went in for a hug. A really big, long hug. It was Tony's only chance and he took it. But it was still awkward for Howard.

"Thank you for everything …" Tony said, then quickly realized that Howard must have absolutely no idea why 'Howard Potts' was hugging him. "… you've done for this country," he added quickly.

Then Tony took a step back, breaking the embrace. Howard looked at him and handed the flowers and sauerkraut to Jarvis.

"네." 토니가 대답했고, 감정이 압도했다.

토니는 자신의 아버지에게 가까이 다가가 무언가 위안이 될 만한 말을 해주려고 했다. "하워드, 하워드 씨. 모든 게 다 잘될 겁니다." 토니는 자신의 유년 시절을 견뎌냈고, 이제는 모건의 인생을 자신의 인생보다 더 낫게 만들어 주기 위해 무슨 짓이든 할 수 있었다. 토니는 자신의 딸아이가 '3000'만큼이나 사랑받는다는 것을 분명히 알도록 할 것이다. 백만 배로 말이다.

아버지와 아들이 악수를 했고, 토니가 포옹을 하려 다가왔다. 정말로 꼭 껴안는, 긴 포옹이었다. 이것이 토니의 유일한 기회였기에 토니는 받아들였다. 그러나 하워드에게 이 포옹은 여전히 어색하기 그지없었다. "모든 게 감사합니다…." 토니가 말했고, 재빠르게 하워드가 대체 왜 '하워드 포츠'가 자기를 껴안는 건지 꿈에도 모를 거라는 사실을 깨달았다. "…우리 조국을 위해 헌신해 오셔서요." 토니가 재빠르게 말을 덧붙였다.

그런 뒤 토니가 뒤로 물러나며 포옹을 그만두었다. 하워드는 토니를 바라보며 꽃다발과 사우어크라우트를 자비스에게 건넸다.

"Jarvis," Howard asked as he got into the car. "Have we ever met that guy?" He looked back at Tony.

"You meet a lot of people, sir," Jarvis pointed out correctly.

"Seems very familiar. Weird beard." Howard shrugged and headed home to his pregnant wife.

"자비스." 하워드가 차에 타면서 물었다. "우리가 저 사람 어디서 본 적 있나?" 하워드가 토니를 다시 바라보았다.

"만나는 사람이 워낙 많으셔서요." 자비스가 똑 부러지게 핵심을 짚었다.

"너무 낯이 익단 말이야. 희한한 수염 양반이야." 하워드가 어깨를 들썩이더니 자신의 임신한 아내를 만나러 집으로 향했다.

# CHAPTER 31

📖 워크북 p20

SANCTUARY II

2014

Nebula hit the floor of the prison chamber. It hurt, but she was used to pain. Looking up, she saw herself—the Nebula from 2014—approaching with a look of utter **contempt**

생츄어리 2호로 끌려간 네뷸라는 과거의 네뷸라에게 제압을 당합니다. 2014년의 네뷸라
가 나약해진 미래의 자신을 보며 모멸감을 느끼던 찰나, 과거의 네뷸라가 네뷸라의 손목
에서 무언가를 발견합니다.

생츄어리 2호

2014년


네뷸라가 감옥 바닥에 내동댕이쳐졌다. 통증이 느껴졌으나 네뷸
라는 고통에 익숙했다. 네뷸라가 고개를 들어 극심한 경멸과 혐오
를 내비치며 다가오는 2014년의 네뷸라를 바라보았다.

and **disgust**.

"You're weak," 2014 Nebula proclaimed.

Undeterred, Nebula pushed herself up from the cold, hard floor. "I'm you," she confronted her past self.

Irritated, 2014 Nebula swung her fist right for Nebula's face, connecting. Nebula dropped back down to the floor. She felt 2014 Nebula's knee on her back as she was pushed down to the ground.

2014 Nebula stopped for a moment and looked at Nebula's **wrist**.

The time-travel band.

2014 Nebula stared at the device, **tearing** it from Nebula's wrist.

Gamora entered the prison chamber, and 2014 Nebula showed her the band.

Gamora kept walking and looked down at Nebula.

"You could stop this," Nebula looked up at her sister from 2014. She pushed herself onto her hands and knees. "You know you want to. Did you see what happens in the

"약해 빠졌네." 2014년의 네뷸라가 외쳤다.

네뷸라가 이에 굴하지 않고 차갑고 거친 바닥에서 몸을 일으켜 세웠다. "난 너야." 네뷸라가 자신의 과거와 대립하였다.

짜증이 난 2014년의 네뷸라가 네뷸라의 얼굴에 주먹을 내질렀다. 네뷸라가 뒤로 젖혀지며 바닥에 넘어졌다. 네뷸라는 2014년의 네뷸라가 자신을 바닥에 드러눕힌 채 무릎으로 등을 누르고 있는 것이 느껴졌다.

2014년의 네뷸라가 잠시 멈춰 네뷸라의 손목을 바라보았다.


시간여행 밴드였다.

2014년의 네뷸라가 장치를 바라보더니 네뷸라의 손목에서 밴드를 떼어냈다.

가모라가 감옥에 들어왔고, 2014년의 네뷸라가 네뷸라의 밴드를 가모라에게 보여주었다.

가모라는 계속해서 걸어와 현재의 네뷸라를 내려다보았다.

"네가 이걸 멈출 수 있어." 네뷸라가 2014년의 가모라를 올려다보았다. 네뷸라는 두 손과 무릎으로 바닥을 디디며 일어섰다. "너도 그걸 원하잖아. 미래에서 벌어진 일들을 본 거지? 타노스는 소울

future? Thanos finds the Soul Stone. You wanna know how he does that? You wanna know what he does to you?"

Before Gamora could ask, 2014 Nebula swung her leg, kicking Nebula in the head.

"That's enough," 2014 Nebula told her, **furious** and **humiliated** by this weak, **pathetic** future self.

Unable to contain her anger, 2014 Nebula removed the dagger from a **holster** at her waist and brought it beside Nebula's throat. The blade was glowing with energy, **sizzling**.

Nebula could feel a burning **sensation**.

"You disgust me," 2014 Nebula uttered as she brought the dagger up to Nebula's eye. "But that doesn't mean you're useless."

Moving the weapon away from Nebula's eye, 2014 Nebula took the dagger and **pried** off the metal plate atop Nebula's head.

스톤을 찾을 거야. 어떻게 찾는지 알아? 네게 무슨 짓을 하는지 아냐고?"

가모라가 물어보기도 전에 2014년의 네뷸라가 다리를 휘둘러 네뷸라의 머리를 걷어찼다.

"그만해." 2014년의 네뷸라가 네뷸라에게 말했다. 이 나약하고 한심한 미래의 자신에게 분노와 모멸감을 느낀 것이다.

분노를 참지 못한 2014년의 네뷸라가 허리춤에 있던 칼집에서 단검을 꺼내 네뷸라의 목에 갖다 댔다. 칼날이 들끓는 에너지로 빛나고 있었다.

네뷸라는 타는 듯한 감각을 느낄 수 있었다.

"넌 역겨워." 2014년의 네뷸라가 네뷸라의 눈에 단검을 가져가며 다그쳤다. "그렇다고 쓸모없는 건 아냐."

2014년의 네뷸라가 자신의 단검을 네뷸라의 눈에서 치우더니 그녀의 머리에 있던 금속판 하나를 떼어 냈다.

Thanos was seated on his **throne**. He watched as 2014 Nebula approached, **ascending** the stairs to where he sat. In her hand, she held a vial of red particles, which she handed to Thanos.

Then she motioned to her skull, showing the metal plate now **affixed** to her head—the one her future self had been wearing.

"How do I look?" she asked. She was ready to betray the future **for the sake of** Thanos.

***

타노스는 자신의 옥좌에 앉아 있었다. 그는 2014년의 네뷸라가 자신이 앉아 있는 곳까지 계단을 올라오며 다가오는 모습을 지켜보았다. 그녀의 손에 붉은 입자가 담긴 유리병이 있었고, 그녀가 이내 타노스에게 그것을 건넸다.

그러더니 네뷸라는 고개를 돌려 자신의 머리에 붙어있는 것을 타노스에게 보여주었다. 미래의 자신이 쓰고 있던 금속판이었다.

"어때 보입니까?" 네뷸라가 물었다. 네뷸라는 타노스를 위해 미래를 배반할 준비가 되어 있었다.

# *CHAPTER 32*

📖 워크북 p21

VORMIR

2014

"Wow," Clint observed with **irony**. "Under different **circumstances**, this would be **totally awesome**."

Only a few moments ago, Natasha and Clint had been

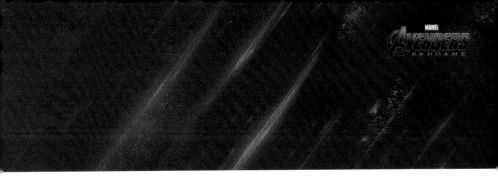

나타샤와 클린트가 가디언즈의 우주선을 타고 보르미르에 도착합니다. 그들은 섬뜩한 분위기를 자아내는 보르미르에서 검은 망토를 두른 영묘한 형체를 만나고, 그 미지의 형체는 소울 스톤이 있는 곳으로 그들을 안내합니다.

보르미르

2014년

"우와." 클린트가 냉소적으로 말했다. "다른 때였다면 정말 멋졌을 텐데."

불과 몇 분 전, 나타샤와 클린트는 가디언즈의 우주선 안에 안전

safely inside the Guardians' ship. The craft had approached the planet Vormir, the **resting place** of the Soul Stone. The Guardians' ship set down, and now the pair had begun the **trek** to find what they so desperately needed.

Mountains ranged in the background, and large pools of liquid bubbled, dotting the landscape. Snow fell through the darkened skies. The **overall effect** was **macabre**.

"I bet the **raccoon** didn't have to climb a mountain," Natasha griped.

"**Technically** he's not a raccoon, you know?" Clint suspected Rocket wouldn't take kindly to the **description**. And he didn't feel the need to provoke a creature with a larger weapons **stash** than his own.

"Oh, whatever," Natasha said **dismissively**. "He eats garbage."

Their conversation was suddenly interrupted by an **unearthly** voice.

"Welcome."

하게 있었다. 이윽고 우주선이 소울 스톤의 안식처, 보르미르 행성에 접근했다. 가디언즈의 우주선이 착륙했고, 이제 두 사람은 그들에게 절실히 필요한 것을 찾기 위해 여정을 시작했다.

산맥은 멀리까지 뻗어 있었고, 사방에는 거대한 물웅덩이가 거품을 내며 바닥을 수놓고 있었다. 어두운 하늘에서는 눈이 내렸다. 전반적인 느낌은 그야말로 섬뜩했다.

"그 너구리는 산에 오를 일도 없겠지." 나타샤가 불만을 털어놓았다.

"엄밀히 말하면 너구리는 아니야." 클린트는 로켓이 그러한 묘사를 순순히 받아들일 거라 생각하지 않았다. 더군다나 그는 자신보다 더 큰 무기 보관함을 가진 생명체를 도발해야 할 필요성을 느끼지 못했다.

"뭐든 상관없어." 나타샤가 거들먹거리며 말했다. "녀석은 쓰레기를 먹잖아."

갑자기 그들의 대화에 섬뜩한 목소리가 끼어들었다.

"어서 오십시오."

Immediately, Clint's hands found their way to his sword, drawing it from the sheath on his back. Natasha spun around, hands on a gun.

A dark cloaked figure hovered in front of them, its face hidden.

"Natasha. Daughter of Ivan. Clint. Son of Edith," the cloaked figure identified them.

Carefully, weapons out, Clint and Natasha approached.

"Who are you?" Natasha asked warily.

The floating figure spoke quietly, without emotion. "Consider me a guide to you and to all who **seek** the Soul Stone."

Slowly, Clint lowered his sword, holding it in front of his **torso**. Natasha still pointed her weapon at the figure. She trusted no one. Ever.

"Oh, good," Natasha said casually, her words as always **belying** her feelings. "You tell us where it is, then we'll be on our way."

그 즉시 클린트의 손이 등에 있던 검집에서 검을 찾아 뽑아 들었다. 나타샤는 뒤돌아 총을 겨누었다.

검은 망토를 두른 형체가 그들 앞에 떠 있었고, 얼굴은 가려져 있었다.

"나타샤, 이반의 딸이시어. 클린트, 이디스의 아들이시어." 망토를 두른 형체가 이들의 신원을 확인했다.

클린트와 나타샤가 조심스럽게 무기를 내리며 다가갔다.

"넌 누구지?" 나타샤가 경계하며 물었다.

허공에 떠 있던 존재가 아무런 감정 없이 조용히 대답했다. "당신과 소울 스톤을 찾으려는 모든 이들의 안내자이지요."

클린트가 천천히 검을 내리더니 자신의 상체 앞으로 검을 들었다. 나타샤는 여전히 그 형체에 무기를 겨누었다. 그녀는 아무도 믿지 않았다. 결코.

"오, 잘됐네." 나타샤가 가볍게 대답했고, 그녀의 말은 늘 그렇듯 자신의 감정을 숨기고 있었다. "어디에 있는지만 알려주면 우리가 알아서 가도록 하지."

Moving out of the shadows, Clint and Natasha saw the red-skulled face glowering from behind the cloak.

"Oh, liebchen," the figure cautioned **ominously**. ❶ "If only it were that easy."

* * *

Natasha watched as the cloaked figure floated toward the edge of the tower. It looked like the figure's **robes** weren't even real. They seemed to be made out of smoke somehow. The robe would fray at the end, then appear to dissolve into the air around them.

As they walked onto the tower, Natasha noticed the **semicircular** opening on the floor. It went right to the edge.

"What you seek lies in front of you," the figure informed them solemnly. "As does what you fear."

Natasha walked toward the edge of the tower platform and looked over the side.

A **sheer** drop into nothingness.

그 형체가 그늘진 곳에서 나오자, 클린트와 나타샤는 망토 안에서 빛나고 있는 붉은 해골의 얼굴을 보게 되었다.

"오, 그대여." 그 형체가 불길한 목소리로 경고했다. "그게 그렇게 쉽다면 말이지요."

* * *

나타샤는 망토를 쓴 형체가 탑의 끝으로 떠가는 것을 바라보았다. 그 형체가 입은 망토조차 현실처럼 보이지 않았다. 그것은 연기 같은 것으로 만들어진 듯했다. 망토는 끝이 해졌고, 끝자락이 허공으로 사라지는 것처럼 보였다.

그들이 탑 위를 걸어가던 무렵, 나타샤는 바닥이 반원 모양으로 뚫려 있는 것을 보았다. 그것은 탑의 끝으로 곧바로 이어졌다.

"찾고 계신 것은 당신 앞에 있습니다." 그 형체가 엄숙히 알려주었다. "두려워하시는 것도 있지요."

나타샤가 탑의 끝으로 걸어와 아래를 내려다보았다.

공허를 향한 완전한 낭떠러지였다.

Natasha stared into the **abyss** as Clint joined her.

"The Stone's down there," she realized.

"For one of you," the figure corrected. "For the other … in order to take the Stone you must lose that which you love. An **everlasting** exchange. A soul for a soul." They both absorbed that information, accepting what it meant to each of them.

Natasha sat down on the ground, looking, not saying a word. For a moment, she seemed to forget where they were and noticed the falling snow.

It was beautiful.

"How's it going?" Clint asked softly, laughing. "Jesus. Maybe he's making this shit up." Even after everything that had happened, the **tiniest** part of him still could hope that was true.

Clint was **pacing** behind her now.

"No, I don't think so." Natasha had spent her life lying. She knew the truth when she heard it.

나타샤가 그 심연을 바라보았고, 클린트가 그녀 옆에 왔다.

"스톤이 저기 아래에 있어." 그녀가 깨달은 듯 말했다.

"둘 중 한 명만을 위한 것입니다." 그 인물이 짚어주었다. "다른 한 명은… 스톤을 차지하기 위해서는 당신이 사랑하는 것을 포기해야 합니다. 영원히 맞바꾸는 것이지요. 소울 스톤과 맞바꿀 영혼 말입니다." 두 사람 모두 그 말을 이해했고, 그것이 서로에게 무엇을 의미하는지도 이해했다.

나타샤는 바닥에 앉아 허공을 응시한 채 아무 말도 하지 않았다. 한동안 그녀는 그들이 어디에 있는지 잊은 것처럼 보였고, 눈이 내리고 있는 것을 발견했다.

아름다웠다.

"잘 돼 가?" 클린트가 웃으며 부드럽게 물었다. "젠장. 저놈이 거짓말하는 걸지도 몰라." 지금껏 벌어진 모든 상황을 경험하고도 그의 마음 아주 작은 부분에서는 그 말이 사실이길 바랐다.


클린트는 나타샤의 뒤에서 서성거리고 있었다.

"아냐, 아닌 것 같아." 나타샤는 거짓말로 점철된 인생을 살아왔다. 그녀는 진실의 소리를 잘 알고 있었다.

The shadowy, cloaked figure floated behind them, not **interacting**, only watching.

"Why? 'Cause he knows your daddy's name?" Clint tried to be tough, **mocking**. But Natasha didn't **buy** it.

"I didn't," Natasha replied, with some wonder. Who might her father have been? But there was something else. "Thanos left here with the stone without his daughter. That's not a **coincidence**."

Clint nodded slowly. "Yeah."

"Whatever it takes," Natasha said, echoing Steve's words. She knew what had to be done.

Clint looked over the edge of the tower. "Whatever it takes," he repeated. He knew what had to be done.

Then Natasha stood up and faced Clint. "If we don't get that Stone, billions of people stay dead." That was **unacceptable** with such a small price to pay in the scheme of things.

Clint nodded. "Yeah. Then I guess we both know who it's gotta be." He was **resolved**.

그림자 같은 망토를 쓴 형체는 아무 말도 하지 않고 그저 바라보며 그들 뒤에 떠 있었다.

"왜? 네 아버지 이름을 알아서?" 클린트는 강한 척하며 놀렸지만, 나타샤는 그것을 받아들이지 않았다.

"난 몰랐거든." 나타샤가 약간 경이로워하며 대답했다. 그녀의 아버지는 누구였던가? 하지만 다른 이유가 더 있었다. "타노스는 딸을 버리고 여기서 스톤을 가져갔어. 그게 우연은 아닐 거야."

클린트가 천천히 고개를 끄덕였다. "그래."

"무슨 수를 써서라도." 나타샤가 스티브의 말을 따라 했다. 나타샤는 무엇을 해야 하는지 알고 있었다.

클린트가 탑의 끝자락 너머를 내려다보았다. "무슨 수를 써서라도." 그가 따라 말했다. 그도 무엇을 해야 하는지 알고 있었다.

그런 뒤 나타샤는 일어나 클린트를 바라보았다. "우리가 저 스톤을 가져가지 못하면 수십억 명의 사람들이 그대로 죽게 돼." 전체적으로 봤을 때 아주 작은 대가를 치르는 것이었기에 그런 일은 결코 용납되지 않았다.

클린트가 고개를 끄덕였다. "맞아. 그러니까 누가 되어야 할지는 우리 둘 다 잘 알고 있겠네." 클린트가 결의를 다졌다.

"I guess we do." Natasha was clear. There was no choice.

Deliberately, Clint reached out and took Natasha's hand. She placed her other hand atop Clint's, **cupping** it. Their eyes met.

"I'm starting to think we mean different people here, Natasha." Clint was suddenly worried.

"For the last five years, I've been trying to do one thing," Natasha **confided in** the one man who knew her better than anyone as her voice choked. "Get to right here. That's all it's been about. Bringing everybody back."

❷ "No, don't you get all **decent** on me now." He wanted to comfort her, but knew being soothed wasn't her style. Plus she was wrong. She had done so much for so many people these past several years. And she still had more to do.

"What, you think I wanna do it? I'm trying to save your life, you idiot," Natasha told him, irritated, but touched. She wasn't one for **sentimentality**, but he

"그런 것 같네." 나타샤의 생각도 확고했다. 다른 선택지가 없었다.

클린트가 천천히 손을 뻗어 나타샤의 손을 잡았다. 그녀는 다른 손을 클린트의 손 위에 올렸다. 두 사람의 눈이 마주쳤다.

"아무래도 우리가 서로 다른 사람을 생각하는 것 같은데, 나타샤?" 클린트는 순간 걱정이 됐다.

"지난 5년간 난 한 가지만을 바랐어." 나타샤는 그 누구보다도 자신을 잘 아는 남자에게 마음을 털어놓았고, 그녀의 목소리가 잠겼다. "바로 여기에 오는 거야. 모든 게 이 순간을 위해서였어. 모두를 되살리기 위해."

"안 돼, 혼자만 멋있는 거 하려고 하지 마." 클린트는 나타샤를 위로해주고 싶었으나, 위로받는 것은 나타샤의 방식이 아니란 것을 잘 알고 있었다. 게다가 그녀는 틀렸다. 그녀는 지난 몇 년 동안 많은 사람을 위해 많은 것들을 해냈다. 그리고 그녀가 할 일은 여전히 많았다.

"내가 하고 싶어서 이러겠어? 너를 살려주는 거잖아, 바보야." 나타샤가 그에게 짜증을 내며 말했으나, 한편으로는 감동을 받았다. 그녀는 감상에 젖는 사람이 아니었지만, 클린트는 그녀가 약한 모

was probably the only one she could even be close to **vulnerable** with.

"Yeah, well, I don't want you to. How's that?" Clint **retorted**. He wasn't going to let this happen. "Natasha, you know what I've done. You know what I've become." [9] They both had red in their **ledgers**. His was just more recent.

"I don't judge people on their worst mistakes." She forgave him when he couldn't forgive himself.

Clint turned his head. "Maybe you should." He couldn't live with what he'd done. And he'd done what he had because he couldn't live without the ones he loved. He'd gladly die for them. Because without them, all he'd been doing was killing.

Tears had formed in Natasha's eyes, and she did her best to hold them back. "You didn't." She wanted him to know that what he'd done for her she'd never forget and never be able to **repay**. He had to understand.

"You're a pain in my ass, you know that?" Fighting words for some meant love between friends.

습마저 보일 수 있을 정도로 가깝게 지내는 유일한 사람이었다.

"알아, 근데 내가 그러고 싶지 않다면 어쩔래?" 클린트가 쏘아붙였다. 그는 절대 그렇게 두지 않을 작정이었다. "나타샤, 내가 한 짓을 너도 알잖아. 내가 어떤 놈이 되었는지도." 그들은 서로에게 큰 빚을 지고 있었다. 클린트의 것이 더 최근이었을 뿐이다.

"난 최악의 실수만 보고 그 사람을 판단하지 않아." 나타샤가 스스로를 용서하지 못하는 클린트를 용서했다.

클린트가 고개를 돌렸다. "그래야 할지도 몰라." 그는 자신이 저지른 짓을 견디며 살아갈 수 없었다. 더군다나 사랑하는 이들과 함께 살 수 없단 이유로 저지른 일이었다. 클린트는 그들을 위해 기꺼이 죽을 수 있었다. 가족 없이 그가 해온 것은 살인뿐이었기 때문이다.

나타샤의 눈에 눈물이 맺혔고, 그녀는 눈물을 최대한 참으려 애썼다. "너도 그러지 않았잖아." 그녀는 그가 자신에게 해준 것을 절대 잊지 않을 것이며, 절대 갚을 수 없는 일이라는 것을 알게 해주고 싶었다. 그는 알아야만 했다.

"넌 정말 골칫덩어리야. 그건 알지?" 친구 사이의 애틋함이 담긴 말다툼이 오고 갔다.

Natasha nodded.

"Okay," Clint took a deep breath. The two looked at one another for what seemed like minutes.

"You win," Clint conceded. He smiled at Natasha.

Then he kicked her in the knee.

Natasha's feet went up in the air as she headed toward the ground. Clint sped the process up by throwing her. Then he pushed on her shoulder, holding Natasha in place.

"Tell my family I love 'em," he said.

Clint was unprepared for Natasha swinging her hand at his elbow, pinning his arm down. The arm buckled, and Clint dropped lower. Natasha took Clint around the neck and threw him to the ground. Rising to her feet, she extended her arm and fired her widow's bite from the bracelet on her wrist.

"You tell 'em yourself," she countered.

A tiny **pellet** hit Clint in the chest, and **electrostatic** energy pulsed through his body. Immediately, he convulsed, unable to control his muscles.

나타샤가 고개를 끄덕였다.

"알았어." 클린트가 깊은 숨을 들이쉬었다. 두 사람은 몇 분처럼 느껴지는 시간 동안 서로를 바라보았다.

"네가 이겼어." 클린트가 수긍했다. 그가 나타샤에게 미소를 지었다. 그러고는 그가 무릎으로 나타샤를 걷어찼다.

나타샤가 땅에 떨어지면서 그녀의 발이 허공에 떠올랐다. 클린트가 그녀를 던져 떨어지는 속도를 높였다. 그런 뒤 그가 나타샤의 어깨를 눌러 그녀를 그 자리에 고정시켰다.

"내 가족에게 내가 사랑한다고 전해 줘." 클린트가 말했다.

클린트는 나타샤가 자신의 팔꿈치를 향해 손을 휘두른 후 팔을 부여잡는 것을 알아차리지 못했다. 팔이 붙잡히자 클린트의 몸이 아래로 떨어졌다. 나타샤는 클린트의 목을 잡고 그대로 바닥으로 던졌다. 일어선 나타샤가 팔을 뻗어 손목에 차고 있던 팔찌에서 '위도우스 바이트'를 발사했다.

"네가 직접 전해." 나타샤가 맞받아쳤다.

작은 탄환이 클린트의 가슴에 꽂혔고, 이내 정전기 에너지가 그의 몸에 진동하기 시작했다. 그 즉시 클린트는 경련을 일으켜 근육을 움직일 수 없었다.

Natasha took one final look over the edge of the tower, then started to run.

Clint could feel his muscles stop convulsing, and he managed to push the tiny pellet off his chest. He reached into his **quiver**, grabbed an arrow, and shot it at the ground in front of Natasha. There was a small explosion—nothing huge, but enough to knock her down to the ground, before she could reach the edge of the tower.

Tossing his bow aside, Clint sprinted for the tower. He leaped into the air and over the edge.

With Natasha right behind him.

She grabbed Clint, and they went over the edge together.

Clipping the end of a line to Clint's belt, Natasha then fired the grappling hook upward as they fell. The hook hit the wall of the tower and found **purchase**. Natasha held onto Clint, and as the line extended, they swung toward the tower. The line pulled **taut**, and they slammed into the wall together.

나타샤가 마지막으로 탑의 끝자락을 한 번 더 본 뒤, 달리기 시작했다.

클린트는 근육의 경련이 멎어가는 걸 느꼈고, 가까스로 가슴에 있는 작은 탄환을 뜯어냈다. 그가 화살통으로 손을 뻗어 화살을 집고는 나타샤의 바로 앞에 있는 땅에 쏘았다. 그리 크지 않은 폭발이었으나, 그녀가 탑 끝자락에 도달하기 전에 땅에 넘어뜨리기에는 충분했다.

클린트가 활을 옆으로 던지며 탑을 향해 달렸다. 그가 탑의 끝을 넘어 허공으로 뛰어올랐다.

바로 뒤에 있는 나타샤와 함께였다.

나타샤가 클린트를 붙잡았고, 그들이 탑의 끝을 넘어 뛰어내렸다.

나타샤는 클린트의 허리띠에 줄의 끝을 고정한 뒤, 곧바로 그들이 떨어지는 순간 갈고리를 위로 발사했다. 갈고리가 탑의 벽을 치며 걸릴 만한 곳을 찾아냈다. 나타샤는 클린트에게 매달려 있었고, 줄이 점점 늘어나 두 사람이 탑을 향해 휘청였다. 줄이 팽팽하게 당겨지면서 그들이 탑의 벽에 부딪쳤다.

Dangling from the line, Clint grabbed Natasha's wrist, preventing her from falling into the **crevasse** below.

"Damn you," Clint said. He wasn't going to let her do this.

Clint could feel the blood draining from his arm as he tried desperately to **keep a grip on** Natasha. But Natasha wasn't holding onto Clint's hand. She didn't even try.

She didn't want him to, either.

With his other hand, Clint tried to grab Natasha's fingers, **swaying** on the grappling line.

"Wait," Clint said, pleading. *Please don't do this.* His eyes begged her. *Please.*

Natasha looked up at the tower and then into Clint's eyes.

"Let me go," she asked of him.

"No. No, please, no," Clint begged. After everything they had been through together, it couldn't end like this. She had to survive.

클린트는 줄에 매달린 채 나타샤의 손목을 붙잡아 그 아래 크레바스로 떨어지지 못하게 했다.

"너 진짜!" 클린트가 말했다. 그는 결코 나타샤가 이렇게 하도록 내버려 두지 않을 셈이었다.

클린트가 필사적으로 나타샤를 붙잡고 있을 때, 그의 팔에서 피가 흘러내렸다. 하지만 나타샤는 클린트의 손을 잡고 있지 않았다. 잡으려 하지도 않았다.

그녀는 클린트 역시 그러길 바랐다.

클린트는 다른 손으로 나타샤의 손가락을 잡으려 애쓰며 갈고리가 달린 줄에서 허우적댔다.

"잠깐만." 클린트가 애원하며 말했다. '제발 그러지 마.' 클린트의 눈이 나타샤에게 애원하고 있었다. '제발.'

나타샤가 탑을 향해 위를 바라보았고, 그런 뒤 클린트의 눈을 바라봤다.

"날 놔 줘." 그녀가 그에게 부탁했다.

"안 돼. 안 돼, 제발, 그러지 마." 클린트가 애원했다. 모든 것을 함께 겪은 이후에 이런 식으로 끝낼 순 없었다. 그녀는 반드시 살아남아야 했다.

"It's okay," Natasha said, as if **absolving** Clint. She was ready.

"Please," Clint **implored** her. He couldn't lose someone else he cared about. Not one more.

Natasha looked **serene** as she pushed away from the tower wall. Clint immediately lost his grip, and she slipped through his fingers.

There was nothing he could do.

Clint could only hang from the **grappling** line as he watched his friend fall toward her death. Alone.

* * *

Clint wasn't sure how long he had been hanging from the grappling line. Seconds? Minutes?

He looked down and saw Natasha's body lying on the snow-covered ground. Mist filled the air around her.

It didn't seem real.

He looked up and saw swirls of energy **coalescing** in the sky above and around the tower. Pulling himself up,

"괜찮아." 나타샤가 클린트를 용서한다는 듯이 대답했다. 그녀는 준비가 되어 있었다.

"제발." 클린트가 나타샤에게 애원했다. 클린트는 자신이 아끼는 또 다른 누군가를 잃을 수 없었다. 더 이상 그 누구도 말이다.

나타샤가 탑의 벽을 있는 힘껏 밀 때 그녀는 평온해 보였다. 그 순간 클린트가 잡고 있던 손을 놓쳤고, 그녀가 그의 손가락을 빠져 나갔다.

그가 할 수 있는 일은 아무것도 없었다.

클린트가 할 수 있는 일이라곤 죽음을 향해 떨어지는 친구의 모습을 바라보며 줄에 매달려있는 것뿐이었다. 혼자였다.

* * *

클린트는 자신이 얼마나 오랫동안 줄에 매달려 있었는지 알 수 없었다. 몇 초? 몇 분?

그가 아래를 내려다보았고, 나타샤의 몸이 눈 덮인 땅 위에 누워 있었다. 그녀의 주위로 안개가 드리워졌다.

그것은 현실 같지 않았다.

클린트가 위를 바라보았고, 탑 주변과 그 위의 하늘로 에너지 소용돌이가 합쳐지는 것이 보였다. 그는 자책하며 천천히, 고통스럽

slowly, **agonizingly**, hand over hand, he made his way back to the top. This sacrifice would not be for nothing, he promised. Even if in the moment it seemed easier to just fall away after her, he couldn't **negate** what she had done for everyone else. It would mean something. Everything. He would see this through for her.

When he reached the **ledge** above, he rolled over on his back in a pool of water. He could see the clouds reflected in them. As he got to his knees, he looked down at his hand.

Inside it, he held the Soul Stone.

Clint pounded his fist into the water, in loss and in gain.

게 한 손 한 손 탑 위로 다시 올라가기 시작했다. 그는 이 희생을 결코 헛되게 만들지 않겠다고 맹세했다. 그 순간은 그녀를 따라 뛰어내리는 것이 더 쉬워 보였을 지라도, 그는 나타샤가 다른 모든 이들을 위해 한 일을 수포로 만들 수는 없었다. 나타샤의 희생은 반드시 어떤 의미를, 모든 의미를 갖게 되리라. 그는 그녀를 위해 이 임무를 완수할 것이다.

클린트가 튀어나온 절벽 바위 위에 다다랐을 때, 그가 물웅덩이 위로 돌아누웠다. 그는 물 위로 구름이 비치는 것을 볼 수 있었다. 그가 무릎을 딛고 일어서는 순간, 자신의 손을 내려다보았다.

손에 소울 스톤이 쥐어져 있었다.

클린트는 상실감과 성취감을 동시에 느끼며 물속으로 주먹질을 했다.

186

# CHAPTER 33

📖 워크북 p25

THE PRESENT

The hangar inside the Avengers headquarters was **bursting with** activity. The Quantum Tunnel had **whirled** to life as one by one, the Avengers returned from their missions. They immediately grew to normal size, standing upon the

어벤져스가 각자의 임무를 마치고 현재로 복귀합니다. 그들은 성공의 기쁨을 누리려던 찰나, 그들 사이에 비어 있는 자리 하나를 발견합니다. 나타샤의 부재를 알아차린 어벤져스는 슬픔에 빠집니다.

현재

어벤져스 본부 내에 있는 격납고가 분주하게 작동을 했다. 양자 터널이 하나씩 가동되었고, 어벤져스 멤버들이 각자의 임무를 완수한 뒤 돌아왔다. 그들은 곧바로 원래의 크기로 돌아왔고, 양자 터널 플랫폼 위에 서자 그들 아래에 있던 구멍이 닫혔다.

floor of the Quantum Tunnel Platform as the aperture beneath them closed.

Bruce.

Rhodey.

Nebula.

Scott.

Steve.

Tony.

Rocket.

Thor.

Clint.

The Platform began to **power down** immediately, and the panel above retracted. The Avengers tapped their time-travel bands, and their time-travel helmets and suits disappeared.

There was a moment of silence broken by Bruce.

"Did we get 'em all?" he questioned **pensively**. The answer could change everything.

브루스.

로디.

네뷸라.

스캇.

스티브.

토니.

로켓.

토르.

클린트.


　플랫폼은 곧바로 작동을 멈추기 시작했고, 상층부 패널도 접혀들어갔다. 어벤져스 멤버들이 시간여행 밴드를 두드리자 헬멧과 슈트가 사라졌다.


　잠깐의 침묵이 브루스에 의해 깨졌다.

　"전부 다 찾은 거야?" 브루스가 걱정스레 물었다. 이 질문에 대한 대답이 모든 것을 바꿀 수 있었다.

Rhodey held up the orb that contained the Power Stone as Nebula looked on.

"Whooo!" Scott shouted.

"Are you telling me this actually worked?" Rhodey was incredulous. Had they actually pulled off their Time Heist? Would they be able to bring everyone back?

Thor laughed for the first time in a very long while.

Behind him, Clint fell to his knees, too overwhelmed with loss to speak.

Steve and Bruce noticed immediately. One **absence** was a **gaping** hole in their circle.

"Clint, where's Nat?" Bruce asked, wary of the answer he suspected was forthcoming.

Clint didn't say a word.

He didn't have to.

Steve lowered his head as Bruce collapsed to his knees and punched the Platform, **devastated**.

로디가 파워 스톤이 담긴 오브를 들어 올렸고, 이를 네뷸라가 바라보았다.

"후우우!" 스캇이 소리쳤다.

"이거 정말로 성공한 거야?" 로디는 믿지 못하겠다는 듯 말했다. 그들은 정말로 시간 강탈을 성공한 걸까? 정말로 모두를 되살려낼 수 있는 걸까?

토르가 처음으로 아주 오랜 시간 동안 웃었다.

그의 뒤에 있던 클린트가 무릎을 꿇었고, 상실감에 압도되어 말을 할 수 없었다.

스티브와 브루스가 곧바로 이를 알아차렸다. 원을 이루고 선 그들 사이에 빈자리가 하나 보였다.

"클린트, 나타샤는 어딨어?" 브루스가 자신이 예상한 대답이 이어질까 걱정하며 물었다.

클린트는 아무 말도 하지 않았다.

굳이 말하지 않아도 됐다.

스티브가 고개를 숙였고, 브루스는 무릎을 꿇고 플랫폼을 내려치며 절망에 빠졌다.

The lake behind Avengers headquarters was particularly calm that day as Bruce, Tony, Steve, Clint, and Thor stood on the **dock**. The air was **remarkably** still.

"Do we know if she had family?" Tony asked, not expecting an answer.

Steve was sitting down. "Yeah," he answered, not looking up. "Us."

Thor appeared **anxious**, almost bursting with energy. "What?" he questioned with **anticipation**, looking at his **saddened** comrades.

"Huh?" Tony said, looking at Thor. He was grieving, like everyone else. Trying to figure out a world without Natasha in it.

"What are you—what are you doing?" Thor challenged. He seemed to be getting **agitated**.

"I just asked him a question," Tony replied, pointing at Steve.

어벤져스 본부 뒤편의 호수는 브루스와 토니, 스티브, 클린트, 토르가 나루터에 앉아 있던 그날따라 유달리 평온했다. 공기는 몹시도 고요했다.

"나타샤한테 가족이 있었나?" 토니가 물었지만, 대답은 기대하지 않았다.

스티브는 앉아 있었다. "응." 그가 대답했으나 고개는 들지 않았다. "우리."

토르의 안색이 불안해 보였고, 곧 폭발할 것 같았다. "뭐야?" 토르가 기대를 하며 물은 뒤, 슬퍼하는 동료들을 바라보았다.


"뭐가?" 토니가 토르를 바라보며 말했다. 그 역시 다른 모든 이들처럼 비통해하고 있었다. 나타샤가 없는 세상을 받아들이려 애쓰고 있었다.

"다들… 다들 뭐 하는 거냐고?" 토르가 도전적으로 말했다. 그는 감정이 점점 격해지는 듯했다.

"그냥 물어본 것뿐이야." 토니가 스티브를 가리키며 말했다.

"Yeah, no, you're acting like she's dead," Thor accused him, anger rising. "Why are we acting like she's dead? We have the Stones, right? As long as we have the Stones …"

No one said a word.

"Cap, we can bring her back. Isn't that right?" Thor continued, looking at Steve. "So, stop this shit! We're the Avengers! Get it together!" She wasn't really dead. He kept repeating that to himself as if to make it so.

Behind Thor, Bruce looked into the lake. He was walking, staring at the water before him.

"Can't get her back." Bruce announced quietly. He'd known instantly.

"What's he …? What's he? What?" Thor **sputtered**.

"It can't be undone," Clint confirmed, not looking up. "It can't be undone." He would have given anything if it could have. He still this minute would give his life to undo it.

Thor wasn't having it. "Look, I'm sorry … no offense, but you're a very **earthly** being, okay? And we're talking

"그래, 아니, 나타샤가 죽은 것처럼 행동하고 있잖아." 토르가 그를 비난하며 분노를 표출했다. "왜 나타샤가 죽은 것처럼 구는 거야? 우리에겐 스톤이 있잖아. 안 그래? 스톤만 있으면…."

아무도 말을 하지 않았다.

"캡, 나타샤를 다시 살려낼 수 있어. 그렇지 않아?" 토르가 스티브를 보며 말을 이어갔다. "그러니까 다들 그만 좀 해! 우린 어벤져스야! 다 함께 뭉쳐야 한다고!" 그녀는 진짜로 죽은 게 아니다. 토르는 그렇게 만들 수 있다는 듯 스스로에게 그 말을 되뇌었다.

토르의 뒤에서 브루스는 호수를 바라보고 있었다. 브루스가 걸어가며 자신의 앞에 있는 호수를 바라보았다.

"되살릴 수 없어." 브루스가 나지막이 말했다. 그가 그 말을 금방 알아차렸다.

"뭐라고…? 지금 뭐? 뭐라고?" 토르가 더듬거리며 말했다.

"되돌릴 수 없어." 클린트가 올려다보지 않은 채 쐐기를 박았다. "되돌릴 수 없다고." 그게 가능하다면 그는 자신의 모든 걸 내어줄 수 있었다. 그는 이 순간에도 모든 것을 되돌릴 수 있다면 목숨까지 내줄 수 있었다.

토르는 받아들이지 않았다. "저기, 미안한데… 악의는 없어. 자넨 인간이잖아, 응? 우린 지금 우주의 마법에 대해 얘기하고 있다고.

about space magic. And 'can't' seems very definitive. Don't you think?" Thor had seen things in his **lifetime** that these Terrans couldn't even imagine. There had to be a way.

❶ "Yeah, look, I know that I'm way outside my pay grade here," Clint admitted. "But she still isn't here, is she?" It hurt him to even say so. She should be here with them.

"No, that's my point," Thor argued.

"It can't be undone. Or that's at least what the red, floating guy had to say. Maybe you wanna go talk to him, okay?" Clint snapped at Thor, wanting him to drop it. Every expressed desire for Natasha's return added **weight** to his guilt. It should have been him laying there, not her.

Thor took a step back.

Clint pushed. "Go grab your hammer and you go fly and you talk to him!" Maybe a god could do what a human couldn't. But he wouldn't even dare to hope it would make a difference because he knew the truth.

Bruce was standing behind them, staring.

"It was supposed to be me," Clint confessed softly. "She

그런데 '안 된다'는 말은 너무 단정 짓는 말 같아. 그렇게 생각하지 않아?" 토르는 테란들이 상상도 할 수 없는 것들을 평생 봐 왔다. 분명 무슨 방법이 있을 것이다.

"그래, 나도 내 영역 밖의 일이란 건 알아." 클린트가 인정했다. "하지만 나타샤는 지금 없잖아. 안 그래?" 그는 이 말을 하는 것조차도 마음이 아팠다. 그녀는 이들과 함께 있어야 했다.

"아니, 내 말은 그게 아니야." 토르가 반박했다.

"되돌릴 수 없어. 적어도 그 빨갛고 둥둥 떠다니던 놈은 그렇게 말했어. 놈에게 가서 말해봐. 알겠어?" 클린트는 토르가 그만하길 바라며 그의 말을 되받아쳤다. 나타샤가 돌아오길 바라며 거론된 소망들이 그의 죄책감에 무게를 더했다. 그곳에 누워있어야 했던 건 나타샤가 아닌 클린트 자신이었다.

토르가 뒤로 물러났다.

클린트가 밀어붙였다. "망치 들고 그놈한테 날아가서 얘기하라고!" 신이라면 인간이 할 수 없는 일을 할 수 있을지도 모른다. 하지만 그는 진실을 알고 있었기에 무언가를 바꿀 수 있다고 감히 바랄 수조차 없었다.

브루스는 아무 말 없이 이들 뒤에 서서 바라보기만 했다.

"내가 죽었어야 했어." 클린트가 나지막이 고백했다. "나타샤는

sacrificed her life for that goddamn Stone. She bet her life on it." He knew they couldn't hate him any more than he hated himself for this.

Without a word, Bruce picked up a bench on the side of the dock and hurled it out over the water.

"She's not coming back," Bruce declared. "We have to make it worth it. We have to." He knew all too well what kind of motivation anger and pain could be. He had lived it every day. And this was one more addition pushing him **onward**. Because he knew she never would have let him sit and wallow in sorrow for her or anyone else. She would have kicked him until he did something. So it was time to do something.

Steve rose to his feet.

"We will," he said.

* * *

To call the **procedure** "**delicate**" was the **understatement** of **eternity**.

이 빌어먹을 스톤 때문에 자기 목숨을 희생했어. 자기 목숨을 걸었다고." 그는 이 사실에 대해 자기 자신만큼 그를 더 증오할 사람이 없다는 것을 알고 있었다.

아무 말이 없던 브루스가 나루터 한 켠에 있던 의자를 집어 들더니 호수에 던졌다.

"나타샤는 돌아오지 못해." 브루스가 결론지었다. "우린 그 희생을 값지게 만들어야 해. 그래야 해." 브루스는 분노와 고통이 어떤 동기를 부여하는지 너무도 잘 알고 있었다. 그는 매일 분노에 사로잡혀 살아왔다. 그리고 이것은 그를 앞으로 더 나아가게 만드는 또 하나의 동력이었다. 왜냐하면 그는 나타샤가 그녀나 다른 누군가 때문에 주저앉아 슬픔에 허덕이도록 자신을 내버려 두지 않으리란 것을 알고 있었기 때문이다. 그녀라면 브루스가 무언가를 할 때까지 걷어찼을 것이다. 그러니 지금은 무언가를 해야 했다.

스티브가 자리에서 일어났다.

"그래야지." 스티브가 대답했다.

* * *

이 작업을 단순히 '섬세하다'라고 하기에는 너무 절제된 표현이다.

Inside his lab, Tony operated a series of six mechanical arms from behind a **transparent** protective shelter. Each of the arms was holding onto one of the six Infinity Stones. At the moment, Tony was concentrating on the arm that held the Soul Stone.

Rocket and Bruce stood to either side, watching, barely breathing. Bruce was running calculations on a tablet computer.

Tony moved the arm slightly, then took a break along with a deep breath. Then he grasped the controls and started to manipulate the arm once more.

Not far from the Stones, was a **metallic** gauntlet—an Infinity Gauntlet of Tony's own design, made especially to secure and **harness** the power of the Stones. At various **intervals** along the back of the gauntlet were settings where the Stones could be placed.

All six arms slowly moved toward the gauntlet.

In unison, the six Infinity Stones were set into the new gauntlet. The mechanical arms then released their hold on

연구실 안에서 토니는 투명한 보호막 뒤에서 뻗어 나온 기계식 팔 여섯 개를 작동시키고 있었다. 각각의 팔은 여섯 개의 인피니티 스톤을 하나씩 들고 있었다. 그 순간 토니는 소울 스톤을 쥐고 있는 팔에 집중하고 있었다.

로켓과 브루스가 양쪽에 서서 이를 바라보며 거의 숨도 쉬지 못하고 있었다. 브루스는 태블릿 컴퓨터로 계산을 하고 있었다.

토니가 팔을 살짝 움직인 뒤, 심호흡을 하기 위해 잠깐 작업을 멈췄다. 그런 뒤 그는 제어 장치를 집어 들고 다시 기계 팔을 조종하기 시작했다.

스톤에서 그리 멀지 않은 곳에 금속으로 된 건틀렛이 있었다. 스톤들의 힘을 안전하게 담아내는 동시에 힘을 사용할 수 있도록 특별히 만들어진, 토니가 고안한 인피니티 건틀렛이었다. 건틀렛의 뒷면에는 여섯 개의 스톤을 장착할 수 있는 여러 개의 홈이 있었다.

여섯 개의 기계식 팔이 모두 건틀렛을 향해 천천히 움직였다.
일제히 여섯 개의 인피니티 스톤이 새로운 건틀렛에 자리 잡았다. 이후 기계식 팔이 쥐고 있던 스톤들을 내려놓았다.

the Stones.

The gauntlet glowed.

"Boom!" Rocket yelled, breaking the tension as he laughed.

Tony and Bruce weren't laughing.

Rocket took hold of the fingers of the gauntlet, as Tony held onto the **cuff**. They then placed it in a device that cradled the gauntlet, **suspending** it in the air.

"All right," Rocket announced. "The glove's ready. Question is, who's gonna snap their freakin' fingers?" He wasn't **volunteering**.

From behind, Thor **strutted** forward, lifting his hands as he bowed his head.

"I'll do it," he said, confident in his own **invulnerability compared** to his teammates.

"Excuse me?" Tony asked, annoyed. He'd made the thing and he didn't need Thor jumping in to be all 'I'm God of the Gauntlet'!

건틀렛이 빛났다.

"쾅!" 로켓이 소리쳤고, 웃으며 긴장을 깼다.


토니와 브루스는 웃지 않았다.

토니가 건틀렛의 소매 부분을 들었고, 로켓은 건틀렛의 손가락 부분을 잡았다. 그러고 나서 그들은 건틀렛을 공중에 떠 있도록 거치할 수 있는 장치에 그것을 안착시켰다.

"좋아." 로켓이 말했다. "장갑은 준비됐어. 문제는 누가 이걸 끼고 손가락을 튕길 거야?" 로켓은 하고 싶지 않았다.


뒤쪽에서 토르가 앞으로 터벅터벅 걸어 나오더니 고개를 숙인 채 손을 들었다.

"내가 하지." 토르는 다른 동료들과 비교했을 때 자신만이 가진 불멸성에 자신감을 갖고 말했다.

"뭐라고?" 토니가 짜증 섞인 투로 물었다. 토니가 건틀렛을 만들긴 했지만, 그렇다고 토르가 '내가 건틀렛의 신이다!'라는 식으로 달려드는 것을 바라진 않았다.

An argument quickly **ensued** as Thor insisted that he be the one to put on the gauntlet and snap his fingers. He stepped toward the gauntlet, but both Tony and Steve reached their arms out to stop him from taking it.

"Thor, just wait," Steve tried to slow down their friend in his **eagerness**. "We haven't decided who's gonna put that on yet." It wasn't a decision to be taken lightly, as it could very well kill whoever tried.

"Oh, I'm sorry. What, we're all just sitting around waiting for the right opportunity?" Thor had failed to stop Thanos before. He wanted to be the one to make it right. He needed to be.

"We should at least discuss it," Scott jumped into the **debate**. Not that he was volunteering, either.

"Look … look, sitting here staring at the thing is not gonna bring everybody back," Thor stated. He was ready to do this.

"Normally, you're right," Tony said, taking a step toward Thor. "It's not about that." The last thing they

토르가 건틀렛을 끼고 손가락을 튕길 사람은 자신이라고 주장하는 순간, 곧바로 언쟁이 벌어졌다. 토르가 건틀렛 앞으로 다가오자 토니와 스티브가 팔을 뻗어 건틀렛을 가져가지 못하게 토르를 막았다.

"토르, 잠깐 기다려." 스티브는 열망에 차 있는 친구를 진정시키려고 애썼다. "누가 낄지 아직 정하지 않았잖아." 건틀렛을 끼려고 시도하는 사람은 죽을 수도 있었기에 그렇게 가볍게 내릴 결정이 아니었다.

"아, 미안해. 그럼 뭐, 다들 여기 앉아서 적당한 기회가 올 때까지 기다리자는 거야?" 토르는 이전에 타노스를 막는 데 실패했다. 그는 그것을 바로 잡을 사람이 자신이 되길 바랐다. 그래야만 했다.


"적어도 대화는 해봐야지." 스캇이 대화에 불쑥 끼어들었다. 그렇다고 자신이 지원할 건 아니었다.

"이봐… 이봐, 저걸 쳐다보면서 앉아 있는다고 모두가 돌아오진 않아." 토르가 주장했다. 그는 준비가 되어 있었다.


"평상시라면 네 말이 맞지." 토니가 말하며 토르 앞으로 다가왔다. "그런 문제가 아니야." 이 모든 노력 후, 그들이 가장 하지 말아

needed after all this effort was a **hasty** step taken **rashly** to **prove a point**. Even Tony **occasionally** recognized that only fools rush in.

Thor tried once more to take the gauntlet as Tony and Steve tried to stop him.

"Hold on, hold on," Tony attempted to **pacify** Thor. "Hey, buddy. It's not about that!"

"Stop it!" Thor screamed. "Just let me!" He begged them. They had to understand that he had to be the one to fix it.

Then Thor took Tony's hands in his own, pleading. "Just let me do it. Just let me do something good. Something right." This could help **atone** for not stopping Thanos the first time. He needed to make amends … to the **entire** universe. **Surely** this was his role.

Tony looked at Thor. "Look, it's not just the fact that that glove is **channeling** enough energy to light up a **continent**. I'm telling you, you're in no condition." Thor hadn't been in top fighting form in years, and even at his

야 할 일은 그것을 증명하겠다며 성급하게 달려드는 것이었다. 심지어 토니조차도 멍청이들만이 무식하게 달려든다는 것을 종종 깨닫고 있었다.

토르가 한 번 더 건틀렛을 끼려고 했고, 토니와 스티브가 그를 저지했다.

"기다려. 기다리라고." 토니가 토르를 진정시키려 했다. "저기, 친구! 그런 문제가 아니야!"

"그만!" 토르가 외쳤다. "그냥 내가 하게 해 줘!" 토르가 그들에게 애원했다. 그가 이 모든 걸 바로 잡아야 한다는 것을 그들 모두 알아야만 했다.

토르가 토니의 손을 붙잡으며 간청했다. "제발 내가 하게 해 줘. 제발 내가 좋은 일을 할 수 있게 해 줘. 옳은 일을." 이 일이 처음부터 타노스를 막지 못했다는 죄책감에서 그를 해방시켜 줄 것이다. 토르는… 온 우주를 되살려 내야 했다. 당연히 그것은 그의 역할이었다.

토니가 토르를 보았다. "이봐, 문제는 이 장갑이 지구를 밝히기 충분한 에너지를 쏟아낸다는 것만이 아냐. 내 말은, 자넨 상태도 좋지 않잖아." 토르는 수년간 최상의 전투태세를 유지하고 있지 않았기에 토니는 이 일이 그가 감당하기 힘들다는 것을 알고 있었다.

best, Tony recognized this could be too much for him to handle.

"What do you ... what do you think is **coursing** through my **veins** right now?" Thor asked, feeling **alternately arrogant** and **ashamed** that they would question his ability.

"Cheez Whiz?" Rhodey joked, both in recognition of Thor's current shape and trying to **lighten** the mood between his **bickering** companions.

Thor pointed at Rhodey. "Lightning." He was still a god. What were they?

Patting Thor's arm, Tony said a **curt**, "Yeah."

"Lightning," Thor repeated with **conviction**.

Bruce stood there, arms folded. "Lightning won't help you, pal," he explained gently, recognizing Thor's pain and frustration. "It's gotta be me. You saw what those Stones did to Thanos. They almost killed him. None of you could survive." God or not, Thor was not **indestructible**. They had to count on Bruce's strength.

"지금 뭐라고… 지금 내 핏줄에 흐르는 게 뭔지나 알아?" 토르가 물었고, 그는 이들이 자신의 능력에 의문을 가졌다는 사실에 오만함과 수치심이 교차했다.

"치즈 소스?" 로디가 농담을 하며 토르의 현재 상태를 깨닫게 하려는 동시에 언쟁 중인 동료들 사이의 분위기를 풀어보려 했다.

토르가 로디를 가리켰다. "번개야." 토르는 여전히 신이었다. 그들은 무엇인가?

토니가 토르의 팔을 두드리며 퉁명스럽게 대답했다. "그래."

"번개라고." 토르가 확신에 차서 한 번 더 말했다.

브루스는 팔짱을 낀 채 서 있었다. "번개는 도움이 안 돼, 친구." 브루스가 차분하게 설명하며 토르의 고통과 좌절감에 공감했다. "내가 해야 돼. 너도 스톤이 타노스한테 한 짓을 봤잖아. 놈을 거의 죽일 뻔했어. 너희 중 어느 누구도 살아남지 못할 거야." 신이든 아니든 토르조차도 불멸의 존재는 아니었다. 그들은 브루스의 힘을 믿어야 했다.

"How do we know you will?" Steve addressed the dangerous possibilities.

Bruce raised his eyebrows. "We don't." Then he took a Hulk-size step toward the gauntlet. "But the **radiation's** mostly gamma. It's like … I was made for this." And perhaps he was.

"자네는 살아남는다는 보장 있나?" 스티브가 위험 가능성을 제기했다.

브루스가 눈썹을 치켜세웠다. "모르지." 그러고는 그가 건틀렛을 향해 큰 걸음을 옮겼다. "하지만 방사선은 주로 감마선이야. 뭐랄까… 내가 이 순간을 위해 태어난 것 같아." 어쩌면 그럴 수도 있었다.

# CHAPTER 34

📖 워크북 p28

*Nebula stood inside* the hangar staring at the Quantum Tunnel Platform, looking over her shoulder. She had to make sure that no one was watching.

**Positive** that she was alone, she approached the platform while unwrapping a leather strap from her glove. With her other hand, she pulled the glove off.

헐크는 타노스에게 희생된 사람들을 현재로 데려오기 위해 건틀렛을 낄 준비를 합니다.
한편 시간여행 밴드를 통해 과거에서 현재로 온 2014년의 네뷸라는 어벤져스 본부 내에
있는 양자 터널 제어 장치에 아무도 모르게 접근합니다.

네뷸라는 격납고 안에 서서 양자 터널 플랫폼을 어깨 너머로 바
라보고 있었다. 그녀는 주변에 아무도 없는지 확인해야만 했다.

그녀는 혼자라는 것이 확인되자 장갑에서 가죽끈을 풀며 플랫폼
으로 다가갔다. 다른 한 손으로는 장갑을 벗겨냈다.

The hand wasn't burned.

That's because 2014 Nebula hadn't been the one to **retrieve** the orb from the temple back on Morag. But she was the one who had arrived in the present day using the time-travel band she'd taken from her future self.

Swiftly, 2014 Nebula lowered her hand into the controls for the Quantum Tunnel. The fingers on her android hand expanded toward the end as she interfaced with the controls, **recalibrating** coordinates.

Then she flipped a switch on the **console** and waited.

\* \* \*

Bruce held the gauntlet in his huge, Hulky hands. The gauntlet looked waaaaaaay too small to fit him.

"Good to go, yeah?" Tony checked.

"Let's do it," Bruce confirmed. He was as ready as everyone else to try to undo Thanos's deadly actions.

"Okay, remember, everyone: Thanos snapped away five years ago, you're just bringing them back to now, today,"

화상을 입지 않은 손이었다.

그 이유는 2014년의 네뷸라가 모라그에 있는 사원에서 오브를 찾으려고 한 당사자가 아니었기 때문이다. 그녀는 미래의 자신에게서 빼앗은 시간여행 밴드를 이용해 현재로 온 것이었다.

2014년의 네뷸라가 민첩하게 양자 터널 제어 장치 안으로 손을 집어넣었다. 네뷸라가 제어 장치에 접속하려 하자, 그녀의 기계식 손가락 끝부분이 뻗어 나와 좌표를 재조정하기 시작했다.

그러고 나서 그녀는 계기판 위에 달린 스위치를 켜고 기다렸다.

\* \* \*

브루스는 거대한 헐크다운 손에 건틀렛을 들고 있었다. 건틀렛은 그에게는 너어어어무도 작아 보였다.

"준비됐어?" 토니가 확인했다.

"해보자고." 브루스가 말했다. 그는 다른 어벤져스 멤버들만큼 타노스가 저지른 치명적인 만행을 되돌리려는 준비가 되어 있었다.

"좋아, 명심해. 모두를 되살리는 거야. 5년 전에 타노스가 손가락을 튕겨 죽인 사람들을 오늘 이 순간으로 데려오는 거야."

Tony prompted Bruce. "Don't change anything from the last five years." He hadn't done all this to risk losing his daughter in the process.

"Got it." Bruce understood the directive.

Inside the lab, the Avengers stood wearing their battle gear. Steve was in his full Cap uniform, and Scott **donned** the Ant-Man gear. Rhodey was armored up as well. No one knew for sure what would happen, and everyone wanted to be prepared in case things went south.

Behind them, Rocket lowered a pair of **protective goggles** over his eyes and cradled his weapon as much for comfort as caution. Thor raised an arm, motioning for Rocket to get behind him. After all, if something were to happen, who better to protect a sweet rabbit than a pirate angel? Isn't that what friends were for? Rocket accepted the offer of the extra Asgardian **buffer zone** without **argument**.

Clint held his bow, a full quiver of arrows on his back, ready to go if needed. Tony stood next to him. He tapped the arc reactor in the middle of his chest. At once, the Iron

토니가 브루스에게 해야 할 일을 상기시켜 주었다. "지난 5년간의 일은 아무것도 바꾸지 마." 그는 자신의 딸을 잃을 수도 있는 위험을 안으려고 이 모든 일을 한 것이 아니었다.

"알았어." 브루스가 그 지시를 이해했다.

연구실 안에서 어벤져스 멤버들은 각자의 전투 장비를 착용한 채 서 있었다. 스티브는 캡틴 아메리카 복장을, 스캇은 앤트맨 장비를 입고 있었다. 로디 역시 워머신 슈트로 무장하고 있었다. 아무도 무슨 일이 벌어질지 확신하지 못했고, 모두 일이 잘못될 경우를 대비하려 했다.

이들 뒤에서 로켓은 보호 안경을 눈 쪽으로 내리며 조심해서 나쁠 것이 없다는 듯 무기를 꽉 잡았다. 토르는 로켓에게 자신의 뒤로 가라며 팔을 들어 손짓했다. 어찌 됐든 만약 무슨 일이든 벌어진다면 해적 천사보다는 깜찍한 토끼를 보호하는 것이 더 낫지 않은가? 그게 친구 아닌가? 로켓은 불평 없이 아스가르드인의 특별한 완충 지대를 받아들였다.


클린트는 활을 들고 있었고, 등에 멘 화살통은 모두 채워져 있었으며 필요할 경우 언제든 쏠 준비를 했다. 토니는 그 옆에 서 있었다. 토니가 가슴 중앙에 있는 아크 원자로를 두드렸다. 그 즉시 아

Man armor formed around him. Then he lifted a hand, emitting an energy field to shield himself and Clint.

"Friday, do me a **favor** and activate Barn-Door Protocol, will ya?" Tony requested.

"Yes, boss," Friday answered.

Behind the Avengers, the doors to the laboratory closed. Above, the skylight disappeared as thick metal panels slid into place. Similar panels also moved from the ceiling to the floor, securing the walls.

A moment later the room was practically **impenetrable**. If something were to go wrong, explode, **implode**, or some other kind of 'plode, the Avengers were ready.

Bruce slowly lifted his hand toward the gauntlet. Made **utilizing** the same technology as the Iron Man armor, the gauntlet started to shift and expand until it was slightly larger than Bruce's immense fist. He placed his hand inside.

"Everybody comes home," Bruce said. It was a wish and a promise.

이언맨 슈트가 전신에 형성되었다. 그 후 그는 손을 들어 자신과 클린트를 보호해 줄 에너지장을 방출했다.

"프라이데이, 부탁할게. 반 도어 프로토콜을 실행시켜 줘." 토니가 요청했다.

"네, 보스." 프라이데이가 대답했다.

어벤져스의 뒤로 연구소의 문이 닫혔다. 그들 위로 두꺼운 금속 패널이 미끄러져 나오자 햇빛이 사라졌다. 비슷한 패널들이 천장에서부터 바닥까지 나와 벽을 보호했다.

얼마 뒤 그 방은 사실상 뚫고 들어갈 수 없게 되었다. 만약 무언가 잘못되어 폭발하든, 파열되든, 어떤 형태의 '터짐'이든 어벤져스는 준비된 상태였다.

브루스가 건틀렛을 향해 천천히 손을 들어 올렸다. 아이언맨 슈트와 같은 기술을 사용해 만들어진 건틀렛이 모양을 바꾸더니 브루스의 거대한 주먹보다 약간 더 커질 때까지 커졌다. 브루스가 안으로 손을 넣었다.

"모두 돌아와." 브루스가 말했다. 그것은 소망이자 약속이었다.

When the gauntlet finished **conforming** to Bruce's hand, the Infinity Stones began to glow. Energy arced from one Stone to the other and through the gauntlet itself. Bruce shuddered as pure, raw power flowed through his body. He looked like he was going to drop to the ground. He grunted in pain as the energy pulsed up and down his arm, around his shoulders, through his back.

Bruce was on one knee now.

He screamed.

"Something's wrong!" Thor called out. "Take it off! Take it off!"

"No!" Steve held a gloved hand up toward Thor. "Wait! Bruce, are you okay?" They had to give him the time to get the job done if he could.

Bruce's face was a **rictus** of agony.

"Talk to me, Banner!" Tony yelled. Did they need to stop or could he keep going?

Bruce leaned over, and through sheer **willpower** he started to flex the fingers of the gauntlet. As the energy

건틀렛이 브루스의 손에 맞춰지자, 인피니티 스톤들이 빛나기 시작했다. 스톤 하나에서 다른 스톤으로 그러고는 건틀렛 전체로 에너지가 뿜어져 나왔다. 순수하고 원초적인 힘이 브루스의 몸으로 흘러들어 오자 그가 몸을 떨었다. 브루스는 곧 바닥에 쓰러질 것처럼 보였다. 에너지가 그의 팔 위아래로, 어깨에서 등 전체로 요동치자 그가 고통에 신음했다.

브루스는 이제 한쪽 무릎을 꿇고 있었다.

그가 비명을 질렀다.

"뭔가 잘못됐어!" 토르가 외쳤다. "벗어! 벗으라고!"

"안 돼!" 스티브가 토르를 향해 장갑을 낀 손을 들어 올렸다. "기다려! 브루스, 괜찮아?" 그들은 브루스가 할 수 있다면 이 일을 끝낼 수 있도록 시간을 줘야 했다.

브루스의 얼굴이 고통에 일그러진 미소를 지었다.

"대담해, 배너!" 토니가 외쳤다. 그들이 멈춰야 할까 아니면 그가 계속할 수 있을까?

브루스가 몸을 위로 끌어올려 극강의 의지력으로 건틀렛을 낀 손가락을 구부리기 시작했다. 그의 오른팔로 에너지가 흘러들어

flowed through his right arm, Tony could see the green **flesh** slowly burning, Bruce's clothes along with it.

Bruce nodded, and through **gritted** teeth, managed, "I'm okay!" It was a lie, of course. But could he last?

* * *

2014 Nebula gazed at the control panel and entered another set of coordinates. A moment later, she saw new text appear on screen:

GATEWAY OPEN

ORIGIN 2014

Beyond the screen, she looked at the Quantum Tunnel Platform. The panel above it began to move as the Tunnel itself hummed to life. The floor aperture opened, and the room began to glow white.

2014 Nebula smiled. She would finally prove her **worthiness** to her father.

왔고, 토니는 그의 녹색 피부와 옷이 서서히 타들어 가는 것을 보았다.

브루스가 고개를 끄덕였고, 이를 갈며 간신히 말했다. "난 괜찮아!" 그것은 당연히 거짓말이었다. 하지만 그가 버틸 수 있을까?

\* \* \*

2014년의 네뷸라는 제어판을 주시하며 또 다른 좌표를 입력했다. 잠시 후 그녀는 화면에 나타난 새로운 글을 봤다.

게이트웨이 열림

원년 2014년

화면 너머로 네뷸라는 양자 터널 플랫폼을 바라보았다. 터널이 윙윙대는 소리를 내며 작동하자, 그 위에 있던 패널들이 돌아가기 시작했다. 바닥에 있던 구멍이 열렸고, 그 공간의 내부가 하얗게 빛나기 시작했다.

2014년의 네뷸라가 미소를 지었다. 드디어 아버지에게 자신의 가치를 증명하게 된 것이다.

A miniscule white dot soared from the Quantum Realm, emerging from the Tunnel inside the hangar. It began to grow almost immediately, and 2014 Nebula's left eye **gleamed** as she saw the *Sanctuary II* enlarging before her eyes.

As the ship flew upward, it continued to increase in size, rapidly filling the hangar and rising toward the ceiling. Then it smashed through, heading for the sky.

\* \* \*

Bruce **strained** against the power of the Infinity Stones that **threatened** to overtake and consume him completely. Perhaps his **unique** gamma signature was all that was keeping him alive at this point. He held onto his right wrist with his left hand, using all the strength he could **summon** to raise the gauntlet in the air.

The energy flowed through him, around him, and Bruce struggled to hold his right arm aloft.

He screamed again.

아주 작은 하얀색 점이 양자 세계로부터 솟구치더니 격납고 안의 양자 터널에서 나왔다. 거의 동시에 하얀 점이 커지기 시작했고, 눈앞에서 거대해지는 생츄어리 2호를 보자 2014년의 네뷸라의 왼쪽 눈이 빛났다.

함선이 위쪽으로 날아가며 계속해서 커지더니 급속히 격납고를 채우며 천장을 향해 올라갔다. 이윽고 함선이 천장을 부수고 하늘로 치솟았다.

* * *

브루스는 자신을 압도해 완전히 소멸시킬 것 같은 여섯 개의 인피니티 스톤에 맞서 안간힘을 쓰고 있었다. 어쩌면 그의 특별한 감마 체질이 이 순간 그를 계속 살아있게 하는 것인지도 모른다. 그가 왼손으로 오른쪽 손목을 붙잡은 채, 건틀렛을 공중에 들어 올리려 온 힘을 다했다.

에너지가 브루스를 통해 흘러 그를 감쌌고, 그는 오른손을 치켜들려고 안간힘을 썼다.

그가 또 한 번 비명을 질렀다.

With all the effort he could **muster**, Bruce then touched the middle finger of his right hand to his thumb.

He snapped his fingers.

❶ And the universe went **blank**.

브루스는 자신이 쥐어 짜낼 수 있는 모든 힘을 다해 오른손의 중지와 엄지를 맞닿게 했다.

그가 손가락을 튕겼다.

그리고 온 우주가 새하얘졌다.

Bruce's eyes rolled upward, and his massive body fell to the floor as the gauntlet slipped from his right hand. As he hit the floor, he **passed out**. His right arm was burned badly.

"Bruce!" Steve called to his friend, hurrying to his side.

Clint was right behind him, kicking the gauntlet away. Tony crouched down beside Bruce as Thor raced over as well.

"Don't move him," Tony instructed them.

The effects of the gauntlet were **ongoing**, and Bruce's arm was still **blistering** hot to the touch. Tony lifted his armored hands and shot cooling jets from the fingers of his Iron Man suit. The foam covered the arm, immediately lowering the **temperature** around Bruce's **limb**. Bruce suddenly came to, and he grabbed for Steve's arm.

Thor smiled and touched Bruce's head with his hand. He would be all right. But had he done his task? Had it all been worth the cost?

브루스의 눈이 뒤집혔고, 그의 육중한 몸이 바닥에 쓰러질 때 그의 오른손에서 건틀렛이 벗겨졌다. 그는 바닥에 쓰러져 그대로 기절해버렸다. 그의 오른팔은 심각한 화상을 입었다.

"브루스!" 스티브가 친구의 이름을 외치며 서둘러 옆으로 달려갔다. 클린트가 바로 뒤에 있었고, 그가 건틀렛을 발로 차버렸다. 토니가 브루스의 곁에 웅크리고 앉았고 토르도 달려왔다.

"아직 옮기지 마." 토니가 그들에게 지시했다.

건틀렛의 여파는 아직 지속되고 있었고, 브루스의 팔은 붙잡기엔 여전히 들끓듯 타고 있었다. 토니가 자신의 무장한 손을 들어 올려 아이언맨 슈트의 손가락에서 냉각 분사를 했다. 거품이 팔을 뒤덮었고, 즉시 브루스의 팔다리 온도가 내려갔다. 브루스가 순간 정신을 차리더니 스티브의 팔을 붙잡았다.

토르가 미소를 지으며 브루스의 머리를 만졌다. 그는 괜찮을 것이다. 그런데 임무는 성공한 걸까? 그만한 가치가 있었을까?

Above the Avengers, the sound of the metal panels that had been lowered for the Barn-Door Protocol retracted, and the light of day poured into the room.

"Did it work?" Bruce asked, his voice weak but his **intent** need clear.

"We're not sure," Thor responded. "It's o—it's okay." And he hoped more than okay.

As the team **gathered** around Bruce, Scott walked by a now-open window. He thought he saw something in the trees.

"You're okay," Thor comforted his friend.

Bruce groaned. He didn't feel okay.

Scott walked through the door and out into a hallway to get a better look. He was right. He had seen something.

Birds.

He hadn't seen birds since he had returned from the Quantum Realm inside Hank's van back in San Francisco. Was this a **sign**?

어벤져스 멤버들 위로 반 도어 프로토콜로 인해 내려온 금속 패널들이 제자리로 돌아가는 소리가 들렸고, 햇살이 방 안으로 쏟아지기 시작했다.

"성공한 거야?" 브루스는 기력이 다한 목소리로 물어보았으나 의도는 명확했다.

"모르겠어." 토르가 대답했다. "괜… 괜찮은 것 같아." 그는 괜찮은 것보다 더 나은 결과를 바랐다.

어벤져스 멤버들이 브루스의 주변으로 모여들었고, 스캇은 이제는 열려있는 창문으로 걸어갔다. 그는 무언가가 나무에 있는 것 같다고 생각했다.

"괜찮아." 토르가 친구를 안심시켰다.

브루스가 인상을 썼다. 그는 괜찮지 않았다.

스캇이 문을 지나 더 자세히 보기 위해 복도로 나갔다. 그의 생각이 옳았다. 그는 정말 무언가를 본 것이다.

새였다.

그는 샌프란시스코에 있는 행크의 밴 뒤편의 양자 세계에서 빠져나온 이후 새를 본 적이 없었다. 혹시 이게 신호일까?

* * *

The phone **vibrated**.

Clint stared at the table in the lab, watching it vibrate.

His phone.

"Did it work?" Bruce asked again, delirious.

"We're not sure," Thor repeated. He waited for someone else to have an answer.

Unsure what to expect, Clint walked over to the cellphone. On the screen, he saw a picture.

Of Laura.

Beneath the picture, it said:

Call from

Laura

MOBILE

Screen call

Reply

Swipe up to answer

* * *

전화기 진동이 울렸다.

클린트는 연구소 안의 탁자 위에 있는 전화기가 울리는 것을 지켜보았다. 그의 전화기였다.

"성공한 거야?" 브루스가 의식이 혼미한 상태로 다시 물었다.

"모르겠어." 토르가 반복해서 말했다. 그는 누군가 이 질문에 대답해 주길 기다렸다.

무슨 일이 벌어질지 예상하지 못한 채, 클린트가 휴대전화 쪽으로 다가갔다. 그가 화면 위로 사진을 보았다.

로라의 사진이었다.

사진 아래에는 이렇게 떠 있었다.


전화 오는 중

로라

휴대전화로 전화 거는 중

화상 통화

응답

밀어서 통화하기

His lips **quivered**, and the **palms** of his hands felt cold and **clammy**. He picked up the phone, swiped the screen, and held it to his ear.

"Honey," Clint said hopefully.

There was a pause, and then a familiar voice.

"Clint?"

"Honey," Clint repeated, **overcome** with emotion.

Before the conversation could continue, Scott screamed from the hallway, "Guys … I think it worked!"

From the floor, Bruce looked up through the **skylight** above. A shadow moved across the sky, blocking out the sun, and the lab went dark.

그의 입가가 떨렸고, 손바닥이 차갑고 축축해지는 느낌이 들었다. 그가 전화기를 들어 스크린을 밀고 귀에 갖다 댔다.

"여보?" 그가 희망을 갖고 말했다.

잠시 침묵이 흘렀고, 곧바로 익숙한 목소리가 들려왔다.

"클린트?"

"여보." 클린트가 반복해서 말했고 감정이 북받쳐 올랐다.

대화가 계속 이어지기도 전에 스캇이 복도에서 비명을 질렀다. "저기… 성공했나 봐!"

바닥에 누워있던 브루스가 위에 있는 채광창을 통해 하늘을 보았다. 그림자가 하늘을 가로지르더니 이윽고 태양을 가렸고 연구실이 암흑에 휩싸였다.

# CHAPTER 35

📖 워크북 p31

*The Avengers* never had a chance.

The shape might have tipped off Bruce, but even he didn't see *Sanctuary II*—only its sun-**obstructing** shadow.

Scott was looking out a window and **noticed** the **flash** only seconds before.

That's when the **missile strike** began.

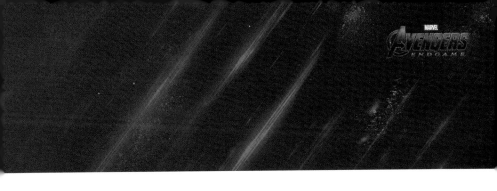

갑작스레 하늘이 어두워지던 순간, 어벤져스 본부에 미사일 공격이 시작됩니다. 양자 터널을 통해 현재로 넘어온 생츄어리 2호가 사방에 미사일을 퍼붓습니다. 어벤져스 본부가 무너지고, 건물 안에 있던 어벤져스는 폭격으로 인해 함몰됩니다.

어벤져스에겐 기회가 없었다.

하늘을 드리운 물체에 브루스가 위험을 느꼈을지 모르나, 그는 생츄어리 2호를 보지 못했고, 해를 가려 생긴 그림자만 보았다.

스캇은 창문 밖을 내다보며 불과 몇 초 전까지 보였던 빛을 떠올렸다.

그 순간 미사일 공격이 시작됐다.

The explosions were everywhere, hitting the various buildings of the compound and shaking the ground beneath them.

Scott immediately shrunk to ant size, **avoiding** the worst of the explosion, but he was still thrown into the air by the **shockwaves**.

From the sky above, *Sanctuary II* continued to fire missiles, one after the other. The attack was as relentless as it was without **mercy**.

Some of the missiles soared past the compound, landing in the lake behind the Avengers headquarters. Most, however, found their target. The main building collapsed from the latest **volley**.

Inside Tony's lab, the building shook, and the room came apart. A **fissure** cracked the floor beneath them, and Rocket, along with Rhodey and Bruce, slid across the floor and down the gaping hole that had opened.

Flames raged across the compound as the missile attack continued. Everything seemed to be exploding at

사방에서 폭발이 일어났고, 본부의 여러 건물을 폭격해 그들 아래에 있는 땅이 흔들렸다.

스캇은 즉시 개미 크기로 줄어들어 심각한 폭발의 피해는 면했지만, 그 역시 충격파로 인해 공중으로 날아갔다.

하늘 위로는 생츄어리 2호가 계속해서 미사일을 발사했다. 공격은 자비란 없다는 듯 가차 없이 퍼부어졌다.

미사일 일부는 건물을 지나서 날아가 어벤져스 본부 뒤에 있는 호수에 내리꽂혔다. 하지만 대부분의 미사일은 표적을 제대로 찾았다. 중앙 건물이 마지막 미사일을 맞고 그대로 무너져 내리고 말았다.

토니의 연구실 내부에서 건물이 흔들리더니 방 안이 무너져 내렸다. 그들 아래로 길게 갈라진 틈이 생겼고 이윽고 로켓과 로디, 브루스가 바닥에서 미끄러져 거대한 구멍 아래로 떨어져 버렸다.

미사일 공습이 계속되자 화염이 건물 전체를 휩쓸어 버렸다. 모든 것이 한 번에 폭발한 것 같았다.

once. And above it all, the *Sanctuary II* hovered, watching, and waiting.

* * *

Rocket's eyes opened with a start. How long had he been out?

Flames were shooting around him. He looked up and saw that he was inside some kind of **cavern**, full of **debris**.

He had fallen through the floor, that's right. He, along with Bruce and Rhodey.

Rocket struggled to get to his feet, but found that he couldn't seem to move. His **awareness** returned, and he saw that he had been **pinned underneath** a block of concrete debris. Metal **rods** stuck out from the sides.

"I can't breathe!" Rocket called out, barely able to get the words out.

They seemed to be in a little pocket where the debris hadn't fallen. That's when Rocket realized the only reason it hadn't was because Bruce—in his wounded condition—

그리고 그 모든 것들 위로 생츄어리 2호가 공중에 떠서 이를 바라 보며 기다리고 있었다.

* * *

로켓이 깜짝 놀라며 눈을 떴다. 대체 얼마나 기절해 있었던 걸까?

그의 주변에서 불길이 치솟고 있었다. 그는 고개를 들어 자신이 잔해로 가득한 어떤 동굴 같은 곳에 있다는 사실을 깨달았다.

그렇다. 그는 바닥 아래로 떨어진 것이다. 브루스, 로디와 함께 말이다.

로켓은 일어서려고 안간힘을 썼지만 움직일 수 없었다. 그의 의식이 돌아왔고, 이내 자신이 콘크리트 잔해 아래에 깔려있다는 것을 알게 됐다. 금속 막대가 사방에 튀어나와 있었다.

"숨을 못 쉬겠어!" 로켓이 외쳤고, 간신히 말을 뱉을 수 있는 정도였다.

그들은 잔해가 무너져 내리지 않은 작은 공간 안에 있는 것 같았다. 그 순간 로켓은 잔해가 왜 무너지지 않는지 그 이유를 깨달았다. 브루스가 부상을 입은 상태에서도 이 공간을 만들어내기 위해

had maneuvered his body in order to create the pocket, and was holding most of the weight of the **structure** atop his weakened shoulders.

Water streamed through cracks in the **crater**, threatening to flood the tiny chamber. They didn't have much time.

"I can't breathe!" Rocket pleaded again. "I can't breathe!" But could anyone get to him in time? He felt scared.

The space down there was **cramped**, and Rhodey was finding it hard, if not impossible, to move around in his War Machine armor.

"**Canopy**, canopy, canopy," he said, and the armor opened at the command, coming away from his body. Rhodey shifted out of it and then pulled himself across the floor, to the right.

Bruce grunted from the enormous **strain** of keeping the structure from collapsing on top of them.

기민하게 몸을 움직여 건물의 모든 무게를 다친 두 어깨로 받치고 있었다.

물줄기가 구덩이의 틈으로 스며들어와 작은 공간을 채우려 했다. 그들에게 주어진 시간이 얼마 없었다.

"숨을 못 쉬겠어!" 로켓이 한 번 더 애원했다. "숨을 못 쉬겠다니까!" 하지만 누군가 그를 제때 구해줄 수 있을까? 그는 두려웠다.

그 공간은 비좁았고 로디는 불가능하지는 않지만, 워머신 슈트 안에서 움직이는 것이 어렵다는 것을 깨달았다.

"탈출, 탈출, 탈출." 그가 말하자 워머신 슈트가 명령에 반응하여 열렸고, 그의 몸에서 떨어져 나왔다. 로디는 워머신 슈트에서 빠져나와 곧바로 오른쪽을 향해 바닥을 가로질러 기어갔다.

브루스는 그들 위로 건물이 무너져 내리는 것을 막기 위해 엄청난 압력을 견디며 신음하고 있었다.

"Rhodey, Rocket, get outta here!" Bruce ordered. He couldn't hold it much longer.

Rhodey nodded and crawled over toward Rocket.

"Let me up," Rocket urged him.

Looking around through the debris, Rhodey saw a metal **pole** that might do the trick.

"Let me up!" Rocket repeated anxiously, as he watched the water pouring into their chamber. It would fill up fast, and last time he checked, he couldn't breathe under water so good.

Rhodey pulled the pole free as Rocket shouted, "Come on!" Then he shoved the pole, **wedging** it underneath the **chunk** of concrete that was on top of Rocket. Pushing down on the end of the pole, using it as a lever, Rhodey managed to lift the block enough so Rocket could **wriggle** free.

He dropped beside the concrete block, as Rhodey stopped pushing on the pole. The block fell aside, and Rocket rolled over on his back, hurt and exhausted.

"로디, 로켓, 여기서 얼른 빠져나가!" 브루스가 명령했다. 그도 더는 버틸 수 없었다.

로디가 고개를 끄덕이며 로켓에게 기어갔다.

"나 좀 일으켜 줘." 로켓이 그에게 다그쳤다.

로디는 잔해 주변을 두리번거리다 써먹을 수 있을 법한 금속 막대 하나를 발견했다.

"일으켜 줘!" 그들이 갇혀 있는 공간 안으로 물이 차오르는 것을 본 로켓이 두려움에 떨며 다시 말했다. 물은 빠르게 그곳을 채울 것이고, 마지막으로 그가 확인했을 때는 물속에 잠겨서 숨을 쉴 수가 없었다.

로디는 로켓이 "서둘러!"라고 외칠 때 막대기를 뽑아냈다. 그러고는 막대기를 밀어 넣어 로켓 위에 올려진 콘크리트 덩어리 아래로 찔러 넣었다. 로디가 막대기의 끝을 지렛대로 사용해 아래로 밀었고, 간신히 콘크리트 덩어리를 들어 올려 로켓이 빠져나올 수 있었다.


로켓이 콘크리트 덩어리 옆으로 빠져나오자 로디는 막대를 그만 눌렀다. 콘크리트 덩어리가 옆으로 떨어졌고, 로켓은 땅바닥에 드러누웠다. 아프고 지친 상태였다.

Rhodey fell back next to him, **drained**.

"Rhodey!" Bruce screamed a warning, water rushing into the chamber. It started to cover Rhodey and Rocket, and was rising even faster than before.

* * *

Scott sat atop the pile of rubble, still at ant size, brushing tiny bits of debris from himself. Staggering to the top of the pile, he looked around.

*What the hell happened???*

❶ "Mayday, mayday! Does anybody copy?" came the **distressed** voice over his helmet comms. "We're on the lower level. It's **flooding**!"

Rhodey.

"What, what?" Scott sought confirmation.

"We are **drowning**!" Rhodey elaborated. "Does anybody copy? Mayday!"

"Wait! I'm here! I'm here, can you hear me?" Scott's tiny voice filled the dark void.

로디가 그의 옆에 진이 빠진 채로 쓰러졌다.

"로디!" 브루스가 공간 안으로 차오르는 물을 경고하며 소리를 질렀다. 이윽고 물이 로디와 로켓을 덮치기 시작했고, 이전보다 더 빨리 차올랐다.

* * *

스캇은 돌무더기 위에 앉아 여전히 개미만 한 크기로 몸에 묻은 작은 잔해를 털어내고 있었다. 돌무더기 위로 안간힘을 쓰며 올라온 그는 주변을 둘러보았다.

대체 무슨 일이 벌어진 거야???

"메이데이! 메이데이! 누구 들리는 사람 있나?" 스캇의 헬멧에 있는 콤스로 고통스러운 목소리가 들려왔다. "우리 지금 지하에 갇혔어. 물이 차오르고 있다고!"

로디였다.

"뭐, 뭐라고?" 스캇이 확인하려 했다.

"물에 잠기고 있다고!" 로디가 상황을 설명했다. "누구 들리나? 메이데이!"

"잠깐만! 나 여기 있어! 여기 있다고. 내 말 들려?" 스캇의 작은 목소리가 어두운 공백을 채웠다.

* * *

"Cap?"

Clint staggered through the dark, fumbling for a light on his belt. Finding it, he switched it on.

He was inside a **maintenance** tunnel, one of several that ran beneath the Avengers compound. He shined the light along the ground, and saw water running at his feet. Something caught his eye.

Stepping through the wet tunnel, he saw the gauntlet resting atop some rubble.

That's when he heard it.

A sound he hadn't heard before.

Something alive.

And it was coming closer.

He drew an arrow from his quiver and placed it in his bow. Turning around, he aimed it down the dark tunnel, where he saw a red **emergency light** in the distance. It wasn't enough to **illuminate** anything.

＊ ＊ ＊

"캡?"

클린트가 어둠 속에서 휘청거리며 허리띠에 있는 전등을 찾으려 더듬거렸다. 전등을 찾자 그가 스위치를 켰다.

클린트는 어벤져스 본부 아래에서 운행되고 있던 정비 터널 중 한 곳에 갇혀 있었다. 그는 바닥을 따라 불빛을 비추었고, 그의 발 높이에서 물이 흘러가는 것을 보았다. 무언가가 그의 눈에 들어왔다.

클린트는 젖은 터널을 뚫고 걸어가다 건틀렛이 돌무더기 위에 놓여 있는 것을 발견했다.

그 순간 그가 어떤 소리를 들었다.

한 번도 들어본 적이 없는 소리였다.

무언가가 살아 있었다.

그리고 점점 가까이 다가오고 있었다.

그는 화살통에서 화살 하나를 꺼내 활에 갖다 댔다. 그가 몸을 돌려 어두운 터널을 향해 활을 겨누었고, 저 멀리서 붉은 비상등이 보였다. 그것은 무언가를 비출 정도로 충분히 밝지는 않았다.

Clint let loose the arrow, and the tip glowed as it soared through the tunnel. The light revealed dark creatures, screeching, crawling along the walls.

Moving toward Clint.

"Okay," Clint said. *Time to go.*

He grabbed the gauntlet in his hands and jumped over some debris as he sprinted down the tunnel in the opposite direction.

The Outriders were almost upon him.

* * *

A beam of energy shone down from the sky, on the **charred**, smoking ruins below. A moment later, Thanos appeared within the beam.

In his hands, he grasped his massive two-bladed weapon, and he looked around for any signs of life.

2014 Nebula was walking his way. There was no one else.

"Daughter," Thanos acknowledged her presence.

클린트가 활을 쏘았고, 화살이 터널을 지나 날아갈 때 화살 끝에서 빛이 났다. 그 빛은 기괴한 소리를 내며 벽을 기어 오는 암흑 생명체들을 밝혀주었다.

클린트를 향해 움직이고 있었다.

"좋아." 클린트가 말했다. '도망갈 시간이군.'

그는 건틀렛을 쥔 채 잔해를 뛰어넘어 터널의 반대 방향으로 전력 질주했다.


아웃라이더들이 그를 거의 따라잡기 직전이었다.


\* \* \*

에너지 광선이 하늘에서부터 빛을 뿜어내며 불에 그을려 연기가 자욱한 폐허 아래에 닿았다. 얼마 뒤 타노스가 그 광선 안에서 나타났다.

그의 손에는 거대한 양날검이 들려 있었고, 그의 주변에는 어떤 생명의 흔적도 없었다.

2014년의 네뷸라가 그를 향해 걸어왔다. 그 외에는 아무도 없었다.

"딸아." 타노스가 네뷸라의 존재를 알아차렸다.

"Yes, father?" 2014 Nebula asked, eager to prove herself.

"So, this is the future. Well done." This may have been the most praise he had ever given her.

2014 Nebula smiled, then removed the metal panel from her head and tossed it aside. "Thank you, Father. They suspected nothing." She was proud she had accomplished her mission for him.

Thanos stuck the blade of his weapon in the smoking ground. Then he took off the battle helmet and placed it atop the other end of the blade.

"The arrogant never do," he observed. "Go. Find the Stones, bring them to me."

2014 Nebula hesitated for a moment. "What will you do?"

"Wait," he said **impassively**.

2014 Nebula walked away in her **obedient search** for the Infinity Stones.

"네, 아버지?" 2014년의 네뷸라가 자신을 증명하려는 열정에 사로잡혀 대답했다.

"그래, 여기가 미래구나. 잘했다." 이것은 어쩌면 그가 지금까지 그녀에게 해준 말 중 가장 훌륭한 칭찬일지도 모른다.

2014년의 네뷸라가 미소를 짓더니, 이윽고 머리에서 금속 패널을 뜯어내 옆으로 집어 던졌다. "감사합니다, 아버지. 그 녀석들은 전혀 의심하지 않았습니다." 그녀는 아버지를 위해 임무를 완수했다는 사실에 자부심을 느꼈다.

타노스가 연기가 자욱한 대지 위에 무기의 날을 꽂았다. 그러고는 자신의 전투용 투구를 벗어 검의 다른 한쪽 끝에 걸어두었다.


"오만한 녀석들은 절대 의심하지 않지." 타노스가 알려주었다. "가거라. 스톤을 찾아서 내게 가져오거라."

2014년의 네뷸라가 잠깐 머뭇거렸다. "무엇을 하실 겁니까?"


"기다려야지." 그가 무덤덤하게 말했다.

2014년의 네뷸라는 인피니티 스톤을 찾기 위해 순종적으로 수색길에 올랐다.

* * *

From inside the *Sanctuary II's* **observation** room, Gamora had **witnessed** the **destruction** of the Avengers headquarters. She saw the smoking ruins below. On the screen, she watched as 2014 Nebula walked away from Thanos.

There was something bothering her. Gamora had questions. And she needed answers.

Walking from the observation room to the prison chamber, Gamora found the "Nebula from the future" sitting on the floor with her back to a **crate**. The force field that held Nebula prisoner opened slightly, allowing Gamora to slip inside. Then the force field **melded** back together.

"Tell me something," Gamora questioned. "What happens to you and me?"

"I will try to kill you," Nebula acknowledged. Then she added, "Several times. But eventually, we become friends. We become sisters." She spoke a simple yet deep truth.

* * *

생츄어리 2호의 관측실 내부에서 가모라는 파괴된 어벤져스 본부를 목격했다. 그녀는 자신의 아래로 연기가 자욱한 잔해들을 바라보았다. 그녀는 스크린으로 2014년의 네뷸라가 타노스에게서 멀어지는 것을 보았다.

그녀를 괴롭히는 무언가가 있었다. 가모라는 의문이 들었다. 그리고 그녀는 그 답을 알아야만 했다.

관측실에서 감옥으로 걸어간 가모라는 '미래의 네뷸라'가 한 보관함에 등을 기댄 채 앉아 있는 것을 발견했다. 죄수 네뷸라를 감금하고 있는 역장이 살짝 열렸고, 가모라가 안으로 들어갔다. 그 뒤 역장이 다시 하나로 결합됐다.

"물어볼 게 있어." 가모라가 질문을 했다. "너와 나에게 무슨 일이 일어나지?"

"내가 널 죽이려고 할 거야." 네뷸라가 알려주었다. 그러고는 덧붙여 말했다. "몇 번이고. 하지만 결국 우린 친구가 돼. 자매가 되지." 그녀는 단순하지만 깊은 진실을 말해주었다.

Gamora looked at her sister from the future. She **evaluated** her words and made her decision.

"Come on," she invited Nebula, offering her hand. "We can stop him."

Nebula took her sister's hand, rising to her feet. Together they went to face their father.

가모라는 미래에서 온 그녀의 동생을 바라보았다. 그녀는 네뷸라의 말을 곱씹더니 이내 결단을 내렸다.

"일어나." 그녀가 네뷸라에게 제안하며 손을 내밀었다. "우리가 그를 막을 수 있어."

네뷸라는 언니의 손을 잡고 자리에서 일어났다. 둘은 그들의 아버지를 막기 위해 함께 길을 나섰다.

# CHAPTER 36

📖 워크북 p34

*Somehow, Tony Stark* was standing. Chalk it up to the Iron Man armor.

He watched as smoke **drifted** throughout the smashed remains of what had been, just a few minutes ago, one of the most highly **advanced laboratories on the face of the Earth**.

타노스의 기습 폭격으로 어벤져스 본부가 무너지지만, 다행히 토니는 아이언맨 슈트 덕에 무사합니다. 토니와 스티브, 토르는 폐허 더미 중심에 앉아 있는 타노스를 발견하고 우주를 파괴하려는 타노스에 맞선 격렬한 전투가 시작됩니다.

어찌 된 일인지 토니 스타크는 서 있었다. 아이언맨 슈트 덕이었다.

토니는 무너진 잔해 속에 떠다니는 연기를 바라보았다. 불과 몇 분 전만 해도 이 지구상에서 최고로 발전된 연구소 중 하나였다.

Now, it was a **flaming** ruin.

Tony caught a glimpse of the shield first, and then the man.

Steve was on his back, strewn amongst the rubble. Tony moved to his side, kneeling down. He took the shield and **nudged** the living legend of World War II.

"Come on, buddy, wake up!" Tony encouraged him.

Tony bit his lip, but Steve didn't move.

Then, at last, Captain America gasped for air.

"That's my man," Tony said, relieved. Then he handed the shield to Steve. "You lose this again, I'm keeping it." His tone was **affectionate**, teasing even in dark moments.

Steve looked around, surveying the damage. "What happened?"

Tony **furrowed** his brow. "You mess with time, it tends to mess back. You'll see." But was this a **backlash** from using the gauntlet or something else?

Helping Steve to his feet, Tony turned and saw Thor standing at a **demolished** window, looking outside.

이제 그곳은 불길에 휩싸인 폐허가 되었다.

토니는 먼저 방패를 알아보았고, 그런 뒤 남자를 보았다.


스티브가 잔해 더미 속에 쓰러져 있었다. 토니가 그의 옆으로 다가가 무릎을 꿇었다. 그가 방패를 들고는 제2차 세계 대전의 살아 있는 전설을 툭툭 쳤다.

"이봐, 친구, 일어나!" 토니가 그를 격려했다.

토니가 입술을 깨물며 참았지만, 스티브는 움직이지 않았다.

그리고 마침내 캡틴 아메리카가 숨을 쉬었다.

"그렇지." 토니가 안심하며 말했다. 그리고는 스티브에게 방패를 넘겨주었다. "한 번만 더 잃어버리면 도로 가져갈 거야." 그의 목소리는 다정했고, 이런 우울한 순간에서조차 장난기가 가득했다.

스티브가 주변을 바라보며 피해 상황을 파악했다. "무슨 일이지?"

토니가 미간을 찌푸렸다. "시간 가지고 장난치면 그대로 돌려받는 거야. 이제 알게 되겠지." 하지만 이것이 정말 건틀렛이나 아니면 그 무언가로 인한 반발 작용일까?

토니는 스티브를 일으켜 세운 뒤, 고개를 돌려 토르가 부서진 창가에 서서 바깥을 바라보고 있는 것을 발견했다.

They walked over to their teammate.

When they reached his side, they saw what Thor had been staring at.

Thanos sitting on a mound of rubble.

Just … sitting.

"What's he been doing?" Tony asked.

"Absolutely nothing," Thor answered, confused and **wary**.

The three Avengers left the building and walked across the field of rubble. They now stood atop a hill composed of concrete, **rebar**, metal panels, **drywall**, and who knew what else. It was as if they were gazing into a valley of destruction, with Thanos at its center.

Above, Thanos's ship **cast a demonic shadow** on the ground.

Smoke from the explosions filled the air, and Steve was reminded of the darkest days of World War II.

"Where are the Stones?" Steve asked, realizing the danger if Thanos should retrieve the gauntlet.

그들이 동료에게 다가갔다.

그들은 그의 곁에 다가갔을 때 비로소 토르가 보고 있는 것을 볼 수 있었다.

잔해 더미 위에 앉아 있는 타노스였다.

그저… 앉아 있었다.

"뭐 하고 있는 거지?" 토니가 물었다.

"아무것도 안 해." 토르가 혼란스러움과 경계심을 담아 대답했다.

세 명의 어벤져스가 건물을 빠져나와 잔해 더미를 가로질러 걸어갔다. 그들은 이제 콘크리트와 철골 덩어리, 금속판, 건식 벽체와 그 외의 것들로 만들어진 언덕 위에 멈춰 섰다. 그들은 마치 파괴의 골짜기를 보는 듯했고, 타노스가 그 중심에 있었다.


그 위로는 타노스의 함선이 지상으로 악마의 그림자를 드리우고 있었다.

폭발로 생긴 연기가 공기 중에 자욱했고, 스티브는 제2차 세계대전이 일어났던 가장 암울했던 시기가 떠올랐다.

"스톤들은 어디 있어?" 스티브는 타노스가 건틀렛을 다시 얻게 되면 생기는 위험성을 깨달으며 물었다.

Tony looked around, shrugging. "Somewhere under all this. All I know is, he doesn't have 'em."

Steve nodded. "So, we keep it that way." He was determined not to let Thanos have a second chance to **wreak havoc**.

"You know it's a trap, right?" Thor mentioned to his friends.

Tony sighed. "Yeah. I don't much care."

The smallest of smiles played upon Thor's face. "Good. Just as long as we're all in agreement."

Then Thor's eyes glowed, and in the distance, a rumble of thunder could be heard. Storm clouds gathered in the sky above the **wreckage**.

Lightning struck the ground.

The Asgardian raised his hands to the sky as the lightning from above sought his body and found its target. Mjolnir flew into Thor's left hand. Stormbreaker to his right.

토니가 주변을 둘러보곤 어깨를 으쓱했다. "이 아래 어딘가에. 내가 아는 거라곤 저놈에겐 없다는 거야."

스티브가 고개를 끄덕였다. "계속 그래야 돼." 스티브는 타노스에게 지구를 파멸시킬 두 번째 기회를 주지 않기로 마음을 다잡았다.

"이게 함정인 건 알지?" 토르가 친구들에게 말했다.

토니가 한숨을 쉬었다. "알아. 상관없어."

토르의 얼굴에 아주 옅은 미소가 지어졌다. "좋아. 그럼 모두 동의했으니."

순간 토르의 눈이 빛나더니 멀리서 천둥소리가 들려왔다. 먹구름이 잔해 위로 하늘에 몰려들었다.

번개가 땅에 내리꽂혔다.

아스가르드인이 하늘을 향해 손을 올리자, 하늘 위에서 번개가 그의 몸을 찾았고 이윽고 목표물을 발견했다. 묠니르가 토르의 왼손으로 날아왔다. 스톰브레이커는 그의 오른손으로 날아왔다.

The lightning danced around his body, enough to destroy another living creature—but to the god of thunder, it was life itself.

Around him, Thor's clothes transformed into his **godly** armor.

"Let's kill him properly this time," he declared.

*　*　*

Thanos ignored the lightning display, sitting on the debris and rubbing dirt in between his fingers.

He saw Thor, Tony, and Steve approach.

"You could not live with your own failure," Thanos deduced. "Where did that bring you? Back to me," he decided.

Steve looked at Thanos, who remained seated, in no hurry whatsoever.

"I thought that by **eliminating** half of life, the other half would thrive," Thanos reviewed his objectives. "But now you've shown me, that's impossible. And as long as

번개가 토르의 몸에서 전율했고, 어떤 생명체든 없애버리기 충분했지만, 천둥의 신은 죽일 수 없을 것이다. 천둥의 신은 번개 그 자체였다.

토르를 둘러싸고 있던 그의 옷이 신성한 갑옷으로 변했다.

"이번에는 저놈을 제대로 죽여버리자고." 토르가 선언했다.

* * *

타노스는 번개가 치는 광경을 무시한 채, 그저 잔해 위에 앉아 손가락 사이로 흙먼지를 만지고 있었다.

그는 토르와 토니 그리고 스티브가 다가오는 모습을 바라보았다. "자신들의 실패를 받아들이지 못했군." 타노스가 추측했다. "그 실패가 너희를 어디로 이끌었나? 바로 내게 돌아오게 했지." 타노스가 결론을 내렸다.

스티브는 전혀 서두르는 기색 없이 자리에 계속 앉아 있는 타노스를 바라보았다.

"난 생명체의 절반을 없애면 남은 절반이 번창할 줄 알았다." 타노스가 자신의 목적을 다시 말했다. "하지만 지금 너희들이 그건 불가능하다는 걸 보여 줬지. 사라진 절반을 기억하는 자들이 남아

there are those that remember what was, there will always be those that are unable to accept what can be. They will **resist**."

"Yep, we're all kinds of **stubborn**," Tony agreed.

Thanos laughed at Tony's words and tossed a rock to the ground.

"I'm thankful," Thanos continued. "Because now, I know what I must do. I will **shred** this universe down to its last atom."

Standing, Thanos moved to his side and retrieved the helmet that sat atop the double-bladed weapon **lodged** in the ground.

Putting on the helmet, he informed them, "And then, with the Stones you've collected for me, create a new one." He lifted the blade and looked at Tony. "**Teeming with** life that knows not what it has lost, but only what it has been given." It seemed a good plan to him.

The lightning was alive in Thor as he approached Thanos with Stormbreaker and Mjolnir at his sides.

있는 한, 언제나 그 현실을 받아들일 수 없는 자들이 나타나기 마련이다. 그들은 저항하려 들겠지."

"맞아, 우리가 한 고집하거든." 토니가 동의했다.

타노스가 토니의 대답에 웃고는 땅으로 돌 하나를 집어 던졌다.

"고맙게 생각하마." 타노스가 말을 이어갔다. "왜냐하면 지금, 내가 진정으로 해야 할 일을 알았거든. 이 우주의 마지막 원자까지 없애주마."

타노스가 자리에서 일어나 옆으로 걸어갔고, 땅에 박혀있던 양날검의 끝에서 투구를 집었다.

타노스가 투구를 쓰며 그들에게 알렸다. "그리고 너희가 나를 위해 모아준 스톤들로 새로운 우주를 창조하마." 그가 검을 들고 토니를 바라보았다. "잃어버린 것을 알지 못한 채 오로지 주어진 것만 아는." 그에겐 더할 나위 없는 계획 같았다.

토르가 스톰브레이커와 묠니르를 양손에 들고 타노스에게 다가갈 때 그의 몸 안에서 번개가 통하고 있었다.

"A grateful universe," Thanos concluded.

"Born out of blood," Steve interjected.

"They'll never know it," Thanos pointed out, turning to Steve. "Because you won't be alive to tell them."

Thor had heard enough. He let loose an Asgardian **battle cry** as Tony formed a blade of his own on his right hand.

Tony attacked first, his blade meeting Thanos's. The Titan blunted the attack, causing Tony to hit the ground and roll to the side.

Steve hurled his shield, but the disc was batted away by the blade.

Then it was Thor's turn. He ran right for Thanos, followed by Steve.

Thanos connected with Captain America first, sending him into the air.

In the **meantime**, Tony had **recovered** and taken to the sky.

"감사할 줄 아는 우주를." 타노스가 결론을 지었다

"피로 만들어진 우주겠지." 스티브가 끼어들었다.

"그들은 절대 알 수 없어." 타노스가 지적하며 스티브에게 고개를 돌렸다. "왜냐면 그들에게 알리기도 전에 너희들은 죽을 테니까."

토르는 진절머리가 났다. 그가 아스가르드인의 전투 함성을 내질렀고, 토니는 그의 오른손에 칼을 만들었다.


토니가 먼저 공격을 했고, 그의 검이 타노스의 검과 맞부딪쳤다. 타이탄이 일격을 가했고, 토니가 바닥에 넘어져 굴렀다.


스티브가 방패를 집어 던졌으나, 원반이 양날검에 부딪쳐 튕겨 나갔다.

이제 토르의 차례였다. 토르는 스티브를 뒤따라 타노스에게 곧바로 달려갔다.

타노스는 우선 캡틴 아메리카를 상대했고 그를 공중으로 날려버렸다.

그러던 중 토니가 정신을 차리고 하늘로 날아올랐다.

Thor came in for the kill, but Thanos kicked him in the chest, and the Asgardian hit the dirt.

Thanos was startled by repulsor rays as Tony attacked from above. But the Titan wielded his blade at just such an angle that it diffused the blast, causing it to **disperse**.

The battle for life itself was on.

토르가 타노스를 죽이기 위해 달려왔으나, 타노스가 토르의 가슴을 꿰어자 아스가르드인이 먼지에 처박혔다.

타노스는 토니가 위에서 리펄서 광선으로 공격하자 순간 놀랐다. 하지만 타이탄은 광선이 갈라져 흩어지도록 날을 틀어 검을 휘둘렀다.

목숨을 건 전투가 지금 막 시작되었다.

# CHAPTER 37

📖 워크북 p36

*The water* was rising.

Rhodey and Rocket, heads pressed up against the ceiling, were gasping for air as the water poured in. Bruce grunted as he struggled to hold everything together, **buying time** for a rescue that might never come.

"See you on the other side, man," Rhodey said,

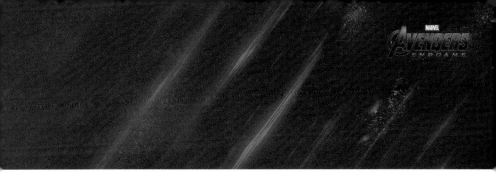

로디와 로켓, 브루스가 물에 잠길 위험에 처하자 스캇이 그들을 구하러 달려갑니다. 한편 어두운 지하 통로에 떨어진 클린트는 건틀렛을 빼앗으려는 아웃라이더에게서 도망치기 위해 기지를 발휘합니다.

물이 점점 차오르고 있었다.

물이 쏟아져 들어왔고, 로디와 로켓은 천장을 머리로 받쳐 올리며 거칠게 숨을 몰아쉬고 있었다. 브루스는 모든 것을 지탱하려 안간힘을 쓰며 신음을 내질렀고, 어쩌면 끝까지 오지 않을 수도 있는 구조를 위해 시간을 벌고 있었다.

"저승에서 보자, 친구." 로디가 결의를 다진 듯 말했다.

resolved.

Rocket's only reply was a **whimper**. He wasn't so ready to die.

How long did they have left before the compartment was completely flooded? A minute, maybe two?

Rhodey could feel the water lapping up to his chin, and he got a mouthful of the dirty **liquid**.

"Hang on! I'm coming!"

The voice came over their comms.

Scott.

&#42; &#42; &#42;

Scott was surfing, Ant-Man style.

He **straddled** a tiny piece of debris as it followed the current, keeping his balance using his hands.

Leaping from the debris, he landed on a small bit of concrete, then jumped from that onto the eraser of a pencil that floated by.

도겟이 할 수 있는 대답은 그저 끙끙대는 것뿐이었다. 그는 아직 죽을 준비가 되지 않았다.

그들이 갇힌 공간이 완전히 물에 잠기기까지 얼마나 남았을까? 1분? 어쩌면 2분?

로디는 이제 물이 아래턱까지 차오르는 것을 느꼈고, 더러운 물이 입에 한가득 들어왔다.

"기다려! 지금 가고 있어!"

한 목소리가 그들의 콤스를 통해 들려왔다.

스캇이었다.

* * *

스캇은 앤트맨 방식으로 물살을 가르고 있었다.

그는 물살을 따라 내려가는 작은 잔해 조각 위에 다리를 벌린 채 두 손으로 균형을 맞추고 있었다.

그가 잔해 조각에서 뛰어내려 작은 콘크리트 위에 착지하자마자 곧바로 떠내려가던 연필 끝에 달린 지우개 위로 뛰었다.

Scott grabbed the pencil, and using it like a pole vault, flew through the air.

Diving over a waterfall, he landed in the water with the tiniest of splashes and was sucked under by the current.

* * *

Clint's legs were pumping hard as he raced down the darkened maintenance tunnel. The Outriders were on his tail, **ravenous**, **unrelenting**.

He paused for just a moment, pulling an arrow out of his quiver and then shoving it into the pipe, leaving it on the ground.

The Outriders were coming closer.

His hands expertly snared another arrow and placed it inside a similar piece of pipe.

The arrow was **beeping**.

Then he wedged an arrow into the ceiling.

It, too, was beeping.

Then Clint ran.

스캇이 연필을 붙잡아 장대높이뛰기처럼 사용해 공중으로 날아올렸다.

그는 폭포를 넘어 다이빙을 해 작은 물살이 튀는 웅덩이에 떨어졌고, 물살에 휩쓸려 그 아래로 빨려 들어갔다.

* * *

클린트의 두 다리는 어두운 정비 터널을 내달릴 무렵 미친 듯이 빨리 움직이고 있었다. 아웃라이더들은 허기진 듯 그의 뒤를 가차없이 쫓고 있었다.

그가 잠깐 멈춰 화살통에서 화살을 하나를 뽑아 파이프에 찔러 넣고는 바닥에 그대로 두었다.

아웃라이더들이 더 가까이 다가오고 있었다.

그의 손은 능숙하게 또 다른 화살을 뽑아 들었고, 그와 비슷한 파이프에 화살을 넣었다.

화살에서 삐 하는 소리가 났다.

그런 뒤 그는 화살 하나를 천장에 박아넣었다.

그것도 마찬가지로 삐 소리를 냈다.

그제서야 클린트가 달리기 시작했다.

The Outriders were just passing the spot where Clint had stood only seconds before.

The first arrow he had placed inside the pipe exploded.

The others followed soon after.

A **ripple** of explosions **cascaded** through the tunnel as Outriders **shrieked** in pain.

Clint looked over his shoulder and saw a huge fireball forming behind him.

He ran, barely **outpacing** the fireball, until he was thrown to the ground.

The fireball **dissipated**. Clint saw the Outriders that had followed him, **writhing** on the floor, on fire.

He just wanted to lean back and sleep for a day.

Maybe two.

But the Outriders had other ideas.

The ones that hadn't been caught in the explosions were now climbing over the burning bodies of their brothers.

아웃라이더들이 조금 전 클린트가 서 있던 자리를 지나고 있었다.

그가 파이프 안에 넣어둔 첫 번째 화살이 폭발했다.

곧이어 나머지 화살들도 연달아 폭발했다.

아웃라이더들이 고통에 비명을 지르던 순간, 폭발의 여파가 터널 전체를 관통해 폭포처럼 밀려왔다.

클린트가 어깨 너머로 돌아보자 거대한 불덩이가 뒤에서 만들어지고 있었다.

그가 간발의 차이로 불덩이보다 빠르게 달리다가 바닥에 넘어졌다.

불덩이는 사그라들었다. 클린트는 아웃라이어들이 불에 탄 채 몸부림치며 자신을 쫓아오는 것을 보았다.

그는 이대로 누워서 온종일 자고 싶었다.

이틀도 좋았다.

하지만 아웃라이더들은 다른 생각이 있었다.

폭발에 휘말리지 않은 아웃라이더들이 불에 탄 형제들의 시체를 타고 올라오고 있었다.

Clint swore under his breath as he fired a grappling hook over his head.

Above the maintenance tunnel, the hook flew through an opening, **clamping** onto the ceiling above the tunnel.

Clint **tugged** on the line to make sure it was secure, then connected the end of the line to his belt. Immediately, the **mechanism** at the top of the grappling hook pulled him upward.

He was nearly through a hole in the ceiling when an Outrider leaped right for him.

Drawing his sword, Clint sliced the Outrider in half.

"Yeah!" he yelled in **celebration**. If only Nat were here with him. ❶ She'd be having a ball, too, he thought **wistfully**. This was their kind of fight, which was better when it was shared. But he kept moving.

As he ascended, the Outriders **scrambled** through an access tunnel in an attempt to kill Clint and take the gauntlet.

클린트는 나지막이 욕설을 내뱉으며 머리 위로 갈고리를 발사했다.

정비 터널 위에 뚫린 구멍으로 갈고리가 날아가 터널 천장에 고정되었다.

클린트는 줄을 잡아당겨 제대로 박혔는지 확인한 뒤, 줄 반대쪽 끝을 허리띠에 채웠다. 그 순간 갈고리 끝에 달린 장치가 작동해 그를 위로 끌어당겼다.


아웃라이더 한 마리가 클린트를 향해 달려드는 순간, 그가 가까스로 천장의 구멍을 통과했다.

클린트가 검을 뽑아 그 아웃라이더를 반으로 동강냈다.

"좋아!" 클린트가 기뻐하며 외쳤다. 나타샤가 함께 있다면 좋을 텐데. 나타샤도 즐겼을 거라고 클린트는 애석해하며 생각했다. 이런 싸움이야말로 그들의 방식이었고 함께일 때 더욱 강했다. 그가 계속해서 이동했다.

그가 위로 올라가자, 아웃라이더들은 클린트를 죽이고 건틀렛을 빼앗으려고 진입 터널을 기어 올라왔다.

Swinging from the grappling line, Clint's feet came to rest against the wall of the **shaft**. An Outrider came for him, but he was ready. He brought his sword down on the creature, ending its life.

Clint continued to be pulled upward and he kicked his feet against the wall once more, almost running up the side of the shaft.

A moment later, he emerged from the hole as an Outrider tried to **claim** him. Clint's sword caught the alien just below its torso.

A few seconds later, half of an Outrider landed at the bottom of the shaft with a **sickening** thud.

He listened, but heard nothing.

No Outriders. No one coming.

He collapsed to the floor and rolled onto his back. He let go of his sword, but kept his hands closed around the gauntlet.

Looking up, he saw Nebula enter.

클린트는 갈고리 줄에 매달려 몸을 흔든 뒤, 두 발로 수직 터널의 벽을 디디고 섰다. 아웃라이더 하나가 그에게 달려들었으나, 그는 이미 준비된 상태였다. 클린트는 그대로 그 생명체에게 검을 찔러 목숨을 끊어놓았다.

클린트는 계속해서 위로 끌어당겨져 올라갔고, 한 번 더 벽을 발로 차 이제는 거의 수직 터널의 벽을 옆으로 달리고 있었다.


잠시 후 아웃라이더 하나가 클린트를 노리며 다가올 때 그가 구멍에서 빠져나왔다. 클린트의 검이 외계인의 가슴팍 바로 아래를 토막 내버렸다.

얼마 지나지 않아 아웃라이더의 반토막 난 몸뚱아리가 소름 끼치는 쿵 소리를 내며 수직 터널 밑바닥에 떨어졌다.

클린트가 그 소리를 들었고, 그 외에는 아무것도 들리지 않았다.

아웃라이더는 이제 없었다. 아무도 다가오지 않았다.

클린트는 땅바닥에 쓰러져 등을 대고 누웠다. 그는 검을 내려놓았으나, 인피니티 건틀렛은 꽉 잡고 있었다.


그가 위를 올려다보자 네뷸라가 다가오고 있었다.

"Oh hey, I know you," he said, simultaneously **delirious** and **exhausted** as Nebula reached down and took the gauntlet from his hands.

Nebula didn't acknowledge him. Instead, she announced, "Father … I have the Stones."

Clint's eyes got bigger.

"You what?" he asked, struggling to understand what had just happened.

"이봐, 아는 얼굴이네." 클린트가 말했다. 네뷸라가 몸을 숙여 그의 손에서 건틀렛을 가져가던 순간, 그는 기쁨과 동시에 기진맥진한 상태였다.

네뷸라는 그를 알아보지 못했다. 대신 그녀가 누군가에게 알렸다. "아버지… 스톤들을 찾았습니다."

클린트의 두 눈이 휘둥그레졌다.

"뭐라고?" 클린트가 방금 무슨 일이 벌어진 건지 파악하려 애를 쓰며 물었다.

# CHAPTER 38

📖 워크북 p38

*Clint tried to sit up,* but it was impossible with Nebula's boot on his chest. She shoved him back down and **leveled** her blaster right at his head.

"Stop."

Clint turned his head to see a green-skinned woman standing at the entrance to the room. He remembered

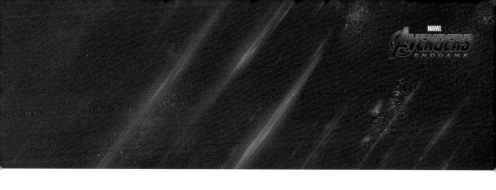

가까스로 아웃라이더에게서 벗어난 클린트는 우연히 네뷸라와 마주칩니다. 클린트는 동료의 등장에 안심하며 의심없이 건틀렛을 건네지만 그녀는 그를 우주총으로 위협하며 공격하려 합니다.

클린트는 일어나 앉으려 했지만, 네뷸라가 그의 가슴을 발로 밟고 있었기에 불가능했다. 네뷸라가 클린트를 다시 바닥으로 밀어 눕히고는 그의 머리 바로 앞에 우주총을 겨누었다.

"그만둬."

클린트가 고개를 돌리자 녹색 피부의 여인이 방의 입구에 서 있는 것이 보였다. 그는 로켓이 그녀에 대해 이야기했던 것을 기억

Rocket talking about her.

Gamora.

But she was dead, wasn't she? Sacrificed by Thanos to get the Soul Stone. She was dead, unless ... unless this was a Gamora from another time? Had they been followed from the past?

Nebula looked over her shoulder at her sister. She shifted the blaster from Clint to Gamora, taking her foot off of the **archer** to face the bigger threat.

"You're betraying us?" Nebula accused her sister.

Then another Nebula entered the room.

The Nebula that Clint knew.

He quickly realized that the Nebula who took the gauntlet from him was a Nebula from the past.

The past Nebula moved her blaster toward Nebula.

Clint, **oddly** less confused than he thought he would be, rolled onto his side.

Nebula's hands were raised. "You don't have to do this," she tried to convince her younger self.

했다.

가노라.

하지만 그녀는 죽었다. 아닌가? 소울 스톤을 얻으려는 타노스에게 희생되었다. 그녀는 죽었다. 그게 아니라면… 그게 아니면 다른 시간대에서 온 가모라인건가? 과거로부터 그들이 따라온 것인가?


네뷸라가 어깨 너머로 언니를 바라보았다. 그녀는 총의 위치를 클린트에게서 가모라로 바꾸며, 더 큰 위협을 마주하기 위해 궁수에게서 발을 떼어냈다.

"우리를 배신하는 거야?" 네뷸라가 언니를 비난했다.

그러자 또 다른 네뷸라가 방 안으로 들어왔다.

클린트가 알고 있는 네뷸라였다.

클린트는 곧바로 자신에게서 건틀렛을 빼앗은 네뷸라가 과거의 네뷸라란 사실을 깨달았다.

과거의 네뷸라가 네뷸라를 향해 총을 겨누었다.

클린트는 생각보다 덜 당황스러운 것을 이상하게 여기며 옆쪽으로 몸을 굴렸다.

네뷸라가 두 손을 들었다. "이러지 않아도 돼." 네뷸라는 어린 자신을 설득하려고 했다.

● "I AM this," the Nebula of 2014 said. She may have even believed it.

"No, you're not," Gamora replied. She'd always recognized more in her sister than her sister had herself. Or their father.

"You've seen what we become," Nebula told herself. There was another path she could take.

"Nebula, listen to her," Gamora pleaded, wanting so **badly** to save the woman she had fought with and fought beside for nearly her entire life.

"You can change," Nebula promised her.

Gamora lowered her weapon, trying to get through to her sister.

"He won't let me," 2014 Nebula replied in **acceptance** and **defeat**. For a brief moment, she seemed a **pitiful** creature.

Then she swung her arm, aiming the blaster at Gamora.

"이게 바로 나야." 2014년의 네뷸라가 말했다. 그녀는 그 말을 빈는 듯했다.

"아니, 그건 네가 아냐." 가모라가 대답했다. 가모라는 언제나 동생이 스스로를 인정하는 것 이상으로 동생을 인정했다. 어쩌면 그들의 아버지보다도 더 말이다.

"우리가 어떻게 되는지 너도 봤잖아." 네뷸라가 과거의 자신에게 말했다. 그녀 역시 다른 길을 걸을 수 있었다.

"네뷸라, 얘 말을 들어." 가모라가 애원하며, 거의 평생을 서로 싸우기도 하고 함께 싸우기도 한 여인을 너무도 구하고 싶어 했다.

"너도 달라질 수 있어." 네뷸라가 과거의 자신에게 단언했다.

가모라가 무기를 내리며 동생에게 가까이 다가가려 했다.

"아버지가 그렇게 두지 않으실 거야." 2014년의 네뷸라가 그 사실을 받아들이는 동시에 패배감에 젖어 대답했다. 잠깐이나마 그녀가 불쌍한 생명체로 보였다.

이후 네뷸라가 팔을 휘둘러 가모라에게 총을 겨누었다.

Raising her hands **defensively**, Gamora called out, "No!"

Suddenly the air **sizzled** as the sound of a blaster was heard.

The 2014 Nebula staggered back, dropping the gauntlet. There was a hole in her chest where the blaster struck.

Slumping against a chain-link fence, 2014 Nebula gasped and drew her last breath, dying by her own older self's hands.

Gamora and Nebula looked at the Nebula from 2014 with great sadness. **Unshackled** from her past, what would the future bring the surviving Nebula?

Clint picked up the gauntlet.

It wasn't over yet.

In fact, it had only just begun.

가모라가 방어하려 손을 들어 올리며 외쳤다. "안 돼!"

그 순간 총소리가 들렸고, 공기 중으로 지글거리는 소리가 났다.

2014년의 네뷸라가 뒤로 주춤하며 건틀렛을 떨어뜨렸다. 그녀의 가슴에는 총에 맞아 생긴 구멍이 있었다.

2014년의 네뷸라가 쇠사슬로 엮인 철조망으로 쓰러지며 숨을 거칠게 몰아쉬었고, 이윽고 마지막 숨을 내뱉으며 미래의 자신에 의해 죽어갔다.

가모라와 네뷸라는 큰 슬픔에 잠긴 채 2014년의 네뷸라를 바라보았다. 과거에서 해방된 살아남은 네뷸라의 미래에는 무슨 일이 벌어질까?

클린트가 건틀렛을 집어 들었다.

아직 끝난 것이 아니었다.

사실, 이제 막 시작되었을 뿐이다.

# CHAPTER 39

📖 워크북 p39

*"Okay, Thor!* Hit me!"

Tony hovered above the battlefield in his Iron Man armor, the ruins of the Avengers headquarters beneath him. Looking up, he saw *Sanctuary II* **blotting out** the sun.

Through his heads-up display, Tony saw Thor holding Stormbreaker in one hand and Mjolnir in the other.

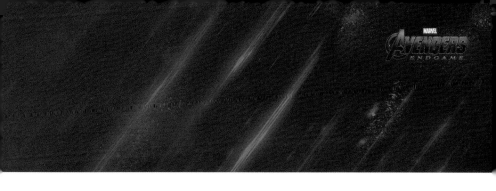

토르와 토니의 협공을 시작으로 스티브까지 합세하여 셋은 타노스를 향해 사활을 건 맹공을 퍼붓습니다. 그들은 사력을 다해 타노스와 혈전을 벌이지만 압도적인 타노스의 힘에 고전하게 됩니다.

"좋아, 토르! 날 맞혀!"

아이언맨 슈트를 입은 토니가 전장 위를 날아다녔고, 그의 아래에는 폐허가 된 어벤져스 본부가 있었다. 토니가 위를 바라보자 생츄어리 2호가 태양을 완전히 가리고 있는 것이 보였다.

토니는 전방 스크린을 통해 토르가 한 손에는 스톰브레이커를, 다른 한 손에는 묠니르를 들고 있는 것을 보았다.

As always, Thor brought the **lightning**, and electrical energy snaked down from the sky, hitting Thor full force. He stepped forward as he **slammed** Stormbreaker and Mjolnir together, unleashing a blast of electricity aimed right at Tony.

The surge of electricity hit several targets on panels that had opened on the back of Tony's armor. With each passing second, the Iron Man armor became **supercharged**.

On the ground below Tony, Steve had his hands full trying to keep Thanos occupied. The Mad Titan punched Steve, and the Super-Soldier went flying, crashing into the ground.

Then Tony aimed his repulsor rays at Thanos, unleashing a super-charged blast.

Thanos had picked up his double-bladed weapon and spun it in his hands like a massive fan, as fast as he could. The repulsor rays hit the spinning blade and dispersed in the air around him. They pushed Thanos back, but the blade prevented the worst of the repulsor rays from

토르는 언제나처럼 번개를 불렀고, 전기 에너지가 하늘에서 굽이치며 내려와 토르를 강하게 쳤다. 토르가 앞으로 나아가 스톰브레이커와 몰니르를 세게 맞부딪쳐 토니를 향해 전기 폭풍을 보냈다.

전기 폭풍이 토니의 슈트 뒤에 열려 있던 패널에 부딪쳤다. 몇 초가 지나자 아이언맨 슈트가 완전히 충전되며 강력해졌다.

토니의 아래 지상에서는 스티브가 타노스를 붙잡아두려 전력을 다하고 있었다. 그 미친 타이탄이 스티브에게 주먹을 날렸고, 슈퍼솔져가 날아가 바닥에 부딪쳤다.

그때 토니가 리펄서 광선을 타노스에게 조준해 과충전된 광선을 발사했다.

타노스는 양날검을 들어 거대한 선풍기처럼 검을 최대한 빠르게 돌렸다. 리펄서 광선이 회전하는 칼날에 부딪쳐 주변으로 흩어졌다. 광선이 타노스를 뒷걸음치게 했지만, 그의 양날검은 최강의 리펄서 광선이 타노스에게 닿지 못하게 막아냈다.

reaching him.

Thor watched and tossed Mjolnir into the air, hitting it with Stormbreaker, like a baseball.

Thanos had moved closer to Tony now, who had returned the fight to the ground. The repulsor rays were relentless, but so was Thanos. He pushed the blade until it was close to Tony, then **smashed** it into the armor. It knocked Tony off balance, and he stopped firing his repulsors. Thanos tossed the blade **aside** as he picked Tony up by his head and leg, lifting him into the air.

Mjolnir struck Tony, sending a powerful charge of electricity through his armor, just as Thanos tossed him to the side.

Tony rolled along the rubble until a **pile** of debris halted his **momentum**. The electricity from Mjolnir arced across his armor. Inside, Tony's eyes were closed.

Immediately sensing a fluctuation in Tony's **vitals**, Friday urged, "Boss, wake up!"

토르가 이를 지켜보곤 마치 야구를 하듯 묠니르를 허공으로 던진 뒤 스톰브레이커로 쳤다.

타노스는 싸우기 위해 다시 지상으로 내려온 토니에게 가까이 다가갔다. 리펄서 광선은 무자비했으나 타노스 또한 마찬가지였다. 타노스는 양날검을 토니에게 최대한 가까이 밀어붙였고, 이윽고 슈트를 향해 내질렀다. 이에 토니가 균형을 잃고 리펄서 광선 발사를 멈췄다. 타노스는 양날검을 옆으로 집어 던진 뒤, 토니의 머리와 다리를 붙잡아 허공으로 들어 올렸다.

타노스가 토니를 옆으로 던지려는 순간, 묠니르가 토니에게 부딪히면서 아이언맨 슈트에 강력한 전기 충격이 전달됐다.

토니는 잔해 더미에 부딪쳐 멈출 때까지 돌무더기를 굴러갔다. 묠니르에서 흘러나온 전기 충격이 아이언맨 슈트 전체로 퍼져나갔다. 그 안에서 토니의 눈은 감겨 있었다.

그 즉시 토니의 생체 신호에 변동이 감지되었고, 프라이데이가 다급하게 말했다. "보스, 일어나세요!"

Steve had leaped into the air, moving to the side as he kicked Thanos in the head with both feet, one after the other. He finished with a **flip**, landing with his boots on the ground. Then he turned to see Thanos crouching down, looking at him.

He lowered his vibranium shield, just as Thanos threw a punch at him. It landed **squarely** in the middle of the disc, the vibranium absorbing the brunt of the **blow**. But it was a strong enough strike that it still managed to send Steve flying through the air, crashing into a pile of rubble. He rolled onto his stomach and watched as Thanos grabbed his double-bladed weapon once more, hurling it toward Thor.

The Asgardian quickly dropped to the ground and slid beneath the reach of the spinning blades. He watched as the blade continued to twirl through the air, **eventually** turning in the other direction like a **boomerang**, until it was once more in Thanos's possession.

\* \* \*

스티브가 공중으로 뛰어올랐고, 측면으로 움직여 타노스의 머리를 양발로 번갈아 걸어찼다. 그가 공중제비를 넘으며 공격을 끝냈고 두 발로 땅을 디뎠다. 그런 뒤 스티브는 고개를 돌려 타노스가 몸을 웅크린 채 자신을 바라보고 있는 것을 보았다.

스티브는 타노스가 주먹을 날리는 순간, 비브라늄 방패를 아래로 내렸다. 주먹이 원반의 정중앙에 내리꽂혔고, 비브라늄이 타격의 충격을 흡수했다. 그럼에도 불구하고 그 타격은 스티브를 공중으로 날려 돌무더기에 파묻혀 버리게 할 정도로 강력했다. 스티브는 엎드린 채 타노스가 양날검을 다시 한번 집어 들어 토르를 향해 내던지는 모습을 바라보았다.

아스가르드인은 재빨리 바닥으로 몸을 낮춰 회전하는 칼날 밑으로 미끄러지듯 움직였다. 그는 양날검이 허공을 가로지르며 회전해 부메랑처럼 반대 방향으로 돌아 타노스의 손에 다시 날아가는 모습을 지켜보았다.

Charging toward Thanos, Thor swung Stormbreaker as the Titan blocked the axe with his blade. Electricity from Thor's weapon arced into Thanos's blade and hand, and Thanos grunted in pain. Lifting Stormbreaker above his head, Thor managed to yank the blade from Thanos's grip.

Thor swung the **mighty** axe, but Thanos blocked it with his **bare** hand. He **retaliated** with a punch that knocked Stormbreaker from Thor's hand. Then he grabbed Thor by the neck, lifted him off the ground, and flung him into the ruins of the Avengers headquarters. Thanos was soon upon Thor, punching him in the face **repeatedly**.

Thanos threw Thor again, and the Asgardian landed on his back against a block of concrete. The Titan raised a foot and **stomped on** Thor's chest, then punched him in the face.

Thor was taking a terrible beating.

But he could still lift his hand.

In the distance, Stormbreaker rose from where it had fallen and soared through the air, **whizzing** just above the

토르는 타노스에게 스톰브레이커를 휘두르며 달려들었고, 타이탄은 그 도끼를 사신의 검으로 막았다. 토르의 무기에서 뿜어져 나온 전기가 타노스의 검과 그의 손으로 흐르자 타노스가 고통에 신음했다. 토르가 스톰브레이커를 머리 위로 들어 올려 간신히 타노스의 손아귀에서 검을 빼앗았다.

토르가 전능한 도끼를 휘둘렀으나 타노스가 맨손으로 막아냈다. 타노스는 주먹을 날려 토르의 손에서 스톰브레이커를 떨어뜨리며 응수했다. 그런 다음 타노스는 토르의 목을 붙잡고 들어 올려 폐허가 된 어벤져스 본부로 집어 던졌다. 타노스는 곧이어 토르에게 올라타 그의 얼굴에 주먹을 계속해서 날렸다.


타노스는 토르를 또 한 번 집어던졌고, 아스가르드인은 콘크리트에 등을 부딪치며 떨어졌다. 타이탄이 발을 들어 토르의 가슴을 짓밟았고, 곧바로 주먹으로 얼굴을 가격했다.


토르는 끔찍하게 당하고 있었다.

하지만 그는 아직 손을 들어 올릴 수는 있었다.

저 멀리 스톰브레이커가 떨어져 있던 곳에서 솟아 올라 허공을 가로질러 윙윙대는 소리를 내며 대지 위를 날아왔다.

ground.

Thanos had his arm pulled back and was just about to deliver a killing blow. Hesitating a moment, however, he looked over his shoulder, as Stormbreaker headed toward him, full steam.

Incredibly, Thanos reached out, and caught Stormbreaker before the axe could reach Thor's hand. Then Thanos lifted the axe to Thor's head. Thor grabbed its handle, struggling to move the axe away from his face.

Thanos pushed on the axe as Thor shoved its handle. Thanos appeared to have the upper hand, and Stormbreaker was now barely an inch above Thor's chest.

Thanos laughed.

He continued to push the axe **downward**, chuckling as he did so.

But he stopped laughing when Mjolnir suddenly flew into Thanos, knocking him away from Thor.

Mjolnir continued to fly through the air, changing direction, and heading away from Thor. The God of

타노스가 팔을 뒤로 빼서 토르를 죽일 일격을 날리려던 순간이었다. 하지만 타노스는 잠시 머뭇거리더니 고개를 돌려 어깨 너머로 스톰브레이커가 전속력으로 자신에게 날아오고 있는 것을 발견했다.

놀랍게도 타노스가 손을 뻗어 그 도끼가 토르의 손에 닿기도 전에 스톰브레이커를 낚아챘다. 곧바로 타노스가 토르의 머리 쪽으로 도끼를 들었다. 토르는 스톰브레이커의 손잡이를 붙잡았고, 그의 얼굴에서 도끼를 치우려 분투했다.

토르가 도끼의 손잡이를 밀어낼 때 타노스는 위에서 도끼를 눌렀다. 타노스가 우세한 듯 보였고, 스톰브레이커는 이제 토르의 가슴에서 겨우 1인치 정도 떨어져 있었다.

타노스가 웃었다.

그는 도끼를 아래로 계속 누르며 웃었다.

하지만 묠니르가 타노스에게 날아와 그를 토르에게서 떨어트린 순간 그의 웃음기가 사라졌다.

묠니르는 계속 공중을 가로지르며 날았고, 방향을 바꾸어 토르에게서 멀리 날아가 버렸다. 천둥의 신은 이를 바라보았고, 타노스 역

Thunder watched as Thanos followed the path of the hammer until the weapon was caught by a red-gloved hand.

Steve Rogers stood before Thanos with nothing but his shield, his **courage**, and the **might** of Mjolnir.

"I knew it!!" Thor shouted, **ecstatic**. And maybe just a tiny bit **jealous**. He had seen only one other hold the hammer previously—Vision. Steve had tried to pick it up once before, and Mjolnir had started to move, just slightly—enough that it gave Thor reason to believe that one day, Captain America might prove himself worthy of wielding Mjolnir. ❶ It had **disturbed** him a bit at the time, given his own struggle to prove his worthiness. But in this moment, he was **thrilled**.

Thanos didn't want to hear it and kicked Thor in the head.

**In a flash**, Thanos was heading right for Steve. Swinging Mjolnir at his side, Steve charged his foe. Thanos brought his blade down, but Steve came in just under him

시 망치가 가는 경로를 눈으로 따라갔다. 이윽고 그 무기는 붉은 장갑을 낀 손에 쉬어졌다.

스티브 로저스가 타노스의 앞에 그의 방패와 그의 용기 그리고 전능한 묠니르를 가지고 서 있었다.

"이럴 줄 알았어!!" 토르가 열광하며 외쳤다. 어쩌면 약간의 질투도 느꼈을 것이다. 그는 자신 이외에 망치를 든 자를 이전에 딱 한 명 본 적이 있다. 비전이었다. 스티브가 이전에 망치를 들어 올리려 했을 때 묠니르가 아주 살짝 움직였었다. 그것은 토르로 하여금 언젠가 캡틴 아메리카가 묠니르를 휘두를 수 있는 가치를 입증하리라고 생각하게 하기에 충분했다. 당시에 토르는 스스로의 가치를 증명하려 고군분투했던 자신을 생각하며 살짝 불안하기도 했다. 그러나 지금 이 순간, 그는 감격에 차 있었다.

타노스는 그 소리가 듣기 싫어 토르의 머리를 걷어찼다.

순식간에 타노스가 스티브를 향해 달려갔다. 스티브는 묠니르를 옆으로 휘두르며 적을 향해 돌진했다. 타노스가 자신의 양날검을 아래로 가져갔지만, 스티브가 그보다 더 아래로 파고들어 타노스의

and hit Thanos right on the jaw with Mjolnir.

It was Thanos's turn to go flying through the air.

Steve watched Thanos fall and hit the ground, then get back to his feet. Steve jumped into the air, then threw his shield at Thanos.

Thanos batted the shield away with his blade.

The shield returned to Steve, who struck it with Mjolnir, creating a wave of **sonic** energy. The shield changed direction once more, and the **resulting** shockwave knocked Thanos down to his knees.

Once again, the shield changed course and ended up in Steve's hands.

Mjolnir at the ready, he ran straight for Thanos.

Pulling his arm back to throw a punch, Thanos was surprised to find Steve's knees in his chest. Thanos went backward as Steve landed on the ground. He swung Mjolnir, striking Thanos in the knee, then hit the Mad Titan in the chin with an uppercut from the edge of his shield.

턱을 묠니르로 정통으로 날렸다.

이제 타노스가 공중으로 날아갈 차례였다.

스티브는 타노스가 바닥에 떨어져 부딪친 뒤 곧바로 일어서는 것을 보았다. 스티브가 공중으로 도약해 타노스를 향해 자신의 방패를 던졌다.

타노스가 검으로 방패를 쳐 냈다.

방패가 스티브에게 다시 돌아왔고, 스티브는 묠니르로 방패를 쳐 초음파 에너지를 만들어 냈다. 방패가 한 번 더 방향을 바꾸었고, 이로 인해 발생한 충격파가 타노스를 무릎 꿇게 했다.

방패가 한 번 더 경로를 바꾸어 스티브의 손에 들어왔다.

스티브가 묠니르를 쥔 채 타노스를 향해 달려갔다.

주먹을 날리기 위해 팔을 뒤로 빼던 타노스는 자신의 가슴을 치는 스티브의 무릎에 놀랐다. 스티브가 착지하는 순간, 타노스가 뒤로 밀려났다. 스티브가 묠니르를 휘둘렀고, 타노스의 무릎을 가격한 뒤 곧바로 미친 타이탄의 턱을 향해 방패의 끝으로 어퍼컷을 날렸다.

With another swing of the hammer, Steve hit Thanos in the head and then in the jaw.

It wasn't looking good for Thanos.

Steve wouldn't let up. He threw his shield, hitting Thanos in the neck. Taking a page from Thor's book, when the shield was nearly back in his hands, Steve hit it with Mjolnir, sending the shield back at Thanos, hitting him at the exact same spot on his neck.

Thanos **recoiled**.

Then electricity began to surge around Mjolnir as Steve swung the hammer. He **unleashed** the charge on the ground and watched as tendrils of electricity wormed their way into Thanos, striking his chest.

Thanos fell onto his back, wormed with electricity.

Raising Mjolnir above his head, Steve marveled as lightning from the sky struck the hammer, and then another blast hit Thanos.

The battle raged on as Steve swung the hammer, missing Thanos as he rolled out of the way.

스티브는 묠니르를 한 번 더 휘둘러 타노스의 머리와 턱을 연달아 가격했다.

타노스에게 좋지 않은 상황이었다.

스티브는 기세를 꺾지 않았다. 그가 방패를 던져 타노스의 목에 명중시켰다. 토르가 평소에 하던 방식으로 스티브는 방패가 손에 거의 돌아왔을 때 묠니르로 쳐 방패가 타노스에게 다시 날아가게 했고, 이내 조금 전 가격 당한 타노스의 목을 정확하게 명중시켰다.

타노스가 움찔했다.

그 후 스티브가 망치를 휘두르자 묠니르 주변에 전기가 몰아치기 시작했다. 스티브는 한데 모인 전기를 땅 위에 방출시켰고, 전기로 이루어진 덩굴들이 타노스를 향해 뻗어 나가 그의 가슴을 쳤다.

타노스가 뒤로 넘어졌고, 치직하고 전기에 타는 소리가 들렸다.

스티브가 머리 위로 묠니르를 들어 올렸고, 하늘에서 망치로 떨어지는 번개를 보며 경이로워했다. 곧바로 또 다른 전기 폭풍이 타노스를 내리쳤다.

스티브가 망치를 휘두르자 타노스가 몸을 굴리며 피했고, 전장의 분위기가 격렬해졌다.

❷ Thanos returned to his feet, and the two warriors stood toe-to-toe.

Thanos shot out a hand and grabbed Steve by the neck, throwing him to the ground.

After all that, Steve wondered how Thanos could keep going. But Steve had no plans to stop, either.

Steve managed to roll and got to one knee. He still had his shield in one hand and Mjolnir in the other.

Blade once more in hand, Thanos lunged for Steve. They **traded** blows, some connecting, some missing, but neither one gaining the upper hand.

Then at last, Thanos dropped the blade and swung a fist at Steve. Steve returned the favor by swinging Mjolnir at Thanos.

That's exactly what Thanos wanted.

Reaching out, Thanos grabbed Steve's hand, and punched him hard. Mjolnir flew out of the Super-Soldier's hand.

타노스가 다시 일어섰고, 두 전사가 맞대결을 시작했다.

타노스가 손을 뻗어 스티브의 목을 잡아 땅으로 내던졌다.

이 모든 타격에도 불구하고 타노스가 어떻게 계속해서 싸울 수 있는지 스티브는 의구심이 들었다. 하지만 스티브 역시 싸움을 멈출 생각이 없었다. 스티브는 가까스로 몸을 굴려 한쪽 무릎으로 착지했다. 그는 여전히 한 손에는 방패를, 다른 손에는 묠니르를 쥐고 있었다. 타노스가 양날검을 다시 한번 손에 쥐고 스티브를 향해 달려들었다. 둘은 주먹을 주고받았고, 몇 번은 타격했고, 몇 번은 빗나갔지만, 둘 중 누구도 우위를 점하지 못했다.

그러다 마침내 타노스가 검을 떨어뜨리더니 스티브에게 주먹을 날렸다. 스티브는 타노스에게 묠니르를 휘둘러 공격을 그대로 돌려주었다.

그것이 정확하게 타노스가 원하던 것이었다.

타노스가 팔을 뻗어 스티브의 손을 붙잡고는 강한 주먹을 날렸다. 묠니르가 슈퍼 솔져의 손에서 떨어졌다.

Thanos stepped on his blade, kicking it up into the air, catching it over his head. Then he swung the blade down at Steve as hard as he could.

The blade met Steve's shield.

So Thanos hit the shield again.

And again.

And again.

Until the vibranium shield, the strongest metal known to man, slowly—some might say inevitably—started to shatter.

Piece after piece was shed as Thanos continued his **merciless** attack.

Soon, Steve was holding only a **fragment** of the shield in his hands, using it to protect himself from the **unceasing** swings of Thanos' blade.

Another blow knocked Steve to his knees.

He looked up at Thanos, **unbroken** still.

If he wasn't **conserving** his breath, he probably would have said, "I could do this all day."

타노스가 자신의 검이 있는 곳으로 걸어갔고, 검을 발로 차 공중에 띄운 뒤 머리 위에서 잡았다. 그 후 타노스가 스티브에게 있는 힘껏 세게 검을 내리쳤다.

검이 스티브의 방패에 부딪쳤다.

그러자 타노스가 한 번 더 방패를 가격했다.

그리고 또 한 번.

그리고 또 한 번.

비브라늄 방패, 인류에게 알려진 가장 강력한 금속 물질이 천천히, 누군가는 당연한 결과라 할 정도로 조각나기 시작할 때까지 쳤다.

연이은 타노스의 무자비한 공격에 방패가 한 조각 한 조각 떨어져 나갔다.

이제 스티브는 손에 방패 조각만을 쥐고 있었고, 그것에 의지해 끝을 모르는 타노스의 칼부림으로부터 자신을 지키고 있었다.


또 한 번의 일격이 스티브를 무릎 꿇게 했다.

그가 타노스를 올려다보았고, 여전히 굴하지 않았다.

만약 스티브가 숨을 아끼지만 않았다면 아마 그는 "하루 종일 할 수도 있어."라고 말했을 것이다.

A final blow from the blade hit Steve's shield and sent him right into the air, flying above the battlefield and crashing into a felled tree.

Tumbling along the ground, Steve came to a rest on his back, the wind knocked out of him. Trying to sit up, he found that his body simply couldn't. He collapsed, falling back down to the ground.

Still, he tried to push himself up.

"In all my years of **conquest**, violence, **slaughter** … it was never **personal**," Thanos admitted. "But I'll tell you now, what I'm about to do to your stubborn, annoying little planet, I'm gonna enjoy very, very much." Maybe they were finally starting to get under his skin.

From *Sanctuary II*, beams of energy **flickered** to the ground. Steve saw the forms of the Children of Thanos—Cull Obsidian, Corvus Glaive, Proxima Midnight, and Ebony Maw—take form on the ground.

They were followed by the terrifying Outriders, whom he had fought during the Battle of Wakanda.

검의 최후의 일격이 스티브의 방패에 가해지자 스티브가 허공으로 보내졌고, 전장 위를 날아가 이윽고 쓰러진 나무에 부딪쳤다.

사정없이 바닥을 구른 스티브는 등을 댄 채 멈추었는데, 잠시 숨을 쉴 수가 없었다. 그는 일어나 앉으려 했지만, 몸을 전혀 움직일 수 없었다. 그가 쓰러졌고, 다시 바닥에 넘어졌다.

여전히 스티브는 몸을 일으켜 세우려 했다.

"정복, 폭력, 살상의 내 모든 세월은… 결코 개인적인 것이 아니었다." 타노스가 인정했다. "하지만 이제 네게 말해주마. 너의 고집스럽고 성가신 작은 행성에 내가 지금부터 할 일을. 아주 아주 많이 즐길 수 있겠군." 아무래도 어벤져스가 마침내 타노스의 성미를 건드린 것일지도 모른다.

생츄어리 2호에서 지상으로 내려온 에너지 광선이 깜박였다. 스티브는 타노스의 자식들인 컬 옵시디언과 콜버스 글레이브, 프록시마 미드나이트 그리고 에보니 모의 형상이 지상에 형태를 갖추는 것을 보았다.

와칸다 전장에서 격전을 치른 무시무시한 아웃라이더들이 그들을 뒤따르고 있었다.

The Chitauri were also there, ready to serve Thanos to the death.

There were tanks, ships, and weapons everywhere.

Massive Chitauri dogs were **rampaging** along the ground, and Steve thought he saw a Leviathan—one of the strange flying creatures that had **menaced** the skies during the Battle of New York in 2012.

Again, Steve struggled against all odds, **forcing** himself to his hands and knees. From there, he forced himself to his feet.

What remained of his shield was in his hands. He pulled on the strap, tightening his grip.

More alien ships filled the sky, and more Leviathans soared above.

Undeterred, Steve slowly walked forward across the battlefield.

It was a one-man army against a **literal** army.

And Steve was determined to fight until his very last breath if need be.

죽음의 순간까지 타노스를 섬길 준비가 된 치타우리족도 있었다.

탱크와 함선 그리고 무기가 사방에 나타났다.

거대한 치타우리족의 개들이 땅을 가로지르며 날뛰고 있었고, 스티브는 2012년 뉴욕 전쟁에서 하늘을 위협하며 날아다니던 기괴한 생명체 중 하나인 리바이어던을 본 것 같다고 생각했다.

스티브는 이 모든 역경을 다시 이겨내려 분투하며 억지로 두 손과 무릎으로 스스로를 일으켜 세우려 했다. 바로 그 자리에서 스티브가 억지로 몸을 일으켜 세웠다.

방패의 남은 부분이 스티브의 손에 쥐어져 있었다. 그는 가죽끈을 당기며 있는 힘껏 방패를 쥐었다.

더 많은 외계 함선이 하늘을 채워나갔고, 더 많은 리바이어던들이 하늘로 솟아오르고 있었다.

스티브는 이에 굴하지 않고 천천히 전장을 가로지르며 걸어 나갔다.

진짜 군대에 맞선 단 한 명의 군대였다.

그리고 스티브는 필요하다면 마지막 숨을 쉬는 순간까지 싸우리라 다짐했다.

Bracing himself for what was to come, Steve tilted his head as he heard a burst of static over the comms in his helmet.

❸ "Hey, Cap, you read me?"

Steve recognized the voice immediately.

"Cap, it's Sam. Can you hear me?" It was the sound of hope.

Then, words that were better than any music Steve had ever heard: "On your left."

스티브가 다가올 것에 대비를 하던 중, 헬멧의 콤스 너머로 잡음이 들려오자 그가 고개를 기울였다.

"이봐, 캡, 내 말 들리나?"

스티브는 단번에 그 목소리를 알아차렸다.

"캡, 샘이야. 내 말 들려?" 그것은 희망의 소리였다.

그리고 스티브는 그가 들어본 어떤 음악보다도 좋은 말을 들었다. "네 왼쪽이야."

# CHAPTER 40

📖 워크북 p42

*Behind him,* he saw a portal opening. Steve Rogers watched as an army raced out of it from the fields of Wakanda and onto the battlefield outside the ruins of the Avengers headquarters.

His **spirit lifted** as he saw T'Challa leading them, returned from the **Blip**. He was **flanked** by Okoye and

타노스는 자신의 함선에서 수많은 아웃라이더와 치타우리족을 소환합니다. 타노스의 무
자비한 공격에 맞서 최후의 순간까지 싸우던 스티브는 자신의 뒤로 수많은 포털이 열리
는 모습을 목격합니다.

그는 등 뒤로 포털 하나가 열리는 것을 보았다. 스티브 로저스는
와칸다의 땅에서 폐허가 된 어벤져스 본부 밖의 전장으로 달려나
오는 군대를 바라보았다.

티찰라가 블립에서 돌아와 군대를 이끄는 것을 본 스티브의 기운
이 살아났다. 티찰라의 양옆에 오코예와 슈리가 함께 있었다.

Shuri.

And there was his friend right behind them. Sam Wilson, the Falcon, soaring above the fields of Wakanda, through the portal and into the **fray**.

Turning his head, Steve saw more portals opening all around the battlefield.

One opened to reveal the surface of the planet Titan, through which Doctor Strange appeared. He was wearing the **Cloak** of **Levitation** and hovered in the air above the battlefield. He was joined by Drax and Mantis, who jumped through the portal, ready to fight. Above them, Peter Quill—the so-called "Star-Lord"—flew, landing on the ground next to his **fellow** Guardians of the Galaxy.

And then there was Peter Parker, friendly **neighborhood** Spider-Man, who swung **via** webline right past Quill and landed on a pile of debris.

Captain America could only smile, his heart full. They'd done it. They'd brought everyone back!

그리고 그의 친구가 바로 그들의 뒤에 서 있었다. 샘 윌슨, 일명 팔콘이 와칸다의 땅 위로 솟아올랐고, 포털을 지나 전장을 향해 날아왔다.

스티브가 고개를 돌리자 더 많은 포털이 전장의 사방으로 열리는 것이 보였다.

그중 하나는 타이탄 행성의 표면을 드러냈고, 그곳에서 닥터 스트레인지가 나타났다. 그는 레비테이션 망토를 두른 채 전장 위를 날고 있었다. 그는 드랙스와 멘티스와 함께였고, 그들은 싸울 준비를 하며 포털을 넘어 뛰어 들어왔다. 이들 위로는 '스타 로드'라고 불리는 피터 퀼이 하늘을 날아 동료 가디언즈 오브 갤럭시 옆에 착지했다.

그리고 곧 친절한 이웃 스파이더맨, 피터 파커가 거미줄을 타고 퀼을 지나 잔해 더미 위에 착지했다.

캡틴 아메리카는 그저 벅찬 마음으로 미소를 지었다. 그들이 해냈다. 모두를 되살렸다!

"Yibambe!" T'Challa called out to his fellow Wakandans, preparing them for battle. The Dora Milaje, the elite warriors who served the king and protected all of Wakanda, had gathered by T'Challa's side.

"Yibambe!" they cried in unison.

Again, T'Challa roared. "Yibambe!"

The Wakandans repeated, "Yibambe!"

Steve continued to see new arrivals hitting the battlefield.

He saw Bucky—James Buchanan Barnes, his oldest friend—**accompanying** Groot as they headed into battle. And Wakandan warrior, M'Baku, who had fought beside Steve in the Battle of Wakanda, was there, too.

Another portal opened, revealing the form of Valkyrie riding on her winged **steed**. There were other Asgardian warriors as well, and Korg and even Miek had joined.

Then Steve saw Wanda Maximoff, her hands glowing with energy, as she descended from the sky, coming to rest on the ground below.

"이밤베!" 티찰라가 와칸다 전우들을 향해 외치며 전쟁 태세를 갖추게 했다. 왕을 섬기며 와칸다의 국민을 지키는 정예 전사들, 도라 밀라제가 티찰라의 곁에 모였다.

"이밤베!" 모두가 일제히 외쳤다.

티찰라가 한 번 더 함성을 질렀다. "이밤베!"

와칸다인들이 복창했다. "이밤베!"

스티브는 계속해서 전장에 발을 딛는 새로운 이들을 바라보았다.

그는 버키, 그의 오랜 친구 제임스 뷰캐넌 반즈가 그루트와 함께 전장을 향해 오는 것을 보았다. 그리고 와칸다 전쟁에서 스티브의 옆에서 함께 싸운 와칸다의 전사, 음바쿠 역시 함께 있었다.

또 다른 포털이 열렸고, 그곳에서 발키리가 날개 달린 말을 타고 나타났다. 그곳에는 또 다른 아스가르드 전사들이 있었고, 코그와 믹도 있었다.

그리고 스티브는 완다 맥시모프가 에너지로 빛나는 손을 이용해 하늘에서 내려와 지상에 착지하는 것을 보았다.

More sorcerers emerged from portals, led by Wong. They raised their hands and magical shields formed around them.

Hope Van Dyne suddenly appeared, enlarging from wasp size, as well as what looked like a duck about the size of a kid, dressed in a suit jacket.

❶ A duck. Huh.

* * *

The sudden arrival of the heroes seemed to revive everyone.

Thor held out his hand, and Stormbreaker returned to his side.

❷ Tony had gotten his bearings and sat up, with Friday busy recalibrating his armor for round two. He raised his eyes **skyward** only to see Pepper arriving in her own suit of Iron Man armor. The one he'd been making for her when Morgan had peeked in the **garage**. The face mask retracted, and she smiled at Tony.

웡이 이끄는 더 많은 소서러들이 포털에서 나타났다. 그들은 손을 올려 그들 주변에 마법 방패를 만들었다.

호프 반 다인은 말벌 크기에서 커지며 갑자기 나타났고, 슈트 재킷을 입은 어린아이 크기 정도의 오리처럼 생긴 것도 있었다.

오리말이다.

* * *

영웅들의 갑작스러운 귀환은 모두를 부활시킨 것 같았다.

토르가 손을 들어 올리자 스톰브레이커가 그의 손에 돌아왔다.

토니도 정신을 차린 뒤 일어났고, 프라이데이는 2차전 돌입을 위해 아이언맨 슈트를 재조정하느라 분주했다. 토니가 눈을 하늘 위로 떴을 때 아이언맨 슈트를 입은 페퍼가 도착한 것을 볼 수 있었다. 모건이 차고에서 몰래 훔쳐볼 때 토니가 그녀를 위해 만들고 있던 것이었다. 마스크가 벗겨졌고, 그녀가 토니에게 미소를 지었다.

"Is that everyone?" Doctor Strange asked, turning to Wong.

"What? You wanted more?" Wong joked. He was a funny guy. Not that most people noticed.

Wong looked up and over his shoulder to see an enormous, giant man walking across the battlefield.

Scott Lang had used the Pym Particles to enlarge himself, taller than he had ever done before— even taller than Leipzig, and even bigger than during the Sonny Burch/Ghost **affair** five years ago in San Francisco.

Scott lowered his hand, and Rhodey in War Machine armor jumped off, jets activating as he hovered above the ground. Rocket jumped out of the hand and landed on Rhodey's shoulder. He had his weapon in hand and was **spoiling for** a fight. Scott had made it to them **in time**.

Portals opened in the sky above them, too, as spaceships appeared.

**Ravagers**.

"전부 모인 건가?" 닥터 스트레인지가 몸을 돌려 웡에게 물었다.

"왜? 더 필요해?" 웡이 농담을 했다. 그는 재미있는 사람이었다. 많은 사람들이 이를 모를 뿐이었다.

웡이 어깨 너머로 위를 바라보았고, 전장을 가로질러 걸어오는 엄청나게 거대한 사람을 발견했다.

핌 입자를 이용해 몸을 거대하게 만든 스캇 랭은 그 어느 때보다도 거대했다. 라이프치히* 때보다도, 5년 전 샌프란시스코에서 열린 소니 버치 유령 축제 때보다도 훨씬 더 거대한 모습이었다.

스캇이 손을 아래로 내리자 워머신 슈트를 입은 로디가 뛰어내렸고, 그가 지상 위로 제트를 분사하며 땅 위를 비행했다. 로켓은 스캇의 손에서 뛰어내려 로디의 어깨에 착지했다. 그는 손에 무기를 든 채 싸움을 기다리고 있었다. 스캇이 그들을 늦지 않게 구출한 것이다.

그들 위로 하늘에 포털이 열리더니 우주선들이 나타났다.

라바저스*였다.

---

★ **라이프치히** : 〈시빌 워〉에서 어벤져스 격투가 일어난 독일 라이프치히 공항
★ **라바저스** : 〈가디언즈 오브 갤럭시〉에 나오는 우주 범죄 조직

The portals were still open, and all manner of places and worlds, **terrestrial** and otherwise, were visible beyond.

It was, simply put, **mind-blowing**.

The army was now in place.

Steve looked at everyone and found **renewed** hope. He held out his hand, and Mjolnir came to his side.

"Avengers," he called out. And then, for perhaps the last time, "Assemble!!!"

포털은 여전히 열려있었고 온갖 장소와 세계, 지구상의 생물과 그 외의 것들이 그 너머로 보였다.

이것은 간단히 말하자면 장관이었다.

이제 군대가 각자의 위치에 자리 잡았다.

스티브가 모두를 바라보았고, 새로운 희망을 발견했다. 그가 손을 들어 올리자 묠니르가 그에게 왔다.

"어벤져스." 스티브가 외쳤다. 어쩌면 마지막일지도 모를. "어셈블!!!"

# CHAPTER 41

📖 워크북 p44

*It was chaos* unleashed.

Thor yelled, **venting** his frustration and fury on the army of Thanos.

T'Challa, leading his fellow Wakandans into battle, with Okoye, Shuri, and M'Baku as his trusted **lieutenants**, commanding the Black Panther's forces.

5년 전에 사라졌던 수많은 사람들이 포털 너머에서 하나둘 나타나기 시작합니다. 드디어 타노스와 그의 군대에 맞선 최후의 대격전이 시작되고 우주를 지키기 위해 어벤져스와 연합군들이 전장으로 향합니다.

봉인 해제된 카오스 상태였다.

토르가 포효하며 그의 좌절감과 분노를 타노스의 군대를 향해 분출했다.

티찰라는 와칸다 전우들을 전장으로 이끌며 그가 신뢰하는 보좌관들인 오코예와 슈리 그리고 음바쿠와 함께 블랙 팬서의 군대를 진두지휘했다.

Valkyrie, riding the winds atop her flying steed, taking the Asgardians into the fray.

The armored Pepper and Rhodey, with Rocket on his shoulder, soaring through the sky next to Sam Wilson.

The absolutely **ginormous** Scott Lang, **treading** over the ruins of the Avengers headquarters.

The Ravagers's ships, fighting in the skies.

All were prepared to face their common enemy and take him and his **cohorts** down.

Lifting his Blade, Thanos gave the signal for his army to press the attack.

The opposing sides met on the battlefield. The outcome was far from **certain**, and the fate of the universe **hung in the balance**. Thanos could not be allowed to **regain** the Gauntlet.

Cull Obsidian ran for Steve as the Super-Soldier hurled Mjolnir at his opponent, knocking him in the head.

**Elsewhere**, Thor swung Stormbreaker, striking it against the ground to **generate** lightning. The blasts took

발키리는 하늘을 나는 말을 타고 바람을 가르며 아르가르드인들을 전장으로 인도했다.

슈트를 입은 페퍼와 로디는 그의 어깨 위에 있는 로켓과 함께 샘 윌슨의 옆에서 하늘을 날아오르고 있었다.

어마어마하게 거대한 스캇 랭은 폐허가 된 어벤져스 본부 위를 걷고 있었다.

라바저스의 함선은 하늘 위에서 싸우고 있었다.

모두 공공의 적에 맞서 타노스와 그의 부하들을 무찌를 준비가 되어 있었다.

타노스가 검을 들어 올려 군대에 공격 신호를 보냈다.


양측 군대가 전장에서 충돌했다. 결과는 확신할 수 없었고, 우주의 운명은 앞날을 알 수 없었다. 타노스는 건틀렛을 되찾지 못할지도 모른다.


컬 옵시디언이 스티브에게 달려들었는데, 그 슈퍼 솔져는 뮬니르를 적에게 휘둘러 그의 머리를 가격했다.

또 다른 곳에서는 토르가 스톰브레이커를 휘둘러 땅에 내리꽂으며 번개를 만들었다. 번개 광풍이 치타우리족 전사 여럿을 하늘 높

out several Chitauri fighters, hurling them aloft.

Quill dropped to the ground, weapons **blazing** at their opponents, while Peter Parker fired webs from his web-shooters as he swung above the **combatants**.

Hope **swooped** through the air at **wasp** size, then quickly enlarged, kicking a Chitauri fighter in the **skull**, knocking it down.

Valkyrie encountered one of the Chitauri's dog-like beasts and stopped it in its tracks with her **staff**.

There were so many of them. It seemed as if Thanos had brought an army, and then that army brought an army, and so on.

Even with the **combined forces** of the Avengers, the Wakandans, the Asgardians, the sorcerers, and the Ravagers, Steve wondered if it would be enough.

But he knew it would have to be.

The alternative was **unthinkable**.

In the middle of battle, Steve turned to find himself fighting right next to Thor. He hurled Mjolnir, and watched

이 날려 없애버렸다.

피터 파커가 전투원들 위로 날아다니며 웹슈터에서 거미줄을 쏘는 동안 퀼은 무기를 발사하며 땅에 내려왔다.

호프는 말벌 크기로 공중에서 날아 내려와 금세 커졌고, 치타우리족 전사의 머리를 발로 차 쓰러뜨렸다.

발키리는 치타우리족의 개처럼 생긴 괴물과 마주쳤고, 자신의 창으로 그 괴물의 진로를 막았다.

적이 너무 많았다. 마치 타노스가 군대 하나를 불러오면, 그 군대가 또 다른 군대를 불러오고, 그것이 계속되는 것 같았다.

아무리 어벤져스와 와칸다 군대, 아스가르드 군대, 소서러들 그리고 라바저스와 함께라고 해도 스티브는 과연 이들로 충분할지 의문이 들었다.

하지만 반드시 그래야 한다는 것을 그는 알고 있었다.

다른 대안은 도저히 생각할 수 없었다.

전장 가운데서 스티브는 자신이 토르의 옆에서 싸우고 있다는 것을 알게 되었다. 스티브가 묠니르를 집어던졌고, 묠니르가 치타

as it clipped several Chitauri. At that moment, Thor flung Stormbreaker, and it followed suit. Each warrior extended their hand, waiting for their weapon to return.

Thor soon found Mjolnir in his hand, while Steve held Stormbreaker.

They looked at one another's weapons, doing a double take.

"No, no give me that," Thor demanded, slightly **vexed**. "You have the little one." Although he was just a bit impressed, too. Not that he'd admit it.

**Unabashed**, Steve tossed Stormbreaker over to Thor, who flipped Mjolnir to the star-spangled Avenger.

* * *

Tony was in the thick of it as an Outrider lunged for him. Whirling around, he activated the energy beam on his chest, which sliced right through the creature. Another Outrider took its place, and Tony blasted that one, too.

Others approached as a **distracted** Tony was hit from

우리족 여럿을 명중시키는 것을 보았다. 그때 토르도 스톰브레이커를 휘둘러 그 역시 치타우리들을 명중시켰다. 두 전사는 팔을 뻗어 무기가 돌아오길 기다렸다.

스티브가 스톰브레이커를 쥐었을 때, 토르는 곧 자신의 손에 묠니르가 쥐어져 있는 것을 발견했다.

그들은 서로의 무기를 바라보며 흠칫했다.

"아냐, 아냐, 그거 내놔." 토르가 살짝 짜증을 내며 요구했다. "자넨 작은 거 가져." 그가 살짝 감탄했지만, 그렇다고 그것을 내줄 정도는 아니었다.

스티브가 태연하게 스톰브레이커를 토르에게 던졌고, 토르는 별무늬 장식을 새긴 어벤져에게 묠니르를 던져주었다.

\* \* \*

토니는 아웃라이더가 자신에게 달려들 때 전장의 중심에 있었다. 토니가 허공을 돌며 가슴에서 에너지 빔을 발사해 그 생명체를 그대로 베어 버렸다. 또 다른 아웃라이더가 다시 달려들었고, 토니는 그 아웃라이더 역시 날려버렸다.

시선이 분산된 토니를 컬 옵시디언이 뒤에서 가격하자, 다른 아

behind by Cull Obsidian.

Thrown to the ground, Tony whirled around and fired his repulsors at Obsidian. Undeterred, Obsidian had his weapon in hand and was upon Tony, ready to stab him when his arm was yanked backward by an impossibly thin **strand** of webbing.

Obsidian went flying, then the giant Scott stepped on the Child of Thanos, crushing him.

The next thing Tony knew, Peter Parker was right before him, helping him stand.

"Hey! Holy cow!" Peter exclaimed, bursting with excitement. "You will not believe what's been going on. Do you remember when we were in space? And I got all **dusty**? And I must've passed out, because I woke up, and you were gone. But Doctor Strange was there, right? And he was like, 'It's been five years. Come on, they need us.'" Peter was confused and enthused simultaneously.

Peter started to make circles with his right hand, mimicking the motions of the sorcerers using their sling

웃라이더들이 몰려왔다.

땅에 쓰러진 토니가 몸을 돌려 옵시디언에게 리펄서를 발사했다. 옵시디언이 이에 굴하지 않고 손에 든 무기를 토니의 위로 들어 올려 꽂아 넣으려던 찰나, 말도 안 되게 가느다란 거미줄이 날아와 옵시디언의 팔을 뒤로 휙 잡아당겼다.


옵시디언이 날아갔고, 그 순간 거대한 스캇이 타노스의 자식을 짓밟아 뭉개 버렸다.

어느 틈엔가 토니는 피터 파커가 자신을 일으켜 세우려 바로 앞에서 도와주고 있는 것을 알아차렸다.

"와! 세상에!" 피터가 완전히 흥분한 상태로 외쳤다. "무슨 일이 있었는지 믿지 못하실 거예요. 우리가 우주에 있었던 거 기억나세요? 제가 먼지가 됐잖아요? 전 완전히 정신을 잃고 기절했나 봐요. 왜냐면 제가 다시 깨어났을 때 스타크 씨가 사라졌거든요. 닥터 스트레인지는 거기에 있었고요. 그렇죠? 그리고 그가 '5년이 지났어. 서둘러. 우리가 필요할 거야.'라고 했죠." 피터는 혼란스러운 상태에서 열변을 토했다.

피터는 오른손으로 원을 그리며 소서러들이 슬링 링을 이용해 포털을 여는 모습을 흉내 내기 시작했다.

rings to open portals.

"And then he started doing the yellow **sparkly** thing that he does all the time," Peter went on.

"Oh, he did?" Tony responded, watching Peter with nothing but pure joy. This was what it had all been about. The **endearing, exuberant** boy was alive.

Tony took a step forward.

"What are you doing?" Peter asked.

Tony embraced Peter in a **bear hug** and wouldn't let go. The hug lasted seemingly forever as the battle raged around them.

"Oh," Peter said. "This is nice."

＊ ＊ ＊

Peter Quill was having an amazing day—it was like he couldn't miss a shot. He had been blasting at Chitauri warriors since the moment he stepped through the portal from Titan to Earth, and he was, ❷ as Mantis would say, kicking names and taking ass.

"그러더니 그가 늘 하는 그 노란 빛을 뿜는 걸 하는 거예요." 피터가 계속해서 말을 이어갔다.

"아, 그랬어?" 토니가 대답했고, 오로지 순수한 기쁨만을 느끼며 피터를 바라보았다. 모든 것이 이 순간을 위해서였다. 사랑스럽고 활기 넘치는 소년이 살아 돌아왔다.

토니가 앞으로 한 걸음 다가왔다.

"뭐 하시는 거예요?" 피터가 물었다.

토니는 피터를 놓아주지 않을 듯 꽉 껴안았다. 그 포옹은 그들을 둘러싼 전투가 치열해지는 와중에도 영원히 계속될 것처럼 보였다.

"와." 피터가 말했다. "이거 좋네요."

\* \* \*

피터 퀼은 굉장한 하루를 보내고 있었다. 그날은 백발백중이었다. 그는 타이탄에서 지구로 건너오는 포털을 지난 순간부터 치타우리족 전사들에게 총을 쏘아대고 있었고, 맨티스라면 보여주고 본때리라고 말했을 것이다.

Landing near a building, Quill spun around as a Chitauri warrior lunged for him. He kicked the alien, shooting it while pushing another Chitauri to the ground.

Then a Chitauri caught Quill **off guard**, punching him in the face. Quill fell like a sack of cement, hitting the ground. The Chitauri who punched him raised a sword, preparing to finish the job.

Suddenly, a blast struck the Chitauri, who fell down right on top of Quill.

Tapping the side of his mask, Quill retracted the helmet, and saw who had saved him.

"Gamora?" he said in disbelief.

Lifting himself off the ground, he walked over to her, not comprehending how this could be.

"I thought I lost you," he told her, amazed.

The two stared at one another as Quill reached out to touch Gamora's cheek **tenderly**. Gamora was **expressionless** as she reached for Quill's hand.

한 건물 근처에 착륙한 퀼은 치타우리족 전사가 자신에게 달려들 때 몸을 돌렸다. 퀼은 그 외계 생명체를 발로 차버린 뒤 총을 쏘았고, 동시에 또 다른 치타우리를 땅에 처박았다.

그 순간 한 치타우리가 퀼이 방심한 틈을 타 그대로 그의 얼굴에 주먹을 날렸다. 퀼은 마치 시멘트 포대가 바닥에 떨어지듯 쓰러졌다. 퀼에게 주먹을 날린 치타우리가 검을 들어 올려 끝내버릴 준비를 했다.

그때 갑자기 블라스트 광선이 치타우리를 명중시켰고, 그 치타우리가 그대로 퀼 바로 위에 쓰러졌다.

퀼이 마스크의 옆면을 두드려 헬멧을 벗고는 누가 자신을 구해주었는지 보았다.

"가모라?" 퀼이 믿을 수 없다는 듯 말했다.

그는 바닥에서 몸을 일으켜 그녀에게 다가갔고, 어떻게 이런 일이 벌어질 수 있는지 이해할 수 없었다.

"널 잃은 줄 알았어." 놀란 퀼이 그녀에게 말했다.

둘은 서로를 바라보았고, 퀼이 손을 뻗어 가모라의 뺨을 부드럽게 만지려 했다. 가모라는 무표정하게 퀼의 손으로 자신의 손을 뻗었다.

"Hi," Quill whispered. He was so filled with love and happiness in that moment.

Then Gamora grabbed his wrist, and twisted it.

"Ow," Quill said.

Gamora was still holding his wrist, staring at him. Then she kneed him in the **crotch**.

"Don't touch me!" she ordered, and she proceeded to knee him in the crotch a second time.

Quill was on the ground for a second time, writhing in pain, thinking that it might have been better to face off against the Chitauri again.

"You missed the first time," he said, nursing his pain. "Then you got 'em both the second time."

Nebula walked over to 2014 Gamora, looking down at Quill.

"This is the one?" Gamora asked. "Seriously?"

"Your choices were him or a tree."

Gamora still questioned the choice.

"안녕." 퀼이 속삭였다. 그는 이 순간 사랑과 행복으로 가득 차 있었다.

그 순간 가모라가 퀼의 손목을 잡고 비틀었다.

"아야." 퀼이 말했다.

가모라는 여전히 그의 손목을 잡은 채 그를 바라보았다. 그러고 는 무릎으로 그의 사타구니를 걷어찼다.

"내 몸에 손대지 마!" 가모라가 명령을 했고, 무릎으로 그의 사타 구니를 한 번 더 걷어찼다.

퀼은 두 번째 치명타에 바닥으로 쓰러졌고, 고통에 온몸을 비틀 며 차라리 치타우리에게 얼굴 한 방을 더 맞는 게 낫겠다고 생각했 다.

"첫 방은 빗나갔거든?" 그가 스스로 고통을 달래며 말했다. "근 데 두 번째는 둘 다 명중시켰어."

네뷸라가 2014년의 가모라에게 다가와 퀼을 내려다보았다.


"이 남자라고?" 가모라가 물었다. "진짜야?"

"선택지가 얘 아니면 나무뿐이었어."

가모라는 자신의 결정에 여전히 의문을 품었다.

# CHAPTER 42

📖 워크북 p46

*Clint Barton* decided that he didn't like holding the gauntlet very much.

Ever since he found it in the maintenance tunnel beneath the Avengers headquarters, Thanos's **goons** had been trying to kill him to get it.

The whole thing was getting really **tiring**.

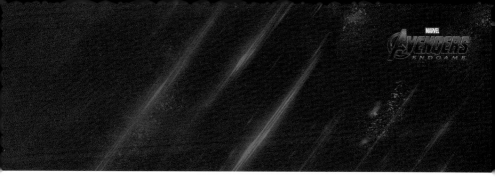

어벤져스 연합군과 타노스의 군대가 격전을 치르는 동안, 스캇과 호프는 행크 핌의 양자 터널을 재가동시키려 노력합니다. 어벤져스는 스톤들을 원래의 시간대로 돌려보내려 하지만 타노스와 그의 수하들이 그들에게 맹공격을 퍼붓습니다.

클린트 바튼은 자신이 건틀렛을 들고 있는 것이 아주 좋지 않다고 판단했다.

그가 어벤져스 본부 아래에 있는 정비 터널에서 건틀렛을 발견한 이후로 타노스의 패거리들이 그것을 가져가기 위해 그를 죽이려 했기 때문이다.

이 모든 것이 점점 지치기 시작했다.

Just when he thought he'd seen it all, some giant dog-like thing came running after him, mouth wide open. Clint turned to see one of the Dora Milaje run for the dog, but the creature simply turned its enormous head, flicking her away.

The creature had Clint's scent, and was, quite literally, **dogging** his every move.

Clint looked up and saw Sam flying above, coming at the dog. He flew right into it, hitting the creature in the chest with the **tips** of his wings.

The dog went right over, falling onto its back. Then Sam pierced the beast's chest with his wing tips and did it again until the **brute** moved no more.

Clint tipped his hand at Sam in thanks and kept running, gauntlet in hand.

"Cap!" he called out. "What do you want me to do with this damn thing?"

Steve was in the middle of a pack of Outriders, taking them out one by one with the help of Mjolnir and Bruce,

볼 장은 다 봤다고 생각하던 바로 그 순간, 웬 거대한 개처럼 생긴 것이 입을 한껏 벌린 채 그를 뒤쫓아왔다. 클린트는 몸을 돌려 한 도라 밀라제가 그 개를 향해 달려드는 것을 보았으나, 그 생명체는 그저 거대한 머리를 돌려 그녀를 팅겨내 버렸다.

그 생명체가 클린트의 냄새를 맡았고, 그것은 말 그대로 개처럼 그의 모든 움직임을 쫓고 있었다.

클린트가 고개를 들자 위에서 날고 있는 샘이 개를 향해 달려드는 것이 보였다. 샘이 그 생명체에게 곧장 날아가 날개 끝으로 가슴을 찔렀다.

그 개가 그대로 뒤로 넘어져 쓰러졌다. 그러자 샘은 그 괴물의 가슴을 두 날개 끝으로 찔렀고, 그 야수가 더는 움직이지 않을 때까지 그것을 반복했다.

클린트가 감사의 표시로 샘에게 손짓을 한 뒤 건틀렛을 들고 계속 달렸다.

"캡!" 그가 외쳤다. "이 망할 걸 갖고 뭐 어쩌란 거야?"

스티브는 아웃라이더 무리의 중심에서 폴니르와 브루스의 도움으로 그들을 하나하나 처치하고 있었는데, 브루스는 건틀렛을 사용

who had recovered enough from using the gauntlet earlier to smash some stuff and not feel embarrassed about it.

"Get those Stones as far away as possible!" Steve yelled.

"No!" Bruce **contradicted** him. "We need to get 'em back where they came from!" He'd made a promise he intended to keep.

"No way to get 'em back," Tony interrupted their debate over the comms. "Thanos destroyed the Quantum Tunnel."

Listening in on the conversation, Scott activated the controls on his glove and suddenly shrank back to his normal size, a bit tired from the exertion, but still ready to fight. He reached his hand into a pocket and pulled out a **key fob** with a tiny, toy car-size van on it.

"Hold on!" Scott told them. "That wasn't our only time machine!"

Scott set the keychain down and hit it with some Pym Particles.

한 여파에서 충분히 회복해 뭔가를 박살 낼 수 있을 정도였고, 이제는 그것을 부끄러워하지 않았다.

"스톤들 가지고 최대한 멀리 가!" 스티브가 소리쳤다.

"안 돼!" 브루스가 그 말에 반박했다. "스톤들을 원래 있던 곳에 돌려놔야 해!" 그는 스톤을 지켜내겠다고 약속을 했었다.

"다시 돌려보낼 방법이 없어." 토니가 콤스를 통해 그들의 논쟁에 끼어들었다. "타노스가 양자 터널을 박살 냈어."

그 대화를 듣고 있던 스캇이 장갑에 있는 제어 장치를 작동시켜 순식간에 본래의 크기로 돌아왔는데, 싸움에 약간 지쳤지만 여전히 싸울 준비는 된 상태였다. 그가 주머니에 손을 넣어 아주 작은 장난감 자동차 크기의 밴이 달린 전자 열쇠를 꺼내 들었다.

"잠깐!" 스캇이 그들에게 말했다. "타임머신이 그것만 있는 건 아니야!"

스캇이 열쇠고리를 내리더니 핌 입자로 열쇠를 쳤다.

The familiar full-size honk of Hank's van filled the battlefield.

Steve raced up a pile of debris, searching. "Anyone see an ugly brown van out there?"

From her **heightened** vantage point, Valkyrie **radioed**, "Yes …"

She had a clean view of Hank's van, except it was stranded right **smack** in the middle of territory occupied by Thanos's army.

"… but you're not gonna like where it's parked!" she warned him.

"Scott, how long you need to get that thing working?" Tony asked. The sooner they got the Stones away from Thanos, the better.

Scott wasn't sure and started to run some calculations. He startled when he saw Hope enlarge right next to him. She smiled at him, and he smiled back. Together again.

"Uh, maybe ten minutes?" Scott guessed.

행크의 밴에서 친숙하고도 웅장한 경적 소리가 전장을 채웠다.


스티브가 잔해 더미 위로 달려 올라가서 찾기 시작했다. "누구 고물 갈색 밴 보이는 사람?"

하늘 높이 시야가 좋은 곳에서 발키리가 무전을 보냈다. "보여…."

그녀는 행크의 밴이 뚜렷이 보였다. 하지만 문제는 타노스의 군대가 점거한 지역 한가운데에 밴이 불시착해 있었다.


"…근데 그게 어디 주차되어 있는지 알면 좋아하지 않을걸!" 그녀가 그에게 경고했다.

"스캇, 그거 작동시키려면 얼마나 걸려?" 토니가 물었다. 스톤을 타노스에게서 더 빨리 떨어뜨려 놓을수록 상황은 더 좋아질 것이다.

스캇은 확신할 수 없었기에 계산을 하기 시작했다. 그는 호프가 자신의 바로 옆에 커지자 깜짝 놀랐다. 그녀가 그에게 미소를 지었고 그도 미소를 지었다. 다시 함께하게 되었다.

"음, 한 10분?" 스캇이 짐작했다.

"Get it started," Steve directed over the comms. "We'll get the Stones to you."

"We're on it, Cap," Hope answered, grinning with enthusiasm.

Scott looked right at her, raising an eyebrow as if to say, "You **made fun of** ME when I called him 'Cap.'" Which is, of course, why she'd said it.

Activating their helmets, Scott and Hope shrunk from sight as Hope grabbed Scott's hand, flying both of them toward the van.

\* \* \*

Doctor Strange had cornered a group of Outriders. Hovering above them via his Cloak of Levitation, he summoned glowing tendrils that encircled the Outriders, lifting them into the air. Then with a gesture, he caused the tendrils to push downward, **enveloping** the Outriders in earth as the sorcerer touched down on the ground.

"시작해." 스티브가 콤스를 통해 지시를 내렸다. "자네에게 스톤 갖다줄 테니까."

"준비됐어요, 캡." 호프가 열의에 차 웃으며 대답했다.


스캇이 바로 호프를 쳐다보았고, 마치 "내가 그를 '캡'이라고 불렀을 땐 놀렸잖아."라고 말하는 것처럼 눈썹을 치켜세웠다. 그녀는 당연히 놀리려고 그렇게 말한 것이었다.

두 사람의 헬멧이 작동하였고, 호프가 스캇의 손을 잡자 두 사람의 모습이 눈앞에서 작아지더니 이윽고 밴을 향해 날아가기 시작했다.


* * *

닥터 스트레인지는 아웃라이더 한 무리를 구석으로 몰아넣었다. 그는 레비테이션 망토의 힘으로 그들의 위를 떠돌았고, 빛나는 덩굴손을 소환해 그들의 몸을 휘감고는 공중으로 들어 올렸다. 그러고는 손짓으로 덩굴손을 아래로 밀어내려 아웃라이더들을 흙으로 뒤덮으며 그 소서러도 지상에 발을 디뎠다.

Tony landed right next to him, and his helmet retracted. He took a step closer to Strange, watching as the sorcerer moved his hands through the air, creating a series of magic symbols.

"Hey. You said one out of fourteen million we win, yeah?" Tony asked him, not sure if he was going to like the answer. "Tell me this is it."

"If I tell you what happens, it won't happen," Strange gave his non-response, unable to reassure Tony.

"You better be right," Tony hoped for the sake of everything he cared about that Strange had seen true.

\* \* \*

Hope got them to the van **in no time**, and at their small size, they had no problem entering right through the hole in the **rear** windshield.

Inside the van, Hope and Scott flew through the deactivated Quantum Tunnel and into the front seats, where they enlarged to normal size.

토니가 바로 그 옆에 착지한 뒤 헬멧을 벗었다. 그는 스트레인지에게 한 걸음 다가가, 그 소서러가 두 손을 허공에서 움직여 일련의 마법 문양을 만드는 모습을 지켜보았다.

"이봐. 1,400만 분의 1로 우리가 이긴다 했지?" 토니가 다음에 듣게 될 대답을 좋아하게 될지 확신하지 못한 채 그에게 물었다. "지금이 그 순간이라고 해 줘."

"다음에 일어날 일을 알려주면 그 일은 일어나지 않아." 스트레인지가 대답을 하지 않았기에 토니를 안심시킬 수는 없었다.

"당신 말이 맞아야 할 거야." 토니는 자신이 소중히 여기는 모든 것들을 위해서라도 스트레인지가 본 미래가 맞기를 바랐다.

\* \* \*

호프와 스캇이 순식간에 밴에 도착했고, 작아진 모습으로 어려움 없이 후방 유리창에 난 구멍으로 진입했다.

밴 내부에서 호프와 스캇은 작동이 중지된 양자 터널을 지나 앞 좌석으로 날아갔고, 원래의 크기로 되돌아왔다.

Now sitting, they retracted their helmets, looking at each other. Leaning behind Scott, Hope surveyed the condition of the Quantum Tunnel.

"It's a mess back here," she determined, and Scott didn't **disagree**.

He reached for the controls of the Quantum Tunnel, flipping a series of switches.

Two things happened.

Nothing.

And nothing.

So, one thing, really.

"It's, it's **dead**," Scott said, frustrated.

Hope looked at the controls and then saw Scott reach for the visor up above his seat.

"What?" Hope wondered what he was thinking.

Scott yanked some cables from behind the visor. If there was one thing he was good at …

"It's dead. I have to **hot wire** it." And that he could do.

그들은 이제 좌석에 앉아 헬멧을 벗으며 서로를 바라보았다. 호프가 스캇의 뒤로 몸을 젖혀 양자 터널의 상태를 살펴보았다.

"이 뒤는 엉망이야." 호프가 판단했고, 스캇도 부정하지 않았다.

그가 양자 터널의 제어 장치로 손을 뻗어 일련의 스위치를 눌렀다.

두 가지 일이 일어났다.

아무 일도 일어나지 않았다.

그리고 아무 일도 일어나지 않았다.

그러니 사실은 한 가지 일이다.

"이거, 이거 작동이 안 돼." 스캇이 좌절하며 말했다.

호프가 제어 장치를 바라보았고, 곧바로 스캇이 좌석 위에 달린 자동차의 선바이저에 손을 뻗는 것을 보았다.

"뭐 하는 거야?" 호프는 그가 무슨 생각을 하는 건지 궁금했다.

스캇이 선바이저 뒤로 보이는 전선들을 잡아당겼다. 그가 잘하는 게 한 가지 있다면….

"작동을 안 해. 전선으로 시동 걸어야겠어." 그는 그것을 잘했다.

*　*　*

While his army faced the Avengers, Thanos **stormed** the battlefield, even more angry than before. This **petty skirmish** with the Avengers was **draining** him of resources and most important, time, two things which Thanos did not wish to **expend**.

The 2014 Nebula should have been back by now with the gauntlet.

"Where's Nebula?" Thanos **grumbled**.

"She's not responding," said Corvus Glaive, trying to reach her.

Then Thanos heard Ebony Maw call out, "Sire!"

Thanos turned his head and saw Maw pointing at the battlefield. There was a man with close-cropped hair holding onto a gauntlet.

Not A gauntlet.

THE Gauntlet.

Thanos turned his attention to Clint, catching the archer's notice. Two Chitauri tried to cut him off, but

✳ ✳ ✳

타노스는 자신의 군대가 어벤져스를 상대하는 동안, 이전보다 훨씬 더 격앙된 모습으로 전장에 달려들었다. 어벤져스와 벌이는 이 사소한 싸움은 타노스의 자원을 고갈시키고 있었고, 그 무엇보다도 시간을 허비시켰다. 이 두 가지는 타노스가 더는 낭비하고 싶지 않은 것들이었다.

2014년의 네뷸라가 지금쯤 건틀렛을 갖고 돌아왔어야 했다.

"네뷸라는 어디 있나?" 타노스가 불만스럽게 물었다.

"대답이 없습니다." 콜버스 글레이브가 그녀와 통신하기 위해 시도하며 말했다.

그때 타노스는 에보니 모가 외치는 소리를 들었다. "전하!"

타노스가 고개를 돌려 전장을 가리키는 모를 보았다. 그곳에는 머리를 바짝 짧게 자른 한 남자가 건틀렛을 쥐고 있었다.

그냥 건틀렛이 아니었다.

인피니티 건틀렛이었다.

타노스가 클린트에게 시선을 돌렸고, 그 궁수가 눈에 들어왔다. 두 치타우리가 클린트를 추격하기 시작했으나, 클린트가 검을 휘둘

he swung his sword, slicing both. Another alien tried to take him down, and Clint ducked the punch and cut the Chitauri's leg with his sword. He saw another wave of Chitauri coming after him, and he **sheathed** his sword, grabbed his bow, and launched a volley of arrows.

The arrows found their mark, taking out the Chitauri chasing him.

But his heart sank when he saw more of those **vicious** dog-like animals and weird creatures from the tunnels coming after him. In fact, they were nearly on top of him when a **concussive** blast cleared a **radius** around Clint.

T'Challa dropped down, and shouted, "Clint! Give it to me!"

*With pleasure,* Clint wanted to yell as he hurled the gauntlet to Black Panther. Suddenly, the dog-creatures and the Outriders lost interest in Clint and stormed after T'Challa.

Kicking a Chitauri warrior in the head, T'Challa leaped from a hill of debris. The Chitauri blasted T'Challa,

러 그들 모두를 베어버렸다. 또 다른 외계인이 그를 제압하려고 했지만, 클린트가 주먹을 피한 뒤 그 치타우리의 다리 하나를 칼로 잘라버렸다. 또 다른 치타우리 무리가 자신을 쫓고 있는 것을 발견한 그는 칼집에 칼을 집어넣고 활을 꺼내 들어 화살 세례를 퍼부었다.

화살은 목표물을 찾아내 그를 쫓는 치타우리들을 제거했다.

하지만 클린트는 포악한 개처럼 생긴 더 많은 짐승들과 터널에서 본 이상한 생명체들이 자신을 쫓아오는 것을 보고 가슴이 철렁 내려 앉았다. 실제로 이 괴물들이 클린트를 거의 따라잡기 직전에 격동적인 돌풍이 클린트의 주변을 휩쓸었다.

티찰라가 아래로 내려와서 외쳤다. "클린트! 그걸 나한테 던져!"

좋고말고. 클린트는 블랙 팬서에게 건틀렛을 주며 이 말을 외치고 싶었다. 갑자기 개 같은 생명체들과 아웃라이더들이 클린트에게서 시선을 돌려 티찰라를 향해 내달렸다.

티찰라가 치타우리족 전사의 머리를 발로 차며 잔해가 쌓인 언덕에서 뛰어내렸다. 치타우리는 티찰라에게 사격을 가했으나, 그의

but his suit just absorbed the **kinetic energy** from the blasts.

He was running through a **circuit** of Chitauri, all of who were trying to blast him. Not trying—they were hitting him almost every time. But it's exactly what T'Challa wanted.

The gauntlet was still his as T'Challa took more blasts from the Chitauri. He leaped into the air kicking his legs off the chest of a Chitauri warrior, taking even more hits. Running through the battlefield, he hurtled over several Outriders and landed on the ground, surrounded by the enemy.

That's when T'Challa punched the ground, releasing all the kinetic energy his suit had absorbed over the last few minutes.

All around him, the enemy went down.

T'Challa was on his feet running as he encountered the business end of Thanos's blade, catching him off guard. He lost his grip on the gauntlet and was thrown to the

슈트가 그 발포로 생긴 운동 에너지를 흡수했다.

티찰라가 치타우리족의 포위망을 통과해 달려가자, 모든 치타우리가 그에게 사격을 하려 했다. 하려 한 것이 아니라 거의 매 순간 그를 맞히고 있었다. 그러나 그것이 바로 티찰라가 원하던 것이었다.

티찰라가 치타우리 무리로부터 총탄을 견디는 동안 건틀렛은 아직 그의 품에 있었다. 티찰라는 공중으로 뛰어올라 한 치타우리 전사의 가슴을 걷어찼고, 그러면서 더 많은 총탄을 맞게 되었다. 그가 전장을 가로질러 달렸고, 몇몇 아웃라이더 위를 뛰어넘어 착지하자 적군들에 둘러싸였다.

그 순간 티찰라가 주먹을 땅에 내리쳐 지난 몇 분간 슈트가 흡수한 모든 운동 에너지를 방출시켰다.

그를 둘러싼 적군들이 모두 쓰러졌다.

티찰라가 일어서서 다시 내달리려고 하는 순간, 무방비 상태로 타노스의 칼날에 부딪치고 말았다. 그가 건틀렛을 놓쳤고 바닥으로 나가떨어졌다.

ground.

Standing up, T'Challa sprinted aside as he watched Thanos stand with his blade, ready to strike.

But the king was surprised and pleased to see the figure of Wanda Maximoff descending from the sky, dropping down right in between him and Thanos. Her body glowed with red energy, a crimson-like fire. Even her hands glowed, pulsing with power.

Thanos took a step forward, then stopped in his tracks, staring at Wanda. He was unsure of this new threat.

She looked at Thanos, filled with the kind of fury that makes a person seem calm.

"You took everything from me," she said, stating her truth.

Thanos walked closer.

"I don't even know who you are," he replied. This was the 2014 Thanos, after all—not the one from Wanda's present, the one who had murdered Vision when he tore the Soul Stone from his skull.

일어서려던 티찰라는 타노스가 내려칠 준비를 한 채 검을 들고 서 있는 것을 보고 옆으로 전력 질주했다.

하지만 그 왕은 하늘에서 자신과 타노스의 사이로 내려오는 완다 맥시모프의 모습을 바라보곤 놀람과 동시에 기뻤다. 그녀의 몸은 불같은 선홍빛의 붉은 에너지로 빛나고 있었다. 심지어 그녀의 손마저 빛나고 있었고, 힘이 요동쳤다.

타노스가 한 발짝 다가서다 발걸음을 멈추며 완다를 바라보았다. 그는 이 새로운 위협의 정체를 알 수 없었다.

그녀도 타노스를 바라보았고, 그녀는 사람을 차분하게 보이게 만들 정도의 분노로 가득 차 있었다.

"넌 내게서 모든 걸 빼앗았어." 완다가 진실을 말했다.

타노스가 더 가까이 걸어왔다.

"나는 네가 누군지도 모른다." 그가 답했다. 그는 2014년의 타노스였기에 결국 완다의 현재에서 온 — 비전의 두개골에서 소울 스톤을 뜯어내어 죽인 — 타노스는 아니었다.

Wanda waved her hands to her sides in swirling, circular motions, and the debris all around her **obeyed** her **whims**. She hovered above the ground, glaring at Thanos.

"You will," she promised.

His limited patience tested, Thanos ran for Wanda. He didn't get far before Wanda hurled a mound of debris at Thanos, **incapacitating** him. She then proceeded to launch bursts of ethereal, red energy at the Mad Titan.

Thanos tried to reach his blade, but dropped it, protecting himself from Wanda's **onslaught**. Trying once more, he succeeded, and used the blade to **deflect** Wanda's next attack.

Rising to his feet, he closed in on Wanda.

T'Challa was ready to grab the gauntlet once more when he saw it rise into the air, as if controlled by some unseen force.

His eyes **darted** around the battlefield until he saw Ebony Maw hovering in midair, moving his hands in such a way as to control the movements of the gauntlet.

완다가 두 손을 양옆으로 움직여 원을 그리며 휘젓자, 주변의 잔해들이 그녀의 생각대로 움직이기 시작했다. 그녀가 땅 위로 떠오르며 타노스를 바라보았다.

"곧 알게 될 거야." 완다가 단언했다.

타노스는 얼마 안 되는 인내심이 시험에 들자 완다에게 달려갔다. 완다가 거대한 잔해 더미를 타노스에게 내던져 힘을 못 쓰게 만들자 그가 멀리 가지 못했다. 그녀는 그 후 붉은 영적 에너지 광선을 미친 타이탄에게 발사하며 다가갔다.

타노스가 완다의 공격을 막으며 검을 향해 손을 뻗었으나 떨어뜨리고 말았다. 그는 한 번 더 팔을 뻗어 검을 잡는 데 성공했고, 그 검을 이용해 완다의 이어지는 공격을 피했다.

타노스가 일어서 완다에게 가까이 다가갔다.

티찰라가 한 번 더 건틀렛을 잡으려 할 때, 마치 보이지 않는 힘에 의해 조종당하듯 건틀렛이 공중에 떠오르는 것을 발견했다.

그의 눈이 전장을 훑었고, 공중에 떠 있는 에보니 모가 건틀렛의 움직임을 조종하려는 듯 손을 움직이는 것을 보았다.

Without hesitation, T'Challa leaped into the air, snatching the gauntlet as Maw lifted it away from the ground.

Then debris started to wrap itself around T'Challa.

Debris controlled by Ebony Maw.

T'Challa yelled as Maw closed his fist, tightening the wreckage around his body. The debris that had **trapped** T'Challa now moved him, along with the gauntlet, closer to Maw.

Standing atop a pile of floating rubble, Maw looked at T'Challa with disgust.

"I got it!" shouted an eager voice.

Maw looked up to see Peter Parker swoop in via webbing. T'Challa tossed the gauntlet into the air, and Peter spun a web, **snagging** it.

Yanking on the strand of webbing, Peter pulled the gauntlet into his hands. Letting go of the webbing, Peter landed on the back of an Outrider and wrinkled his brow as Outriders from all directions closed in.

티찰라는 한 치의 망설임 없이 공중으로 뛰어올라 에보니 모가 가져가려던 건틀렛을 낚아챘다.

그러자 파편이 티찰라의 몸을 감싸기 시작했다.

파편들은 에보니 모에 의해 조종되고 있었다.

모가 주먹을 쥐자 티찰라의 몸을 감싸고 있던 파편들이 더욱 조여들었고, 그가 소리를 질렀다. 티찰라를 가둔 파편들은 이제 건틀렛과 함께 그를 움직여 모에게 더 가까이 다가가게 했다.


공중에 떠 있는 돌무더기 위에 선 모가 경멸스러운 표정으로 티찰라를 바라보았다.

"저한테 맡겨요!" 열정적인 목소리가 외쳤다.

모가 고개를 들자 거미줄을 타고 내려오는 피터 파커가 보였다. 티찰라는 허공으로 건틀렛을 던졌고, 피터가 거미줄을 쏴서 건틀렛을 낚아챘다.

피터가 거미줄을 잡아당겨 건틀렛을 자신의 손으로 끌어당겼다. 피터는 손에서 거미줄을 놓은 뒤 아웃라이더의 등에 올라탔고, 사방에서 아웃라이더들이 달려들자 눈살을 찌푸렸다.

"Activate **Instant** Kill," he said to the suit's AI. If there was ever a time for it … it was now. And it would help save more than just his friends.

In an instant, the glow from the eyes of Peter's mask turned red, and mechanical arms—waldoes—extended from the back of his Spider-Man suit.

The Outriders were coming from everywhere, out for blood. Chitauri had joined the **party** as well. But they couldn't get close to Peter. With the Instant Kill Protocol activated, the waldoes on Spider-Man's suit did the work, throwing the aliens around the battlefield, not allowing even one to get close to Peter.

\* \* \*

Thanos swung his double blade at Wanda, but it was an empty gesture. She merely lifted a hand to block it.

Red energy swirled around her as she held the blade back with her strange powers.

"즉살 모드 작동." 그가 슈트에 있는 인공지능에게 말했다. 이 모드를 작동시켜야 할 순간이 단 한 번이라면… 바로 지금일 것이다. 그리고 이것이 그의 동료들뿐 아니라 더 많은 것을 지켜낼 수 있게 도와줄 것이다. 순식간에 피터의 마스크 위에 있던 두 눈의 불빛이 붉은색으로 바뀌었고, 기계팔, 일명 '왈도'가 스파이더맨 슈트의 등에서 뻗어 나왔다.

아웃라이더들이 사방에서 피를 갈망하며 달려들었다. 치타우리 족까지 이 무리에 합류했다. 하지만 그들 모두 피터에게 가까이 다가갈 수 없었다. 즉살 프로토콜이 작동된 상태에서 스파이더맨 슈트의 왈도들은 전장의 외계 생명체들을 집어던져 피터에게 가까이 접근하는 것을 막으며 그 역할을 충실히 수행해 냈다.

* * *

타노스가 그의 양날검을 완다에게 휘둘렀지만, 부질없는 몸짓이었다. 그녀가 간단히 한 손을 들어 올려 검을 막았다.

그녀의 기이한 힘으로 검을 저지하던 그 순간, 붉은 에너지가 완다의 몸을 감싸기 시작했다.

Increasingly frustrated, Thanos pushed the blade toward Wanda with both hands, knocking her down.

As Wanda hit the ground, Thanos pressed the attack, trying to push the blade into her.

Still, the power within her was building, and she pushed the blade away using only one hand. With the other, she hit Thanos with an energy blast full on. Thanos staggered back and lost his grip on the blade. It landed on a pile of rubble. One of the blades was broken from Wanda's attack.

Then Wanda held out her hand, and red energy swirled around Thanos's body.

He was soon **levitating** above the ground, held in place by Wanda's powers. She flicked her right hand to the side, and Thanos's right arm followed suit. Moving her fingers slightly, she caused Thanos's armor to **peel** from his body. Another movement, and more armor was lost.

Thanos was like a caged animal. He **bellowed**, "Rain fire!"

타노스는 점점 더 좌절했고, 그가 두 손을 사용해 완다에게 칼날을 밀며 그녀를 쓰러뜨리려 했다.

완다가 넘어지자 타노스가 더욱 강력하게 공격을 했고, 그녀에게 검을 밀어붙였다.

여전히 그녀 안의 힘은 커지고 있었고, 그녀는 오로지 한 손만을 사용해 검을 밀쳐냈다. 다른 한 손으로는 충만한 에너지 블라스트를 이용해 타노스를 공격했다. 타노스가 뒤로 휘청거리더니 손에 쥔 검을 놓쳐버리고 말았다. 검이 잔해 더미 위로 떨어졌다. 한쪽 날이 완다의 공격에 부러져 버렸다.

그리고 완다가 손을 내밀자, 붉은 에너지가 타노스의 몸을 감싸기 시작했다.

타노스가 이내 땅 위로 떠올랐고, 완다의 힘에 의해 꼼짝도 할 수 없게 되었다. 완다가 오른손을 옆으로 튕기자, 타노스의 오른팔이 똑같이 뻗어졌다. 완다가 손가락들을 살짝 움직이자, 타노스의 갑옷이 벗겨지기 시작했다. 한 번 더 움직이자 더 많은 갑옷이 벗겨져 나갔다.

타노스는 마치 우리에 갇힌 짐승 같았다. 그가 외쳤다. "무차별 폭격!"

Corvus Glaive **whipped** his head around in disbelief. "But sire," he protested. "Our **troops!**"

As Wanda peeled away more of Thanos's armor, making him more vulnerable by the moment, the **imprisoned** Titan screamed, "Just do it!"

콜버스 글레이브가 믿을 수 없다는 듯 고개를 휙 하고 돌렸다. "하지만 전하." 콜버스가 반박했다. "우리 군사들이!"

완다가 타노스의 갑옷을 더 벗겨내 타노스를 더욱 약하게 만들자 갇혀 있는 타이탄이 소리쳤다. "당장 실시해!"

# CHAPTER 43

📖 워크북 p49

*The missile **launchers*** on the **underbelly** of the *Sanctuary II* came to life with **catastrophic** results.

**In concert**, **dozens of** missiles were **launched** toward the ground, **haphazardly**, **indiscriminately**. The missiles hit everything and everyone, not **distinguishing** friend from foe.

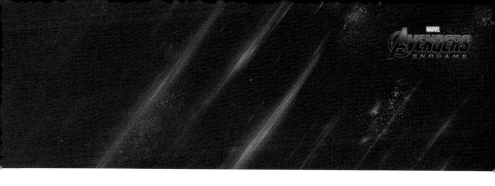

타노스의 명령으로 생츄어리 2호에 탑재된 수많은 미사일이 지상에 발사됩니다. 타노스의 군대와 격전을 치르던 어벤져스는 무차별한 미사일 공격에 속수무책으로 당할 위기에 처합니다.

생츄어리 2호의 아랫부분에 위치한 미사일 발사 장치들이 재앙 같은 결과를 가져올 것임에도 불구하고 가동을 시작했다.

일제히 수십 개의 미사일이 지상으로 무차별하게, 무분별하게 발사되었다. 미사일은 지상에 존재하는 모든 것과 모든 이들, 아군과 적군을 가리지 않고 공격했다.

It was **scorched** earth.

While Wakandans fought Outriders, the missiles killed both.

Asgardians and Chitauri **perished**.

Dust and smoke filled the air, and the **stench** of death hung over the battlefield.

Wanda raised her hands, creating a force field of red energy to protect herself. A nearby missile strike flung her into the air regardless.

The missiles had even struck some of the Chitauri Leviathans that floated in the sky, and they screamed in pain, an unholy sound that pierced the ears of the combatants.

Hitting his wrists together, Wong formed a magical shield above his head, and the other sorcerers with him followed his lead. Soon, force fields were appearing across the battlefield, protecting the assembled Avengers team from *Sanctuary II's* **lethal assault**.

대지는 새까맣게 타버렸다.

와칸다인들이 아웃라이더들과 싸우고 있을 때, 미사일이 양쪽 모두를 죽였다.

아스가르드인들과 치타우리들이 죽었다.

먼지와 연기가 대기에 가득했고, 죽음의 악취가 전장에 짙게 깔렸다.

완다가 손을 들어 올려 스스로를 보호할 붉은 에너지의 역장을 만들었다. 그 노력에도 불구하고 그 근처에 미사일 폭격이 일어나 그녀가 허공으로 날아가 버렸다.

미사일은 심지어 하늘에 떠다니던 치타우리족의 리바이어던들까지 공격했고, 그들이 고통의 괴성을 질러 그 끔찍한 소리가 전투병들의 귀를 찔렀다.


윙이 두 손목을 부딪쳐 머리 위로 마법의 방패를 만들어 내자, 다른 소서러들도 그가 이끄는 대로 따라 했다. 곧이어 전장에 수많은 역장들이 생겼고, 한데 모인 어벤져스를 생츄어리 2호의 치명적인 습격에서 보호해 주었다.

Then a Chitauri Leviathan collided with the ground, dead. Killed, by the order of Thanos.

Thanos was prepared to kill everything and anyone— friend and foe alike—in order to get his hands on the gauntlet.

Nothing would **deter** him from his new purpose, the **elimination** of all current life in the universe.

\* \* \*

Pepper hovered above the lake as she watched a missile strike the **dam** that held the lake away from the battlefield. The explosion laid waste to the dam, and water rushed toward the combatants.

"Uh, is anyone else seeing this?" Pepper asked over her comms. She wasn't sure how to stop a flood on her own.

Nearby, Doctor Strange saw the flow of water and raised his hands. Bands of magical energy formed around his wrists, and he directed the energy toward the **oncoming** wall of water. Whipping his hands around in a

그 순간 치타우리족의 리바이어던이 죽은 채 땅에 떨어졌다. 아니, 살해된 것이다. 타노스의 명령에 의해 말이다.

타노스는 건틀렛을 손에 넣을 수만 있다면 어떤 것이든, 아군과 적군 그 누구든 죽일 준비가 되어 있었다.

우주에 현존하는 모든 생명체를 제거하겠다는 그의 새로운 목표를 막을 수 있는 것은 아무것도 없었다.

\* \* \*

페퍼가 호수 위를 날고 있을 때, 미사일 하나가 전장에서 멀리 떨어진 호수를 막고 있는 댐을 강타하는 것을 보았다. 폭발이 댐을 초토화시켰고, 물이 전투병들에게 급습했다.

"저기, 누구 이거 보고 있는 사람 있어?"페퍼가 콤스를 통해 물었다. 그녀는 이 홍수를 혼자 어떻게 막아야 할지 알 수 없었다.

그 근처에서 닥터 스트레인지가 물이 넘치는 것을 보고 손을 들어 올렸다. 그의 손목에서 마법의 에너지가 밴드 모양으로 형성되었고, 그가 덮쳐오는 물의 장벽 쪽으로 에너지의 방향을 바꿨다. 그는 손을 나선 모양으로 휘저어 물을 공중에 흐르게 만들었고, 허공

**spiral**, he made the water flow into the air, **imitating** the spiral of his hands until it formed a huge **waterspout** that danced in the air. For now, the water wouldn't be a factor in the outcome of the battle.

* * *

"I got this!" Peter Parker said, as the waldoes on his spider-suit attacked the Outriders. "I got this. Okay, I don't got this," he quickly realized.

There were just too many of them, and his suit wasn't up to the task of **keeping** them all **at bay**. Sooner or later, the Outriders were going to get through. It was just math.

Peter suddenly hated the fact that he was really, really good at math.

"Help, somebody help!" Peter shouted over the comms for backup.

Suddenly, a familiar voice popped up in his ears. "Hey, Queens, heads up!"

에서 춤추는 거대한 물기둥이 될 때까지 그의 손을 나선 모양처럼 만들었다. 당분간은 홍수가 전투의 결과에 영향을 주는 요소가 되진 않을 것이다.

*　*　*

"할 수 있어!" 피터 파커가 말했고, 스파이더맨 슈트의 등에 달린 활도 장치들이 아웃라이더들을 공격했다. "할 수 있어. 아냐, 난 못해." 피터가 빠르게 깨달았다.

적군이 너무 많았고, 그의 슈트도 그들 모두를 막아내는 일을 감당할 수는 없었다. 머지않아 아웃라이더들이 파고들 것이다. 쉬운 계산이었다.

피터는 그 순간 자신이 정말로, 정말로 계산을 잘한다는 사실이 너무도 싫었다.

"도와줘요. 누가 좀 도와줘요!" 피터가 지원 요청을 하기 위해 콤스에 외쳤다.

갑자기 익숙한 목소리가 피터의 귀에 들어왔다. "어이, 퀸즈, 조심해!"

Steve hurled Mjolnir, and it flew across the battlefield toward Peter. Seeing the hammer on its way, Peter raised a hand, and snagged it with a strand of webbing. The hammer then pulled Peter right out of his **predicament** with the Outriders and into the air.

However, a missile that sliced right through Peter's webbing cut his ride with Mjolnir short. Peter fell to the ground and dropped the gauntlet.

Then a mechanical arm lashed out, catching the gauntlet.

Peter gasped in relief.

Pepper flew over and grabbed Peter's arm.

"Hang on," she said over the comms. "I got you, kid." She knew what he meant to Tony and would do what she had to in order to get him out of harm's way.

They flew for a moment and then Pepper flung him through the air.

He soared right past Valkyrie and her steed, catching the warrior's hand as she pulled him to safety.

스티브가 묠니르를 던졌고, 묠니르가 피터를 향해 전장을 가로질러 날아왔다. 피터는 망치가 자신에게 날아오는 것을 보곤 손을 들어 올려 거미줄을 쏘아 망치를 잡아챘다. 망치는 아웃라이더들에게 둘러싸인 피터를 곤경에서 빼내 공중으로 날려 보냈다.

하지만 미사일 하나가 묠니르와 이어져 있던 피터의 거미줄을 곧바로 끊어버렸다. 피터가 땅에 떨어졌고 건틀렛을 떨어뜨렸다.

그러자 기계팔 하나가 쭉 뻗어 나와 건틀렛을 잡았다.

피터가 안도하며 한숨을 내쉬었다.

페퍼가 날아와 피터의 팔을 잡았다.

"기다려." 페퍼가 콤스를 통해 말했다. "내가 도와줄게, 꼬맹아." 페퍼는 피터가 토니에게 얼마나 큰 의미인지 알고 있었기에, 그가 난감한 상황에서 빠져나올 수 있게 그녀가 해야 하는 일을 하려 했다.

두 사람이 잠시 날았고, 곧바로 페퍼가 피터를 공중으로 집어 던졌다.

피터가 발키리와 그녀의 말을 지나 위로 날아올랐고, 그 전사의 손을 붙잡자 그녀가 피터를 끌어당겨 안전하게 태웠다.

The three flew through the sky, **dodging** missiles.

Even with the utter chaos around them, Peter managed to say, "Hey! Nice to meet you." His aunt would be on him if he forgot his manners. Then, looking skyward, he screamed, "Oh my god!"

More missiles rained down on the battlefield, and a nearby explosion created a shockwave that sent the winged animal **reeling**. Peter and Valkyrie were thrown from the flying horse, and Peter dropped the gauntlet again.

Peter landed on the ground, fortunately right next to the gauntlet. Missiles exploded all around him.

There seemed to be no escape from the fiery destruction.

Bucky was in the midst of taking out a cache of Chitauri, when a missile hit, sending him flying.

Korg and Miek were thrown as well.

The missile attacks had **cornered** Groot as a projectile landed near him. The tree-being was thrown to the ground, but Rocket found him and raced to his side.

셋은 하늘을 가로지르며 미사일을 피해 날아갔다.

이런 극심한 혼돈 속에서도 피터는 용케도 "안녕하세요! 만나서 반가워요."라고 말했다. 그가 예절을 안 지켰다가는 당장이라도 그의 숙모가 찾아올 것이다. 그 순간 그가 하늘을 향해 고개를 들더니 비명을 질렀다. "세상에!"

더 많은 미사일이 전장으로 비처럼 쏟아져 내렸고, 그들의 주변에서 터진 폭발이 충격파를 만들어 그 날개 달린 동물을 날려 버렸다. 피터와 발키리가 하늘을 나는 말에서 떨어졌고, 피터는 다시 한 번 건틀렛을 떨어뜨리고 말았다.

피터는 다행히도 건틀렛 바로 옆에 착지했다. 그의 주변으로 미사일 폭격이 퍼붓고 있었다.

이 맹렬한 파괴의 현장에서 빠져나갈 구멍은 없어 보였다.

버키는 치타우리족 무리를 쓸어버리는 데 열중하고 있었다. 미사일이 떨어지자, 버키가 공중으로 날아가 버리고 말았다.

코그와 믹도 함께 날아가 버렸다.

미사일 공격이 그루트를 궁지로 몰아넣을 무렵, 발사체가 그의 근방에 떨어졌다. 그 나무 생명체는 땅으로 곤두박질쳤고, 로켓이 그루트를 발견하곤 그의 곁으로 달려갔다.

Rocket threw himself in front of Groot to shield him from the blasts.

That's when the missiles suddenly stopped.

From the battlefield, the Avengers team gazed upward at *Sanctuary II*.

The ship's missile launchers were no longer pointing at the ground. They were now swiveling around, aiming upward. They **commenced** the launching of missiles again, but this time, the weapons soared into the upper atmosphere, far away from the ground.

Sam observed the **rapid** change from above. "What the hell is this?" he questioned over the comms.

"Friday, what are they firing at?" Tony asked.

"Something just entered the upper atmosphere," Friday replied. But what was it? Another threat?

로켓은 폭발로부터 그루트를 지켜내기 위해 그루트의 앞으로 몸을 던졌다.

그 순간 미사일 폭격이 갑자기 멈췄다.

어벤져스가 전장에서 생츄어리 2호를 올려다보았다.


함선의 미사일 발사 장치들이 더 이상 지상을 겨냥하고 있지 않았다. 그것들은 이제 회전하여 위쪽을 겨누고 있었다. 발사 장치가 다시 미사일 공격을 시작했으나, 이번에는 미사일이 상층 대기를 향해 날아올라 대지로부터 멀리 떨어져 나갔다.


샘이 하늘에서 갑작스러운 변화를 목격했다. "이건 또 뭐야?" 샘이 콤스를 통해 물었다.

"프라이데이, 어디에다 쏘는 거지?" 토니가 물었다.

"뭔가가 방금 대기권 상층부를 통과했습니다." 프라이데이가 대답했다. 그게 뭐지? 또 다른 위협인가?

# CHAPTER 44

📖 워크북 p51

*That something* turned out to be someone.

Carol Danvers.

Her body was almost pure **photon** energy as she cut through the clouds, **descending** from **outer space**. Missiles exploded around her, but they did nothing.

타노스의 무차별한 폭격에 속수무책으로 당하던 어벤져스는 생츄어리 2호가 방향을 바꿔 대기권 상층부에 미사일을 발사하는 것을 지켜봅니다. 토니는 상공에서 무언가가 진입해 들어온다는 정보를 입수합니다.

그 무언가는 누군가로 밝혀졌다.

캐럴 댄버스.

그녀가 외우주로부터 지구로 내려와 구름을 헤치고 나올 때, 그녀의 몸은 거의 순수한 광자 에너지였다. 미사일들이 그녀의 주변에서 폭발했으나, 아무런 영향도 끼치지 못했다.

They even hit her, and still nothing happened.

Carol seemed **unstoppable**. She flew across the sky, heading straight for *Sanctuary II*.

From the ground, Steve looked up as Carol **plunged** directly **into** the side of Thanos's ship. Less than a second later, she emerged from the other side of the ship. Inside, a series of explosions followed Carol's flight path.

The missile launchers on the ship suddenly powered down.

"Oh, yeah!" Rocket yelled.

*Sanctuary II* was now in **flames**. But Carol wasn't done. She came around and flew through the ship again, this time hitting it from below. She exited the top of the ship, and the immense vessel started to break apart.

On the ground below, the Avengers watched as the menacing ship, now rendered useless, crashed toward the lake behind the headquarters.

"Danvers, we need an **assist** here!" Steve called over the comms.

심지어 미사일이 그녀에게 명중했지만, 여전히 아무 일도 일어나지 않았다. 아무것도 캐럴을 막을 수 없을 것 같았다. 그녀는 하늘을 가로질러 날아와 그대로 생츄어리 2호로 향했다.

지상에서는 스티브가 고개를 들어 캐럴이 타노스의 함선을 향해 그대로 진입하는 것을 보았다. 1초도 안 되어서 그녀가 함선의 반대편으로 빠져나왔다. 함선 내부에서는 캐럴의 비행경로를 따라 일련의 폭발이 일어났다.

갑자기 함선의 미사일 발사 장치들이 작동을 멈췄다.

"오, 예!" 로켓이 외쳤다.

생츄어리 2호는 이제 화염에 휩싸여 있었다. 그러나 캐럴은 거기서 끝내지 않았다. 캐럴이 돌아와 다시 한번 함선을 뚫고 날아가더니 이번에는 함선의 밑바닥을 쳤다. 그녀가 함선 위로 빠져나왔고, 거대한 함선이 부서지기 시작했다.

그 아래 지상에서 어벤져스는 위협적이던 함선이 이제는 무용지물로 변해 본부 뒤편 호숫가로 추락하는 모습을 바라보았다.

"댄버스, 여기 좀 도와줘!" 스티브가 콤스를 통해 요청했다.

Carol got the message and flew down to the ground, landing right next to Peter Parker. Her body was still glowing as she looked at Peter **huddled** on the ground, cradling the gauntlet.

Peter looked up. "Hi, I'm Peter Parker," he introduced himself politely.

"Hey, Peter Parker," Carol answered with some sass. "You got something for me?"

All too gladly, Peter held out the gauntlet. A **horde** of Chitauri, dogs, Outriders, and even Leviathans were heading their way, followed by Corvus Glaive and Proxima Midnight. Yeah, he was good with Carol hanging onto it for a while.

More Leviathans joined the attack along with another troop of armed Chitauri.

Even after Thanos's "rain fire" attack, his army seemed **endless**.

"I don't know how you're gonna get it through all of that," Peter said, **disheartened**.

캐럴이 연락을 받고 지상으로 내려와 피터 파커 바로 옆에 착지했다. 바닥에 웅크리고 앉아 건틀렛을 끌어안고 있는 피터를 바라볼 때도 그녀의 몸은 여전히 빛나고 있었다.

피터가 고개를 들었다. "안녕하세요, 전 피터 파커예요." 피터가 예의 바르게 자신을 소개했다.

"안녕, 피터 파커." 캐럴이 특유의 까칠한 말투로 대답했다. "나한테 줄 거 있니?"

피터가 너무도 기쁜 마음으로 건틀렛을 건네주었다. 치타우리족, 개, 아웃라이더, 심지어는 리바이어던까지 모인 무리가 콜버스 글레이브와 프록시마 미드나이트를 따라 다가오고 있었다. 그렇다. 피터는 캐럴이 잠시 건틀렛을 맡는 것에 별 불만이 없었다.

더 많은 리바이어던이 무장을 한 또 다른 치타우리족 보병들을 따라 공격에 합류했다.

타노스의 '무차별 폭격' 이후에도 그의 군대는 끝이 없어 보였다.

"어떻게 저길 다 뚫고 갈지 모르겠네요." 피터가 낙심하며 말했다.

Carol gave Peter a smile and took the gauntlet from his hands. She wasn't concerned.

Behind her, Wanda landed on the ground. She was joined by Valkyrie and her flying horse. Okoye stood tall, coming to their **aid**, as Pepper landed beside them. They were joined by Mantis and Shuri as Hope enlarged from wasp size. Nebula and 2014 Gamora added their might to the **assemblage** of some of the greatest heroes the universe had ever known.

"Don't worry," Wanda assured Peter.

"She's got help," Okoye finished **confidently**.

Corvus Glaive and Proxima Midnight didn't wait for the heroes to attack. They raced at the Avengers with all their forces, prepared to do anything to get the gauntlet for their master.

❶ They needn't have bothered.

Wanda blasted the army with her **eerie** energies, causing them to scatter. Okoye and Shuri launched an attack on the Chitauri, taking them out one by one.

캐럴이 피터에게 미소를 지으며 그의 손에서 건틀렛을 가져갔다. 그녀는 걱정하지 않았다.

그녀의 뒤로 완다가 지상으로 내려왔다. 발키리는 하늘을 나는 말과 함께 합류했다. 그들을 돕기 위해 온 오코예가 당당하게 섰고, 페퍼도 그들 옆에 착지했다. 호프가 말벌 크기에서 커지며 나타났고, 맨티스와 슈리도 합류했다. 네뷸라와 2014년의 가모라 역시 이 우주가 알고 있는 가장 위대한 영웅들이 모인 집단에 그들의 힘을 보태주었다.

"걱정 마." 완다가 피터를 안심시켰다.

"지원군이 있으니까." 오코예가 자신 있게 말을 끝마쳤다.

콜버스 글레이브와 프록시마 미드나이트는 영웅들의 공격을 기다리지 않았다. 그들은 전력을 다해 어벤져스에게 달려들었고, 그들의 주인을 위해 건틀렛을 바칠 수 있다면 뭐든 할 준비가 되어 있었다.

그들은 고민할 필요가 없었다.

완다가 그녀의 무시무시한 에너지를 날려 타노스의 군대를 산산조각냈다. 오코예와 슈리도 치타우리족을 하나씩 처치하며 공격을 개시했다.

Hope **flitted** in between the Outriders, suddenly enlarging here and there, knocking them down.

Running up a mound of debris, 2014 Gamora launched herself at a Chitauri dog, cutting beneath its arm with her sword. The creature fell.

Corvus Glaive turned to face Okoye. He ran right for her, but Okoye evaded the attack, stabbing Glaive with her spear. She lifted the Child of Thanos onto the spear, then tossed him aside.

Overhead, Valkyrie circled **astride** her horse, tracking several small Chitauri ships as they moved toward a pair of Leviathans. From the ground, Wanda used her powers to create energy swirls circling the mouth of one Leviathan as Valkyrie attacked the other.

The **monstrous** beast snapped its powerful jaws at the steed, just missing it. Spear in hand, Valkyrie sliced through the side of the Leviathan, a mortal wound. The Leviathan tumbled toward the ground.

호프는 아웃라이더들 사이를 돌아다니며 여기저기서 몸집을 순식간에 커지게 하여 그들을 쓰러뜨렸다.

2014년의 가모라가 잔해 더미 위를 달렸고, 치타우리족 개에게 몸을 내던져 검으로 그 개의 팔 아래를 도려냈다. 괴물이 쓰러졌다.

콜버스 글레이브가 오코예와 대적하기 위해 몸을 돌렸다. 그가 그녀에게 달려들었으나 오코예가 공격을 피했고 그녀의 창으로 글레이브를 찔렀다. 그녀는 타노스의 자식을 창끝으로 들어 올린 뒤 옆으로 던져 버렸다.

그들 위로는 발키리가 말에 탄 채, 리바이어던 한 쌍을 따라 움직이는 몇몇 소형 치타우리족 함선을 추격하고 있었다. 지상에서는 완다가 그녀의 힘을 이용해 리바이어던 한 마리의 입 주위로 소용돌이치는 에너지를 만들어 냈고, 발키리는 다른 한 마리를 상대했다.

거대한 짐승이 강력한 입으로 말을 물려 했으나 실패하고 말았다. 창을 손에 쥔 발키리가 리바이어던의 옆구리를 갈라 치명상을 입혔다. 부상을 입은 리바이어던이 그대로 지상으로 떨어졌다.

* * *

Carol had the gauntlet and was ready for action as Pepper fired repulsor blasts at the Chitauri and Outriders, keeping them at bay. Carol looked up and took flight. She soared through the **battleground**, going right through the myriad piles of debris that dotted the landscape without hesitation.

The shortest distance between two points was a **straight line**, and that's exactly the path Carol was taking to Hank's van.

Thanos watched as Carol flew above, holding his damaged blade. As she approached the van with the Quantum Tunnel, Thanos ran toward her.

But before he could get any closer, he was met with the trio of Pepper, Shuri, and Hope. They emerged from a cloud of **billowing** smoke, firing repulsors, sonic waves, and energy blasts.

They staggered Thanos, throwing him to the ground. He didn't release his hold on his blade, however. ❷ The **trio**

* * *

쎄씨가 치타우리족과 아웃라이더들을 향해 리펄서 광선을 발사하며 그들을 궁지로 몰아붙이고 있을 때, 캐럴은 건틀렛을 가지고 임무를 수행할 준비가 되어 있었다. 캐럴이 고개를 들고 하늘로 날아올랐다. 그녀가 전장 위로 날아올랐고, 조금의 망설임도 없이 주변을 수놓고 있는 무수한 잔해 더미를 헤쳐나갔다.

두 지점 사이의 최단 경로는 직선이었고, 그것이 바로 캐럴이 행크의 밴을 향해 가려는 경로였다.

타노스는 그의 부서진 검을 쥔 채 캐럴이 하늘을 날아가는 것을 지켜보았다. 그녀가 양자 터널이 있는 밴에 도달하자, 타노스가 그녀를 향해 달려갔다.

하지만 그가 가까이 가기도 전에 페퍼와 슈리, 호프 삼인조와 마주쳤다. 그들은 피어오르는 연기구름 속에서 나타나 리펄서 광선과 충격파, 에너지 블라스트를 발사했다.

그들이 타노스를 휘청거리게 만들었고, 이내 그를 바닥에 쓰러뜨렸다. 하지만 타노스는 검을 놓지 않았다. 삼인조는 타노스를 계속

continued their attack, pinning Thanos down.

Slowly, though, he rose to his knees.

Taking the blade in his hands, he hurled it toward the van. The blade found its mark, and the Quantum Tunnel exploded. The resulting shockwave leveled the battlefield, knocking both armies down.

The explosion even threw Carol, who slammed into the carcass of a Chitauri Leviathan. She lost her grip on the gauntlet, which slid across the ground.

공격해 그의 발을 묶어두었다.

하지만 천천히 타노스가 무릎을 땅에 대고 일어섰다.

그가 검을 손에 들더니 밴으로 집어 던졌다. 검이 목표물에 닿자 양자 터널이 폭발하고 말았다. 그로 인한 충격파가 전장 전체로 퍼져 나와 양측의 군대를 쓰러뜨렸다.


폭발로 인해 심지어 캐럴마저도 날아갔고, 그녀가 치타우리족의 리바이어던 사체에 부딪쳤다. 그녀가 건틀렛을 놓쳤고, 건틀렛이 땅에 미끄러졌다.

# CHAPTER 45

📖 워크북 p53

*Exhausted,* Tony pushed the **corpse** of an Outrider off of his armor. He looked up and saw the gauntlet right where it had been forced out of Carol's hands.

Slowly, he started to move toward the gauntlet.

All fine and good, except Thanos had also seen it.

**Spurring** to action, Tony got to his feet and ran for

스캇이 밴에 있는 양자 터널을 가동시키려 하자 타노스가 자신의 양날검을 밴에 집어던
집니다. 온 전장에 폭발로 인한 충격파가 퍼지고, 어벤져스는 건틀렛을 차지하려는 타노
스를 막기 위해 다시 한번 힘겨운 사투를 벌입니다.

기진맥진한 토니가 슈트에서 아웃라이더의 시체를 밀쳐 냈다. 그
가 고개를 들자 캐럴의 손에서 빠져나온 건틀렛이 바로 보였다.

토니가 천천히 건틀렛을 향해 움직이기 시작했다.

모든 것이 괜찮았다. 단지 타노스 역시 그것을 봤다는 것만 제외
하면 말이다. 토니가 일어섰고 타노스를 향해 달려가 그에게 몸을

Thanos, **tackling** him.

Thanos smashed Tony in the head, throwing him in the opposite direction. He hit the ground on his back.

There was nothing between Thanos and the gauntlet now.

❶ Or so he thought.

❷ He reached out to take the gauntlet only to see Thor swinging both Stormbreaker and Mjolnir.

The Asgardian hurled the hammer away from himself, then swung the axe over his head, toward Thanos. Before he could strike, Thanos caught Stormbreaker's handle. Now both Titan and Asgardian held Stormbreaker as electrical energy flowed through the dwarven weapon.

Then Thor lifted his hand, catching Mjolnir. Quickly spinning the hammer, he touched the weapon against Stormbreaker's handle. There was a mighty power surge as Thor's eyes crackled with lightning.

From behind, Steve leaped onto Thanos's back, reaching around his neck, and grabbed Stormbreaker's

내던졌다.

타노스는 토니의 머리에 주먹을 날린 뒤, 그를 반대 방향으로 내던졌다. 토니가 바닥에 등을 부딪쳤다.

이제 타노스와 건틀렛 사이에는 아무것도 없었다.


아니면 그가 그렇게 생각했는지도 모른다.

타노스가 건틀렛을 차지하기 위해 손을 뻗었을 때 스톰브레이커와 묠니르 모두를 휘두르고 있는 토르가 눈에 들어왔다.

아스가르드인이 망치를 집어 던지고는 이윽고 머리 위로 도끼를 휘두르며 타노스를 향해 달려들었다. 토르가 가격하기 직전에 타노스가 스톰브레이커의 손잡이를 잡았다. 이제 타이탄과 아스가르드인 모두 스톰브레이커를 잡고 있었고, 난쟁이가 만든 그 무기에서 전기 에너지가 흘러나왔다.

그러자 토르가 다른 손을 들어 올려 묠니르를 쥐었다. 그가 재빠르게 망치를 회전시켜 스톰브레이커의 손잡이에 닿게 했다. 강력한 힘이 뿜어져 나왔고, 토르의 두 눈이 번개로 이글거렸다.


그 뒤에서는 스티브가 타노스의 등에 뛰어올라 목을 잡은 뒤 스톰브레이커의 손잡이를 붙들었다.

handle. He pushed the blade toward Thanos's neck, and Thor joined in.

Thanos struggled against the heroes, swinging a fist at Stormbreaker and knocking the blade from his throat.

Shifting his weight, Thanos moved, then **head-butted** Thor, knocking him back. Steve still held on, refusing to let go. Thanos reached around and caught Steve by the head, tossing him away. Thanos rolled with him, then punched Steve.

Then he reached for the gauntlet.

It was his. Finally. And again.

Standing with the gauntlet in his hands, he surveyed the battlefield.

It had all been worth it.

It would all BE worth it.

But before he could put it on, he was kicked to his knees by Carol Danvers. She punched Thanos, and the blow hurt him. He swung a fist in **retaliation**, but Carol moved far too quickly, easily evading the punch.

스티브가 칼날을 타노스의 목으로 잡아당겼고, 토르도 가세했다.


　타노스가 두 영웅에 맞서 안간힘을 썼고, 스톰브레이커를 향해 주먹을 휘둘러 도끼날을 목에서 떨어뜨렸다.

　타노스는 무게를 실어 움직였고, 이내 토르의 머리를 박아 그를 뒤로 쓰러뜨렸다. 스티브는 계속해서 버티며 놓아주려 하지 않았다. 타노스가 손을 뒤로 뻗어 스티브의 머리를 붙잡고는 멀리 집어 던졌다. 타노스가 스티브와 함께 굴렀고, 이후 스티브에게 주먹을 날렸다.

　그러고는 타노스가 건틀렛을 향해 손을 뻗었다.

　건틀렛은 그의 것이었다. 마침내. 그리고 다시 한번.

　건틀렛을 손에 들고 일어선 타노스가 전장을 바라보았다.


　모든 것이 가치 있었다.

　모든 것이 가치 있을 것이다.

　그러나 타노스가 건틀렛을 끼기도 전에 캐럴 댄버스가 그의 무릎을 찼다. 그녀가 타노스에게 주먹을 날렸고, 그에게 고통이 전해졌다. 타노스가 되갚으려 주먹을 휘둘렀으나 캐럴이 재빠르게 움직여 주먹을 쉽게 피했다.

He tried again, but she blocked the attack.

In rapid **succession**, Carol punched Thanos twice, and the Titan hit the ground. Then she lunged for the gauntlet. As she almost had it, Thanos reached out for her arm, pulling her close. It was all he needed to throw her into the air and get her away from his prize.

Carol hit the ground with a thud.

And Thanos put the gauntlet on his right hand.

He shuddered as the energy of the six Infinity Stones coursed through his body. He grunted, enduring the pain that went along with wielding **unlimited** power. It was a cost, like many, he was willing to bear.

Then Thanos held up the gauntlet for all to see.

He stared for a moment at his thumb and middle finger.

He had waited so long for this moment. He wanted to **savor** it.

Just as he was about to bring the thumb and middle finger together, Carol Danvers grabbed Thanos's hand,

그가 다시 시도했지만 캐럴이 공격을 막았다.

빠르게 연이어진 싸움에서 캐럴은 두 번이나 타노스에게 주먹을 날렸고, 타이탄이 바닥에 쓰러졌다. 이후 그녀가 건틀렛을 향해 달려들었다. 그녀가 건틀렛에 거의 다다랐을 때, 타노스가 손을 뻗어 그녀의 팔을 잡고는 가까이 끌어당겼다. 그가 할 일은 캐럴을 공중에 집어 던져 자신의 보물에서 멀어지게 하는 것이었다.

캐럴이 둔탁한 소리를 내며 땅에 떨어졌다.

그리고 타노스가 오른손을 건틀렛에 집어넣었다.

인피니티 스톤 여섯 개의 에너지가 그의 몸에 흐르자 그가 몸을 마구 떨었다. 그가 무한한 힘을 휘두를 수 있게 만드는 그 고통을 견디며 신음했다. 그것은 대가였다. 수많은 이들처럼 그는 그것을 기꺼이 견뎌낼 의지가 있었다.

그 순간 타노스가 모두가 볼 수 있게 건틀렛을 들어 올렸다.

그가 한동안 자신의 엄지와 중지를 바라보았다.


타노스는 이 순간을 오래도록 기다려 왔다. 그는 이 순간을 음미하고 싶었다.

그가 엄지와 중지를 한데 모으려던 바로 그 순간, 캐럴 댄버스가 타노스의 손을 붙잡고 아래로 끌어당겼다.

pulling it down.

Thanos cried out in pain and protest as Carol knelt down, facing Thanos head on. With her photon-enhanced strength, she held Thanos's finger and thumb apart, preventing him from snapping his fingers. He strained, groaning, trying to free his hand. But he couldn't.

He leaned back, trying to head-butt Carol, and succeeding.

But it did nothing. Carol didn't even flinch. He might as well have not done anything.

Carol was focused, refusing to let Thanos's fingers meet. She pushed his hand and rose into the air, floating while shoving him downward. She had Thanos on his knees and was now holding the gauntlet with one hand. Carol drew back the other hand as it glowed, ready to punch.

Thanos reached up to the gauntlet quickly and removed the Power Stone from its setting. Holding it in his bare hand, the Stone glowed brightly, burning his skin.

타노스가 고통에 비명을 지르며 저항했고, 캐럴은 무릎을 꿇은 채 타노스를 똑바로 쳐다보았다. 광자로 강화된 힘을 가진 그녀는 타노스의 손가락과 엄지를 떨어뜨려 그가 손가락을 튕길 수 없게 만들었다. 그가 안간힘을 쓰며 신음했고 손을 빼내려 애썼다. 하지만 그렇게 할 수가 없었다.

그가 뒤로 몸을 기울여 캐럴에게 머리를 들이받으려 시도했고 성공했다.

하지만 소용없었다. 캐럴은 꿈쩍도 하지 않았다. 타노스가 아무 것도 안 하는 것이 더 나았을지도 모른다.

캐럴은 주의를 집중해 타노스의 손가락들이 만나지 못하게 하려고 했다. 그녀가 그의 손을 밀어내며 공중으로 날아올랐고, 타노스를 아래로 밀며 공중에 떠 있었다. 그녀는 타노스를 무릎 꿇게 만들었고, 이제는 한 손으로 건틀렛을 잡고 있었다. 캐럴이 다른 한 손을 뒤로 당길 때 그녀의 손이 빛나기 시작했고 주먹을 날릴 준비가 되었다.

타노스가 재빨리 건틀렛에 손을 뻗어 파워 스톤을 자리에서 떼어 냈다. 맨손으로 스톤을 쥐자, 스톤이 밝게 빛나더니 그의 피부를 태웠다.

Closing a fist around it, he swung his hand at Carol.

The force of the Power Stone-aided punch shoved Carol aside, and purple energy threw her far away from the Titan.

Unnoticed by Thanos, Tony looked on, pushing himself up. He caught the eye of Doctor Strange, who still held back the water from the dam. The two exchanged looks, and Strange held up a hand and extended an index finger.

One.

One chance to defeat Thanos.

This was it.

Thanos returned the Power Stone to its setting in the gauntlet. Once again, the surge of energy flowed through Thanos, and his body shuddered.

Immediately, Tony was upon Thanos, yanking on the gauntlet, trying to get it off his hand. He pulled, as Thanos looked down at his hand. Seemingly unbothered, Thanos kneed Tony in the stomach. But Tony refused to let go of

타노스는 스톤을 꼭 쥔 상태로 캐럴에게 주먹을 날렸다.

파워 스톤의 힘이 담긴 주먹이 캐럴을 옆으로 밀쳤고, 보라색 에너지가 그녀를 타이탄으로부터 멀리 날려 버렸다.

타노스가 눈치채지 못했을 때, 토니는 고개를 들어 몸을 일으켰다. 댐에서 나오는 물을 여전히 막고 있는 닥터 스트레인지가 그의 눈에 들어왔다. 두 사람이 시선을 주고받았고, 스트레인지가 한 손을 올린 다음, 검지 손가락을 들어 올렸다.

한 번.

타노스를 무찌를 수 있는 한 번의 기회.

바로 지금이었다.

타노스는 파워 스톤을 건틀렛의 홈에 다시 돌려놓았다. 다시 한 번 에너지의 소용돌이가 타노스에게 흘러들어 오자 그가 몸을 떨었다.

그 즉시 토니가 타노스에게 달려들어 건틀렛을 잡아당겼고, 그의 손에서 벗겨내려 했다. 토니가 잡아당기자 타노스가 자신의 손을 내려다보았다. 타노스가 별로 개의치 않아 하며 무릎으로 토니의 배를 가격했다. 하지만 토니는 건틀렛을 놓으려 하지 않았다.

the gauntlet. Raising his left hand, Thanos took a swing at Tony. With his free hand, Tony grabbed Thanos's fist. Thanos swung his arm again, pushing Tony to the ground.

With a **smirk**, Thanos showed Tony the gauntlet.

He pulled it down on his right hand **snugly**, and still looking at Tony, **triumphantly** snapped his fingers.

The snap made a metallic sound.

But nothing else.

Thanos looked at the gauntlet, turning it over to look at the Stones.

The Stones that were no longer there.

Thanos glowered at Tony.

"I am inevitable," he said, and he **truly** believed it to be so. But his confidence was **misplaced**.

Raising his right hand, Tony opened it to reveal all six Infinity Stones. While he had been grappling with Thanos, trying to restrain him, Tony had really been removing the Stones. The six objects drifted across his armor, moving into the settings on his newly formed Iron Man gauntlet.

타노스가 왼손을 들어 토니를 향해 주먹을 휘둘렀다. 토니가 아무것도 잡지 않은 손으로 타노스의 주먹을 잡아냈다. 타노스가 한 번 더 팔을 휘둘러 토니를 땅바닥으로 밀쳤다.

타노스가 웃으며 토니에게 건틀렛을 보여 주었다.

그가 건틀렛을 오른손에 들어맞게 끌어당긴 뒤, 여전히 토니를 바라보며 의기양양하게 손가락을 튕겼다.

손가락을 튕기자 철컥하는 쇳소리가 들렸다.

그러나 아무 일도 없었다.

타노스가 건틀렛을 바라보았고, 손을 뒤집어 스톤들을 살폈다.

스톤들은 더이상 그 자리에 있지 않았다.

타노스가 토니를 노려보았다.

"나는 필연적인 존재다." 타노스가 말했고, 그는 진정으로 그렇게 되어야 한다고 믿고 있었다. 하지만 그의 자신감은 잘못된 것이었다.

토니가 오른손을 들어 올리더니 손을 펼쳐 여섯 개의 인피니티 스톤을 모두 드러냈다. 토니가 타노스를 붙잡아 그를 저지하는 동안 실제로 그 스톤들을 떼어낸 것이다. 여섯 개의 스톤이 토니의 슈트를 따라 흘러, 그가 새로 만든 아이언맨 건틀렛의 홈으로 움직이기 시작했다.

When the Stones found their place, energy surged through Tony's body, and the Stones began to glow.

Thanos looked at Tony, uncertain.

Holding his hand up, Tony ordered the armor on it to retract.

Then he snapped his own fingers.

Looking Thanos in the eye, he proudly announced, "And I … am … Iron Man."

스톤들이 제자리를 찾자 에너지가 토니의 몸으로 쏟아져 들어왔
고, 스톤들이 빛나기 시작했다.

타노스가 불안한 듯 토니를 바라보았다.

토니가 손을 들어 올리더니 슈트가 벗겨지도록 명령을 내렸다.


그러고는 그가 손가락을 튕겼다.

토니가 타노스의 눈을 바라보며 자랑스럽게 말했다. "그리고 나
는… 아이언맨이다."

# CHAPTER 46

📖 워크북 p55

*There was no way* Thanos could have seen it coming.

All across the battlefield, his **forces** were turning to dust, **evaporating** into nothingness right before his eyes.

The very fate he had planned for half the creatures in the universe now **befell** his armies. His, and his alone.

타노스의 건틀렛에서 인피니티 스톤을 떼어낸 토니가 손가락을 튕겨 타노스의 군대가 먼지로 소멸하기 시작합니다. 평범한 인간의 몸으로 인피니티 스톤의 막대한 에너지를 받아들인 토니는 지쳐 쓰러집니다.

타노스는 이런 결과가 있을 것이라고 생각도 하지 못했다.

전장을 가로질러 타노스의 군대들이 먼지로 변하기 시작하더니 그의 바로 눈앞에서 공허의 상태로 증발해 버렸다.

그가 우주의 생명체 절반을 염두에 두고 계획한 바로 그 운명이 이제 그의 군대에 닥치고 말았다. 그에게 말이다.

Rocket braced himself as a Leviathan headed right for him. **Shouldering** his weapon, Rocket fired at the beast as it **dove** down, but as it tried to bite Rocket, it, too, turned to dust.

T'Challa turned to see the Chitauri, their dogs, and the Outriders quickly **crumble**, leaving his warriors **unopposed**.

Even in the lake, the downed remains of the *Sanctuary II* turned to ash.

Thanos could only watch as Ebony Maw, his **faithful servant**, reached out for him and disappeared.

Steve looked at Thanos as the Titan turned, walked for a moment, and then sat down in quiet acceptance of his fate.

He grunted, and a moment later, Thanos joined his children. His ashes blew away as if he had never existed.

* * *

Steadying himself against the wreckage of the Avengers headquarters, Tony coughed, gasping for air. He collapsed

로켓은 리바이어던이 자신에게 달려들 때 마음을 다잡고 있었다. 로켓이 부기를 어깨에 멘 채 그 짐승에게 사격을 가하자, 리바이어던이 아래로 내리꽂혔다. 하지만 그 짐승이 로켓을 베어 물려 하던 순간 그 리바이어던 역시 먼지가 되어 버렸다.

티찰라가 고개를 돌리자 치타우리족과 그들의 개 그리고 아웃라이더들이 삽시간에 부서지며 와칸다 병사들에게서 떨어져 나가는 것이 보였다.

호수에서도 생츄어리 2호의 무너진 잔해가 먼지로 변했다.


타노스는 그의 충실한 부하 에보니 모가 자신에게 손을 뻗다 사라지는 모습만을 볼 수 있었다.

스티브는 타노스가 몸을 돌려 잠시 걷다가 이내 자리에 앉아 묵묵하게 운명을 받아들이는 모습을 지켜보았다.

그가 끌끌거리며 웃었고, 얼마 뒤 타노스 역시 자신의 자식들을 따라갔다. 그의 재는 마치 그가 존재한 적 없었다는 듯 날아갔다.

\* \* \*

어벤져스 본부의 잔해 더미에 몸을 기댄 채 버티고 있던 토니가 기침을 하며 숨을 몰아쉬었다. 그가 바닥에 쓰러졌고, 그의 아이언

to the ground, his Iron Man armor charred. The right side was a mess of **molten slag**, and the right side of his face had been badly burned.

Rhodey was the first one to reach him, **touching down** on the ground. His helmet retracted, and Rhodey crouched down, touching Tony's head.

Peter was next.

"Mr. Stark? Hey, Mr. Stark?" he said, worried. He touched Tony's hand. "Can you hear me? It's Peter. Hey. We won, Mr. Stark. We won, Mr. Stark. We won. You did it, sir." He didn't know what else to say that would mean something.

As Peter spoke, Pepper moved behind him, and touched his shoulder.

"You did it," Peter repeated. He needed Tony to know.

Tony didn't **respond**. He was gasping for air, the agony apparent for all to see.

"I'm sorry," Peter offered, feeling Pepper's hands on his shoulders. He leaned over, and tears streamed from

맨 슈트는 그을려 있었다. 슈트의 오른쪽 부분은 녹아내린 재로 인해 엉망이었고, 그의 얼굴 오른쪽은 심각한 화상을 입은 상태였다.

토니에게 가장 먼저 도착한 로디가 착륙했다. 로디의 헬멧이 벗겨졌고, 그가 웅크리고 앉아 토니의 머리를 어루만졌다.

피터가 그 다음에 나타났다.

"스타크 씨? 저, 스타크 씨?" 피터가 걱정하며 말했다. 그가 토니의 손을 잡았다. "제 말 들리세요? 우리가 이겼어요, 스타크 씨. 우리가 이겼다고요, 스타크 씨. 우리가 이겼어요. 스타크 씨가 해냈어요." 피터는 그것 말고 어떤 말을 해야 의미가 있을지 알 수 없었다.

피터가 말하고 있을 때 페퍼가 그의 뒤에 와서 어깨를 만져주었다.

"스타크 씨가 해냈어요." 피터가 반복해서 말했다. 그는 토니가 알아야 한다고 생각했다. 토니는 반응하지 않았다. 그는 그저 숨을 가쁘게 몰아쉬고 있었고, 그 고통이 모두에게 전해졌다.

"죄송해요." 피터는 페퍼의 손이 자신의 어깨에 닿아있는 것을 느끼며 감정을 표현했다. 피터가 몸을 숙였고 그의 눈에서 눈물이

his eyes. "Tony …" How could they have won and yet everything seemed lost?

Standing up, Peter found Pepper's arms ready to comfort him in his grief. Then she let go, and crouched in front of Tony. She touched his shoulder and his chest.

"Hey," she said softly.

"Hey, Pep," Tony whispered, putting his hand on hers. He knew there wasn't much time. But everything that needed to be said had already been said every day of their life together for the past several years. The life they had built. The life they had created. Anything else was just … **repetition**.

"Friday?" Pepper asked, just to be sure. Maybe he could beat the odds just one more time. But no …

"Life functions critical," Friday replied.

There was nothing to be done.

Steve and Thor stood behind Pepper, along with Rhodey, their eyes **cast down**.

흘러내렸다. "토니…." 모든 것을 다 잃은 것 같은 상황에서 어떻게 승리했다고 할 수 있을까?

피터가 일어서자 슬픔에 빠진 자신을 위로하기 위해 팔을 내밀고 있는 페퍼가 보였다. 페퍼가 피터를 놓아준 뒤 토니의 앞에 앉았다. 페퍼가 토니의 어깨와 가슴을 어루만졌다.

"토니." 페퍼가 부드럽게 말했다.

"안녕, 페퍼?" 토니가 속삭이며 자신의 손을 그녀의 손 위에 얹었다. 그는 시간이 얼마 남지 않았다는 것을 알고 있었다. 하지만 해야 할 그 모든 말은 지난 몇 년간 함께 살면서 이미 매일 했다. 그들이 만든 삶. 그들이 창조한 삶. 그 외의 것들은 그저… 반복되는 일상일 뿐이었다.


"프라이데이?" 페퍼가 확실히 알기 위해 물었다. 어쩌면 토니가 한 번 더 이 역경을 극복할 수 있을지도 모른다. 하지만 아니었다….

"생명 기능이 위독합니다." 프라이데이가 대답했다.

할 수 있는 것은 아무것도 없었다.

스티브와 토르가 로디와 함께 페퍼의 뒤에 서 있었고, 그들의 눈길이 아래로 떨어졌다.

Tony smiled at Pepper, lost in the thought of their beautiful life, their beautiful family that would go on.

"Tony? Look at me."

Slowly, Tony gazed at Pepper.

There were tears in her eyes, but she wouldn't let them fall. Not yet.

"We're gonna be okay," she vowed. "You can rest now." She knew she had to let him go.

Tony's body shuddered, and Pepper put her hand over the arc reactor on his chest.

The light from the arc reactor faded.

Tony's hand slid to his side.

Pepper kissed Tony's cheek and rested her forehead against his shoulder, crying.

토니가 페퍼에게 미소를 지으며 그들의 아름다운 삶, 그 없이 살아갈 그들의 아름다운 가족에 대한 생각에 잠겼다.

"토니? 나를 봐."

토니가 천천히 페퍼의 눈을 응시했다.

그녀의 눈에 눈물이 맺혀 있었지만, 그녀는 눈물을 흘릴 수 없었다. 아직은 아니었다.

"우린 괜찮을 거야." 페퍼가 약속했다. "이제 편히 쉬어도 돼." 그녀는 토니를 보내줘야 한다는 것을 알고 있었다.

토니가 몸을 떨었고, 페퍼는 그녀의 손을 그의 가슴에 달린 아크 원자로 위에 올렸다.

아크 원자로의 빛이 점점 희미해졌다.

토니의 손이 옆으로 떨어졌다.

페퍼가 토니의 뺨에 입맞춤을 한 뒤, 흐느끼며 자신의 이마를 그의 어깨에 기댔다.

# CHAPTER 47

📖 워크북 p56

*The Quinjet flew* toward the farm, and Clint looked out from the cockpit as the craft landed near the farmhouse. He could see Lila running outside along with Cooper.

The ramp descended, and Clint walked out carrying his bags. The kids rushed over to him, and he dropped the bags, hugging Lila and Cooper. Nathaniel ran up to him,

5년 전에 사라진 모든 이들이 가족의 품으로 돌아옵니다. 클린트는 사랑하는 아내와 아이들을 다시 만나고, 피터는 학교로 돌아갑니다. 타노스와의 전투에서 승리한 어벤져스 멤버들 또한 각자의 평범한 삶으로 돌아갑니다.

퀸젯이 농장으로 날아왔고, 비행선이 농가 근처에 착륙하자 클린트가 조종석에서 밖을 내다보았다. 클린트는 라일라가 쿠퍼와 함께 달려 나오는 모습을 보았다.

경사로가 내려오자 클린트가 가방을 들고 밖으로 걸어 나왔다. 아이들이 그에게 달려오자 그가 가방을 떨어뜨리고는 라일라와 쿠퍼를 끌어안았다. 나타니엘도 클린트에게 달려왔고, 클린트가 그를

too, getting in on the hug, holding his hand.

Then Laura walked across the lawn, and Clint wanted nothing more than to touch her cheek.

He was home.

* * *

Peter walked through the doors of the Midtown School of Science and Technology, unsure what to expect. He saw students walking through the halls, most of whom he didn't recognize.

It had been five years, after all, since he was last there.

He was unsure what to expect when he caught sight of Ned Leeds.

Ned looked like he hadn't **aged** a day since the last time he saw him.

That made Peter feel bad that Ned had to experience the Blip, too. But he was also glad to have his friend back, to know that they would still **go through** the same moments in life together.

안아주며 손을 잡았다.

이후 로라가 잔디밭을 가로질러 걸어왔고, 클린트는 그녀의 뺨을 어루만지는 것 말고는 바랄 게 없었다.

그가 집으로 돌아왔다.

* * *

피터는 앞으로 일어날 일을 확신하지 못한 채, 미드타운 과학기술학교의 정문을 통과하고 있었다. 그는 학생들이 복도를 걸어가는 모습을 보았고, 대부분의 학생들을 알아볼 수가 없었다.

어찌 되었든 그가 마지막으로 이곳에 있었던 때로부터 5년이 지나버린 것이다. 피터는 네드 리즈를 본 순간, 무슨 일이 벌어질지 예상할 수 없었다.

피터가 마지막으로 네드를 본 이후로 그는 전혀 나이를 먹지 않은 것 같았다.

피터는 네드 역시 블립을 겪어야 했다는 사실에 기분이 좋지 않았다. 하지만 그의 친구가 돌아왔고, 그들이 살아가면서 같은 시간을 함께 헤쳐나갈 것이란 사실을 깨닫고는 기뻐했다.

They shook hands and hugged. Maybe they could **pick up** where they left off and just have a nice, quiet school year …

* * *

Scott Lang sat on the front porch of his house with Hope and Cassie, watching **fireworks overhead**.

After everything that had happened, it all seemed so surreal. To have lost everything and gotten it all back— and then some—seemed almost impossible.

He hugged Hope and Cassie tight, never wanting to let go.

* * *

Inside the Wakandan **Royal** Palace, Shuri, T'Challa, and Ramonda looked out the window of the **Tribal Council** Room. T'Challa wrapped his arms around his mother and sister as they moved out toward the balcony overlooking the Golden City.

그들은 악수를 한 뒤 포옹을 했다. 어쩌면 그들은 사라진 자리에서 다시 시작해, 아주 멋지고 평화로운 학기를 보낼 수 있을지도 모른다….

* * *

스캇 랭은 호프와 캐시와 함께 자신의 집 현관 베란다에 앉아 머리 위로 펼쳐지는 불꽃놀이를 바라보았다.

그 모든 일이 일어난 후, 모든 것이 비현실적으로 느껴졌다. 모든 것을 잃었다가 되찾는 것은 ─ 그리고 그 후 벌어진 일들은 ─ 거의 불가능해 보이는 일이었다.

스캇은 호프와 캐시를 꽉 끌어안았고 다시는 놓고 싶지 않았다.

* * *

와칸타의 왕궁 내부에서 슈리와 티찰라, 라몬다가 부족 회의실의 창문 밖을 내다보고 있었다. 티찰라는 골든 시티가 내려다보이는 발코니로 걸어가 어머니와 여동생을 두 팔로 감싸 안았다.

The streets below teemed with life in a way they hadn't for five years.

His father had told T'Challa about the difficulties of being king. Nothing could have prepared him for what happened. And yet, everything his father had taught him had done exactly that.

T'Challa sighed **contentedly**. Heavy might be the head that wears the **crown**, but today, it felt lighter than air.

\* \* \*

The sun had set, and the moon was reflected on the lake's still surface. Inside, Pepper and Happy sat on the sofa with Morgan.

Tony's Iron Man helmet was on the coffee table in front of them, projecting a hologram of Tony from its eyes.

"Everybody wants a happy ending, right?" Tony said, talking to himself. "But it doesn't always roll that way. Maybe this time."

7. 아래에 있는 거리는 지난 5년간 본 적이 없는 생명으로 가득 넘쳐나고 있었다.

티찰라의 아버지는 그에게 왕으로 사는 어려움을 말해준 적이 있다. 티찰라는 어떤 일이 일어날지 아무런 준비를 할 수 없었지만, 그의 아버지가 가르친 모든 것들이 정확히 그대로 이루어졌다.

티찰라는 만족스러워하며 한숨을 내쉬었다. 왕관을 쓴 머리가 무거울지도 모르지만, 오늘만큼은 공기보다도 가볍게 느껴졌다.

* * *

해가 저물었고 호수의 잔잔한 물결 위로 달이 비쳤다. 안에는 페퍼와 해피가 모건과 함께 소파에 앉아 있었다.

토니의 아이언맨 헬멧이 세 사람 앞의 커피 탁자 위에 놓여 있었고, 헬멧의 눈에서 토니의 홀로그램이 영사되고 있었다.

"모두가 행복한 결말을 바라잖아. 그렇지?" 토니가 혼잣말을 했다. "그렇다고 매번 그런 식으로 흘러가진 않아. 이번에는 또 모르지."

Steve was standing behind Pepper, trying to **hold in** his emotions for his lost friend.

"I'm hoping if you play this back, it's in **celebration**. I hope families are **reunited**. I hope we get it back. And something like a normal version of the planet has been **restored**. If there ever was such a thing. God, what a world. Universe, now. If you told me ten years ago that we weren't alone, let alone, you know, to this extent, I mean … I wouldn't have been surprised, but come on, who knew?" Tony **paused** to **contemplate** the scope of how large his universe had become and how many people he'd come to know within it in those ten years.

Thor and Rhodey stood near the sofa, listening to the last **testament** of Tony Stark.

Tears rolled down Rhodey's cheeks.

"The **epic** forces of darkness and light that have come into play and for better or worse, that's the reality Morgan's gonna have to find a way to grow up in," Tony acknowledged.

스티브는 페퍼의 뒤에 서서 떠난 동료를 바라보며 감정을 억누르고 있었다.

"만약 이걸 보고 있다면 축하하는 분위기였으면 좋겠어. 가족들이 다시 만나고, 우리가 다시 돌아왔으면 좋겠어. 지구의 평범한 모습으로 회복되면 좋겠어. 그런 적이 있었다면 말이야. 참 멋진 세상이야. 이젠 우주구나. 만약 10년 전에 당신이 나한테 우리만 존재하는 게 아니라고 말했다면 여태까지 그러려니 하고 지내왔을 거야. 내 말은… 그렇게 놀라지 않았을 거야. 그런데 이럴 줄 누가 알았겠어?" 토니는 지난 10년 동안 그의 세상이 얼마나 커졌고, 그가 얼마나 수많은 이들을 알게 되었는지를 떠올리며 생각에 잠겼다.

토르와 로디는 소파 근처에 서서 토니 스타크의 유언을 듣고 있었다.

로디의 뺨에 눈물이 흘러내렸다.

"어둠과 빛의 장엄한 세력들이 한데 모여 싸우는 게 좋든 싫든, 모건은 이런 현실에서 자라면서 살아갈 방법을 찾아야겠지." 토니가 알려주었다.

Pepper hugged Morgan close, sharing the moment and the loss of the most important man in both their lives.

"So, I thought I'd probably better record a little **greeting** in the case of an **untimely** death. On my part. This time-travel thing that we're gonna try and **pull off** tomorrow, ❶it's got me **scratching my head** about the **survivability** of it all. That's the thing. Then again, that's the hero **gig**, right? Part of the journey is the end. What am I even tripping for? Everything is gonna work out exactly the way it's supposed to." Tony kept up his usual bravado, but all of those who knew him well could see through it to the concern and caring that lay beneath it.

They watched as the hologram of Tony got up, walked, and leaned down, touching the Iron Man helmet that had recorded the message. He looked into the camera and smiled.

"I love you three thousand."

And the hologram disappeared.

페퍼는 모건을 꼭 끌어안으며 지금 이 순간과 그들의 인생에서 가장 중요한 남자를 잃은 슬픔을 함께 나누었다.

"그래서 뜻하지 않은 죽음을 대비해서 짧은 작별 인사를 녹화해 두는 게 좋을 것 같았어. 내 생각엔, 내일 우리가 시험하고 시도할 그 시간 여행 말이야. 무사히 살아 돌아올 수 있을지 잘 모르겠어. 그게 문제지. 그런데 말이야. 그게 영웅의 일 아니겠어? 여행의 한 부분은 끝이니까. 내가 왜 이렇게 고민을 하는 거지? 모든 게 순리 대로 정확히 이루어질 거야." 토니는 평소처럼 강한 척을 하고 있었지만, 그를 잘 아는 모든 이들은 그 속에 감춰진 걱정과 배려를 볼 수 있었다.

그들은 토니의 홀로그램이 자리에서 일어나 걸어오더니 몸을 숙여 영상을 녹화하고 있는 아이언맨 헬멧을 만지는 것을 지켜보았다. 그가 카메라를 바라보며 미소를 지었다.

"3000만큼 사랑해."
그리고 홀로그램이 사라졌다.

# CHAPTER 48

📖 워크북 p58

*They had gathered* on the dock behind the lake house to **pay their last respects**.

Pepper and Morgan walked down the dock, followed by Happy, Steve, and Rhodey.

Pepper placed a **floral spray** on the lake, with Tony's very first arc reactor—the one he had **forged** inside that

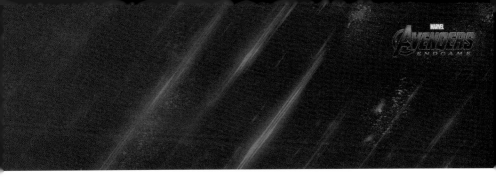

타노스와의 최후의 격전에서 승리한 어벤져스 멤버들은 각자의 삶을 찾아 흩어집니다.
스티브는 과거에서 가져온 인피니티 스톤과 몰니르를 원래의 시간대로 되돌려 놓기 위해
과거로 돌아갑니다.

 그들은 마지막으로 조의를 표하기 위해 호숫가 저택 뒤편에 있
는 나루터에 모였다.

 페퍼와 모건이 나루터로 걸어 내려갔고, 해피와 스티브, 로디가
뒤따랐다.

 페퍼는 토니가 가장 처음으로 만든 아크 원자로를 ― 그가 수년
전 동굴 안에서 만든 그것을 ― 화환 중앙에 놓은 뒤 호숫가에 내

cave so many years ago—in the center. The sign, made by Pepper originally to tease Tony and perhaps inspire him, now was a **reminder** that read simply, "**Proof** that Tony Stark has a heart."

The Avengers were all there. Thor and Bruce, his damaged arm in a sling. Clint was there with his wife and family. Peter Parker and his Aunt May **were in attendance**, as were Doctor Stephen Strange and Wong.

Scott Lang and Hope Van Dyne were there with Cassie, along with Hank and Janet Pym.

The Guardians had arrived as well, with Nebula, Quill, Drax, Rocket, Groot, and Mantis standing solemnly.

T'Challa, Okoye, and Shuri gazed into the lake, watching the flowers float away.

Wanda, Bucky, and Sam stood silently as Sam put his hand on Clint's shoulder in solidarity.

A young man that Pepper had introduced as Harley Keener was there. Pepper had told Steve that Harley had been instrumental as a young boy in Tony's fight

려놓았다. 원래는 페퍼가 토니를 놀리려고 만들었지만, 어쩌면 토니에게 영감을 주었을 '토니 스타크에게 마음이 있다는 증거'라는 글귀가 이제는 그를 기리는 문구가 되었다.


어벤져스가 그곳에 있었다. 토르와 부상 당한 팔에 팔걸이 붕대를 한 브루스. 클린트도 아내와 가족과 함께 있었다. 피터 파커와 메이 숙모도 참석했고, 닥터 스티븐 스트레인지와 웡 역시 자리했다.

스캇 랭과 호프 반 다인은 캐시와 행크, 자넷 핌과 함께 참석했다.

가디언즈 역시 도착해 있었고 네뷸라와 퀼, 드랙스, 로켓, 그루트, 맨티스가 엄숙하게 자리에 서 있었다.

티찰라와 오코예, 슈리는 호수를 바라보며 화환이 저 멀리 떠가는 것을 지켜보았다.

완다와 버키 그리고 샘이 묵묵히 자리를 지키고 서 있었고, 샘은 하나된 마음으로 클린트의 어깨 위에 손을 올렸다.

페퍼가 할리 키너라고 소개한 젊은 남자도 자리를 지키고 있었다. 페퍼는 토니가 올드리치 킬리언과 싸울 때 어린 소년이었던 할리가 도움을 주었다고 스티브에게 알려주었다.

against Aldrich Killian. And he had shown promising **technological** skills even at that age.

Maria Hill and Thaddeus Ross, the former **general** and **Secretary of State**, were also on hand to pay their respects. Carol Danvers and Nick Fury stood on the steps near the house, faces solemn, perhaps not believing that Tony Stark was truly no longer among them.

\* \* \*

Clint and Wanda were walking down by the lake, looking at a tire swing.

"You know, I wish there was a way that I could let her know. That we won. We did it," Clint thought pensively of Natasha.

"Yeah, she knows," Wanda replied. "They both do." Her thoughts were of Vision as they both faced a life ahead without a close companion they hadn't expected to lose.

He put his arm around her, and Wanda did the same, leaning against Clint, drawing comfort from their shared

그리고 할리는 그 당시에도 유망한 과학 기술을 뽐냈었다.

마리아 힐과 전 육군 장군이자 국무장관인 새디어스 로스 또한 조의를 표하기 위해 참석했다. 캐럴 댄버스와 닉 퓨리는 저택의 계단 옆에 서서 엄숙한 표정으로 있었는데, 어쩌면 토니 스타크가 더는 그들과 함께할 수 없다는 사실을 믿지 못하는 듯했다.

* * *

클린트와 완다가 호숫가로 걸어가 타이어로 만든 그네를 바라보았다.

"있잖아, 그녀에게 알려줄 방법이 있으면 좋겠어. 우리가 이겼다는 걸 말이야. 우리가 해냈다는 걸." 클린트는 나타샤를 떠올리며 깊은 생각에 잠겼다.

"응, 알고 있을 거야." 완다가 답했다. "두 사람 다 알고 있을 거야." 그녀는 비전을 떠올렸고, 그들은 서로가 잃어버릴 거라 예상하지 못한 절친한 동료가 없는 세상을 마주하고 있었다.

그가 완다에게 어깨동무를 했고, 완다도 클린트를 감싸며 서로가 공유하고 있는 슬픔을 위로했다.

**grief**.

They stood looking at the water.

* * *

"How you doing, squirt?"

"Good," Morgan Stark **chirped** back. If she was truly understanding and dealing with the fact that her father was gone, she was being **inscrutable** about it. But Starks always had more going on in their minds than their words or behavior let on.

Happy Hogan sat with his former boss and best friend's daughter on the front porch. "You're good?"

"Mm-hmm."

"Good," Happy nodded, not quite sure how to comfort her if she wasn't. ❶ He decided to try a page from Tony's book. "You hungry?"

"Mm-hmm." She was **agreeable**, but **distant**. Were her thoughts with her father now?

그들이 자리에 서서 호수를 바라보았다.

* * *

"별일 없니, 다람쥐 아가씨?"

"네." 모건 스타크가 재잘거리는 목소리로 대답했다. 모건이 아버지가 죽었다는 사실을 정말 이해하고 받아들였는지 알 수 없는 모습이었다. 하지만 스타크 가족은 언제나 그들이 하는 말이나 행동보다 더 많은 생각을 했다.


해피 호건은 현관 베란다에서 전 직장 상사이자 가장 친한 친구의 딸아이 옆에 앉아 있었다. "괜찮아?"

"음흠."

"다행이다." 해피가 고개를 끄덕였으나, 모건이 괜찮지 않으면 어떻게 달래줘야 할지 알 수 없었다. 그는 토니의 방식대로 해보기로 결심했다. "배고프지?"

"음흠." 모건이 그렇다고 했지만, 애매한 반응이었다. 지금 아빠를 생각하고 있는 걸까?

"What do you want?" Happy would have gotten the moon for her if she asked, as he would have for her father.

"Cheeseburgers." Her answer made him smile.

"You know, your dad liked cheeseburgers," he shared.

"Okay." Nothing seemed to put her off. Happy wanted that to be the case for the rest of her life … and he hoped to always be a part of it.

"I'm gonna get you all the cheeseburgers you want." *Forever*, he promised.

＊ ＊ ＊

"So, when can we expect you back?" Valkyrie asked.

Thor looked at New Asgard through his sunglasses, then slowly took them off. "Um, about that." How to tell her?

Valkyrie sighed. "Thor, your people need a king." He wasn't going to go hide behind video games again, was he?

"No," Thor said. "They already have one."

"뭐 먹을래?" 해피는 토니에게도 그랬듯 모건이 말만 하면 저 하늘에 있는 달이라도 따다 줄 수 있었다.

"치즈버거요." 그녀의 대답은 그를 미소짓게 했다.

"있잖아, 네 아빠도 치즈버거 좋아했어." 그가 추억을 공유했다.

"네." 그 무엇도 모건을 슬프게 할 수 없으리라. 해피는 모건의 남은 인생 동안 그런 일만 일어나길 바랐다…. 그리고 자신이 그 인생의 일부가 될 수 있길 바랐다.

"네가 원하는 치즈버거 다 사줄게." 영원히, 해피가 약속했다.


* * *

"그래서 언제 돌아오실 거죠?" 발키리가 물었다.

토르가 선글라스 너머로 뉴 아스가르드를 보고는 천천히 선글라스를 벗었다. "음, 그게 말이야." 어떻게 얘기를 해야 하지?


발키리가 한숨을 내쉬었다. "토르, 백성들에겐 왕이 필요해요." 토르가 다시 비디오 게임 뒤로 숨을 일은 없을 것이다.

"아니." 토르가 말했다. "왕은 이미 있어."

Then he stared at Valkyrie in a way that said, *I'm talking about you.* Because he was.

Valkyrie rolled her eyes. "That's funny."

Thor stayed silent.

"Are you being serious?" she asked, hoping he wasn't, and yet, wondering if he was.

"It's time for me to be who I am rather than who I'm supposed to be," Thor explained, thinking about what his mother had told him and the decision it had led him to. "But you, you're a leader. That's who you are."

"You know, I'd make a lot of changes around here," she warned him as she rolled the idea of leadership around in her mind.

"I'm counting on it, your **majesty**." He was confident in his choice.

Thor smiled and held out his hand. Valkyrie took it in hers, and they shook.

"What will you do?" she asked, curious.

"I'm not sure," Thor answered with a shrug. "You

그러고는 마치 '니 말이야'라고 말하듯 발키리를 응시했다. 왜냐하면 그는 그렇게 말하고 있었기 때문이다.

발키리가 눈을 굴렸다. "재미있네요."

토르는 침묵을 지켰다.

"진심이신가요?" 발키리가 물으며 그게 아니길 바라면서도 한편으로는 진심인지 궁금해했다.

"이젠 되어야 할 누군가가 아니라 진짜 내가 되어야 할 시간이야." 토르가 설명하며 어머니가 알려주신 것과 그것이 이끌어준 결심을 떠올렸다. "하지만 자네, 자네는 리더야. 그게 바로 자네지."


"알아두세요. 이곳의 많은 부분을 고칠 거예요." 발키리가 머릿속으로 리더의 생각을 굴리며 토르에게 경고했다.


"믿고 있습니다, 폐하." 토르는 자신의 결정에 자신 있었다.


토르가 미소를 지으며 손을 내밀었다. 발키리가 그 손을 잡았고 그들이 악수를 했다.

"이제 뭘 하실 거죠?" 발키리가 궁금해하며 물었다.

"나도 모르겠어." 토르가 어깨를 으쓱하며 말했다. "알잖아,

know, for the first time in a thousand years, I have no path. I do have a ride, though."

Thor nodded in the direction of the Guardians' ship, parked in a field at the outskirts of New Asgard. Rocket stood by the ship, waving and waiting for his new crewmate.

"Move it or lose it, hairbag," Rocket said **cheerfully**.

Thor laughed. This was going to be fun.

* * *

Inside the lower flight deck of the Guardians' ship, Peter Quill was searching the cosmos, trying to find any trace of Gamora. Exactly which Gamora he was looking for, past or present, he couldn't say.

Since Bruce Banner had snapped his fingers, the vanished had returned.

But there was no sign of either Gamora.

Quill wasn't ready to give up hope.

She had to be out there somewhere.

Somewhere.

천 년 만에 드디어 처음으로 나의 길이 없어졌어. 그래도 타고 갈
건 있어."

토르가 뉴 아스가르드의 외곽 평야에 세워져 있는 가디언즈의
우주선이 있는 방향으로 고갯짓을 했다. 로켓이 우주선 옆에 서서
손을 흔들며 신참 승무원을 기다리고 있었다.

"지금 안 가면 떠난다, 털복숭이." 로켓이 쾌활하게 말했다.

토르가 웃었다. 이번 여정은 재미있을 것이다.

* * *

가디언즈 우주선의 조종실 하단 구역 안에선 피터 퀼이 가모라
의 작은 흔적이라도 찾아내기 위해 우주를 뒤지고 있었다. 정확히
어떤 가모라를 찾으려는 건지, 과거인지 현재인지는 그도 알 수 없
었다.

브루스 배너가 손가락을 튕긴 후, 사라진 모든 이들이 돌아왔다.

하지만 어느 쪽 가모라도 신호가 잡히지 않았다.

퀼은 희망을 포기할 준비가 되지 않았다.

그녀는 분명 이 우주 어딘가에 있어야 했다.

어딘가에 말이다.

He looked at the hologram of Gamora, then reached up and pushed it away as the Guardians entered the flight deck.

"Well, here we are! Tree, good to see you!" Thor set a bag down on a table, on top of a game that Quill had been playing, knocking the pieces to the floor. Then he took off his sunglasses and walked over to Quill, patting him on the shoulder **amiably**.

Quill bristled, then looked back at the hologram display, bringing up a star chart. Thor raised his hand, and swiped at the chart, bringing up a completely different sector of space.

Annoyed, Quill swiped the star chart back to the area he had been looking at before.

"Well, the Asgardians of the Galaxy back together again. Where to first?" Thor inquired, prepared to answer his own question by **virtue** of his **natural** authority.

"Hey. Just so you know, this is my ship still. I'm in charge," Quill said defensively.

퀼이 가모라의 홀로그램을 바라보았고, 이후 가디언즈가 조종실 안으로 들어오자 손을 들어 홀로그램을 치워버렸다.

"자, 우리 왔어! 나무야, 반갑다!" 토르가 퀼이 하던 게임판이 올려진 탁자 위에 가방을 내려놓았고, 그중 몇 조각이 바닥에 떨어졌다. 그리고는 그가 선글라스를 벗으며 퀼에게 다가가 친근하게 어깨를 두드려 주었다.

퀼의 신경이 곤두섰고, 곧바로 그가 홀로그램 영상을 다시 바라보며 행성 목록을 불러왔다. 토르가 손을 들어 올려 목록을 넘기며 전혀 다른 우주의 영역을 불러왔다.

짜증이 난 퀼은 행성 목록을 조금 전 자신이 보던 장소로 되돌려 놓았다.

"자, 아스가디언즈 오브 갤럭시가 다시 뭉치게 됐군. 어디로 먼저 갈래?" 토르가 질문하며 타고난 권위자의 덕목으로 자신이 물어본 질문에 대답할 준비를 했다.

"저기, 이것만 알아 둬. 이건 아직 내 우주선이야. 내가 리더라고." 퀼이 방어적으로 대답했다.

"I know, I know," Thor replied **soothingly**. "Of course you are. Of course." Thor didn't believe it for a moment.

Then Thor moved the star chart again.

"See, you say, 'of course,' but then you touch the map. And it makes you think that maybe you didn't realize I was in charge." Quill was quickly getting annoyed. It was his ship, man.

"**Quail**, you, that's your own **insecurities** in there," Thor reassured him.

"'Quail?!'" How would the stupid god of thunder like to be called something else, Quill wondered?

"Okay? I am merely trying to be of service and assisting," Thor said brightly, ready to take the lead.

"Quill," or Star-Lord would do, as well, he thought.

"That's what I said," Thor acknowledged. But had he really or was he **baiting** him?

Drax took a bite of something, chewing. "You should fight one another for the honor of leadership," he stated flatly.

"알아. 알지." 토르가 진정시키며 대답했다. "당연히 네가 대장이지, 당연히." 토르는 잠깐 동안 그 말을 믿지 않았다.

그 뒤 토르가 다시 행성 목록을 움직였다.

"봐, '당연히'라고 말했으면서 바로 지도를 만지잖아. 이러는 걸 보면 내가 여기 대장이란 걸 네가 아직 모르는 것 같아." 퀼은 순식간에 짜증이 솟구쳤다. 이건 그의 우주선이었다.

"퀘일, 어이, 그런 거로 걱정하진 마." 토르가 그를 안심시켰다.

"'퀘일?!'" 이 멍청한 천둥의 신을 뭐라고 불러주면 좋아할까? 퀼이 생각했다.

"알겠지? 난 그냥 내 할 일 하면서 널 도와주려던 것뿐이야." 토르가 밝게 말하며 진두지휘를 할 준비를 했다.

"퀼이야." 아니면 스타 로드라고 부르던가. 퀼은 생각했다.

"그렇게 말했어." 토르가 알려주었다. 정말 그랬을까? 아니면 그를 놀리려는 걸까?

드랙스가 뭔가를 한입 물고는 씹었다. "리더의 명예를 걸고 한판 붙어." 드랙스가 심드렁하게 말했다.

"Sounds fair," Nebula agreed.

"Well …" Thor **mused**. He eyed Quill. Of course he could take him easily, but …

"It's not necessary, okay?" Quill told them. I could totally take him, Quill thought. Not that he needed to prove himself.

"It's not, no," Thor agreed. Quill would go down, but really, there was no need to fight to prove who was **superior**.

"I got some blasters, unless you guys wanna use knives," Rocket offered.

Mantis's eyes grew large. "Oh, yes! Please, use knives." This was exciting!

"Yeah. Knives," Drax concurred.

"I am Groot." A definitive response.

"Not necessary," Quill said again, trying to end the discussion.

"No, there shall be no knifing one another. Everybody knows," Thor chuckled, "who's **in charge**." It was obvious.

"그거 괜찮네." 네뷸라가 동의했다.

"뭐…." 토르가 곰곰이 생각했다. 그가 퀼을 보았다. 물론 그는 퀼을 단숨에 제압할 것이지만, 문제는….

"그럴 필요 없어. 알겠어?" 퀼이 모두에게 말했다. 내가 분명 이기지. 퀼이 생각했다. 그렇다고 그걸 보여줄 필요는 없었다.

"그럴 필요 없어, 전혀." 토르도 동의했다. 퀼도 싸울 수 있었지만, 정말로, 굳이 누가 더 센지 겨룰 필요가 없었다.

"칼싸움하기 싫으면 나한테 우주총 있어." 로켓이 제안했다.

맨티스의 눈이 휘둥그레졌다. "오, 좋아요! 칼을 쓰세요!" 신나는 일이었다!

"그래. 칼이지." 드랙스도 동의했다.

"나는 그루트다." 뻔한 대답도 들렸다.

"싸울 필요 없다니깐." 퀼이 다시 한번 말하며 이 대화를 끝내려고 했다.

"맞아, 서로에게 칼질 할 일은 없을 거야. 모두 알잖아?" 토르가 껄껄대며 웃었다. "누가 대장인지 말이야." 그것은 분명했다.

"Me," Quill replied, looking at Thor. "Right?" He had to make sure Thor knew that.

"Yes," Thor allowed, laughing. "You. Of course! Of course." Silly Terran.

Then in a low whisper, Thor said again, "Of course." The two would-be leaders kept a wary eye on each other.

\* \* \*

"Remember, you have to return the Stones to the exact moment you got 'em or you're gonna open up a bunch of **nasty** alternative realities," he warned.

Bruce Banner stood outside the demolished headquarters of the Avengers, near a forest that was still standing, surprisingly. His arm was still in a sling and hurt more than he imagined it would.

Opening a briefcase, he checked to make sure that all six Infinity Stones were inside.

Bruce pushed the case over to Steve.

"Don't worry, Bruce," he **consoled** his friend, closing

"나지." 퀼이 대답하며 토르를 바라보았다. "그렇지?" 그는 토르가 제대로 알고 있는지 확실히 해야 했다.

"그럼." 토르가 인정하며 웃었다. "자네지. 당연히! 당연하지." 멍청한 테란.

그리고 토르가 낮게 속삭이며 다시 말했다. "물론이지." 대장이 되려는 두 남자가 서로를 경계하는 눈빛을 주고받았다.

* * *

"명심해. 스톤들을 가져온 정확한 순간으로 돌려놔야 해. 안 그러면 끔찍한 대체 현실들이 생겨나." 그가 경고했다.


브루스 배너는 파괴된 어벤져스 본부 밖에 위치한, 아직까지도 살아남은 게 신기한 숲 근처에 서 있었다. 브루스의 팔은 여전히 팔걸이 붕대 안에 있었고, 그것은 그가 상상한 것보다 훨씬 더 고통스러웠다.

그는 서류 가방을 열어 여섯 개의 인피니티 스톤이 모두 있는지 확인했다.

브루스가 스티브에게 가방을 넘겨주었다.

"걱정 마, 브루스." 스티브가 친구를 안심시키며 가방을 닫고 걸

the case and latch. "Clip all the branches."

"You know, I tried. When I had the gauntlet, the Stones, I … I really tried to bring her back," Bruce said of their missing teammate. But she was more than that to him. "I miss her, man."

Steve looked into Bruce's eyes. "Me too," he said softly. She had touched more lives than she may have ever known.

Steve stood with Sam near the controls of the new, more portable Quantum Tunnel that Bruce had constructed for this mission. Bucky was there, too.

"You know, if you want, I could come with you," Sam offered.

The friends looked at each other as Bruce started to flip switches on the Quantum Tunnel control panel.

"You're a good man, Sam. This one's on me, though," Steve said, facing his past and his future.

Bucky walked over to Steve.

"Don't do anything stupid till I get back," Steve teased,

쇠를 걸었다. "잘 해결하고 올게."

"저기, 나도 노력했어. 건틀렛이랑 스톤을 가졌을 때, 내가… 내가 그녀를 되살려 보려고 노력했어." 브루스가 이제는 없는 그들의 동료에 대해 말했다. 하지만 그에게 그녀는 더 의미 있는 존재였다. "그녀가 그리워."

스티브가 브루스의 눈을 바라보았다. "나도 그래." 그가 조용히 대답했다. 그녀는 평생 자신이 알고 지낸 이들보다 더 많은 이들의 목숨을 구했다.

샘과 함께 스티브는 브루스가 이번 임무를 위해 제작한 새롭고 더 휴대성이 좋은 양자 터널의 제어 장치 옆에 서 있었다. 버키도 함께 있었다.

"있잖아, 원하면 같이 가줄 수 있어." 샘이 제안했다.

브루스가 양자 터널의 스위치를 켜기 시작할 때 두 동료가 서로를 바라보았다.

"넌 좋은 친구야, 샘. 하지만 이 일은 내가 해야 해." 스티브가 자신의 과거와 미래를 직시하며 말했다.

버키가 스티브에게 다가왔다.

"내가 돌아올 때까지 멍청한 짓 하지 마." 스티브가 장난을 치며

suddenly reminded of the words Bucky had said to him when they parted company all those years ago, when Bucky left New York to fight in World War II.

Bucky remembered, too, and laughed. "How can I? You're taking all the stupid with you."

The two men hugged, and Steve headed to the platform.

"Gonna miss you, buddy," Bucky said. He looked at Steve intently. He knew his friend better than anyone else. And this felt like a big good-bye.

Steve met the gaze of his oldest friend. "It's gonna be okay, Buck." He believed it, too. It was the right thing he was doing.

Mjolnir was resting on the platform, and Steve gave the hammer a look. As unbelievable as it all was—and as incredible as it had been to wield Thor's hammer—Steve knew that it, too, must be returned to its proper time and place.

수십 년 전 제2차 세계 대전 참전을 위해 뉴욕을 떠나던 버키가 두 사람이 헤어질 때 한 말을 갑자기 떠올렸다.

버키도 기억하고 있었고 그가 웃었다. "내가 어떻게 하겠어? 내 멍청함을 네가 다 가져가는데."

두 남자가 껴안았고, 스티브가 플랫폼을 향해 걸어갔다.

"보고 싶을 거야, 친구." 버키가 말했다. 그가 스티브를 골똘히 바라보았다. 그는 친구를 다른 누구보다도 더 잘 알고 있었다. 그리고 이것은 긴 이별 같이 느껴졌다.

스티브가 그의 가장 오랜 친구와 눈을 마주쳤다. "다 잘 될 거야, 버키." 그도 그 말을 믿었다. 그가 지금 하는 일은 옳은 일이었다.

묠니르가 플랫폼 위에 놓여 있었고, 스티브가 그 망치를 바라보았다. 토르의 망치를 휘두를 수 있다는 것은 지금까지 일어난 모든 일이 믿을 수 없었던 만큼 너무나도 놀라웠지만, 스티브는 그것 역시 적절한 시간과 장소로 돌아가야 한다는 것을 알고 있었다.

He tapped the controls of his time-travel band, and the time-travel suit formed over his Captain America uniform.

"How long is this gonna take?" Sam asked Bruce.

"For him, as long as he needs. For us, five seconds," Bruce responded.

Standing on the platform, Steve picked up Mjolnir.

"You ready, Cap? All right, we'll meet you back here, okay?"

"You bet." Steve was his usual bundle of confidence.

Bruce activated the controls of the Quantum Tunnel.

"Going Quantum! Three … two … one!"

Before their eyes, Steve shrank to microscopic size as the aperture opened, and he **ventured** into the Quantum Realm.

Sam thought the seconds seemed **unusually** long as he waited for Bruce to count them back.

Bruce checked the controls. "And … returning in five … four … three … two … one."

At that precise moment, nothing happened.

스티브가 시간 여행 밴드의 제어 장치를 두드리자 캡틴 아메리카의 슈트 위로 시간 여행 슈트가 생성되었다.

"얼마나 걸려?" 샘이 브루스에게 물었다.

"스티브에게는 필요한 만큼. 우린 5초." 브루스가 대답했다.

스티브가 플랫폼 위에 서서 묠니르를 집었다.

"준비됐어, 캡? 좋아, 다시 여기서 만나는 거야. 알겠지?"

"걱정 마." 스티브는 평소처럼 자신감으로 가득 찬 상태였다.

브루스가 양자 터널의 제어 장치를 작동시켰다.

"양자 영역 진입! 3… 2… 1!"

그들의 눈앞에서 터널이 열리자, 스티브가 미세한 크기로 줄어들더니 양자 세계로 진입했다.

샘은 브루스가 숫자를 세길 기다리는 동안의 그 몇 초가 유난히 길게 느껴졌다.

브루스가 제어 장치를 확인했다. "이제… 복귀까지 5… 4… 3… 2… 1."

정확한 순간에 아무 일도 일어나지 않았다.

Looking at the controls, Bruce scratched his head. Then he flipped a switch.

"Where is he?" Sam asked, staring at the empty platform and trying not to worry.

"I don't know," Bruce admitted. "He blew right by his time stamp. He should be here."

Bucky looked at the platform, then turned. Something in the distance caught his eye.

"Well, get him back," Sam demanded, **impatiently**.

"I'm trying." Bruce struggled with the controls.

"Get him the hell back!" Sam insisted.

"Hey, I said I'm trying." But Bruce didn't understand what had happened. It should have worked.

Bucky interrupted in a low, gentle voice. "Sam."

Glancing first at Bucky, Sam then saw what the former Winter Soldier was looking at.

In the distance, sitting on a bench by the lake, was an old man. He wore a tan jacket and had a large, **flat** case next to him.

브루스가 제어 장치를 바라보며 머리를 긁적였다. 그러고는 그가 스위치 하나를 켰다.

"어디 있지?" 샘이 비어 있는 플랫폼을 바라보았고, 걱정하지 않으려 애쓰며 말했다.

"나도 모르겠어." 브루스가 인정했다. "타임 스탬프는 통과했어. 캡은 지금 여기 있어야 해."

버키가 플랫폼을 바라본 뒤 몸을 돌렸다. 멀리 있는 무언가가 버키의 눈에 들어왔다.

"그럼 돌아오게 해." 샘이 조바심을 내며 요구했다.

"노력 중이야." 브루스가 분주히 제어 장치를 만졌다.

"당장 데려오라니까!" 샘이 계속 요구했다.

"나도 노력 중이라니깐." 하지만 브루스도 무슨 일이 벌어진 것인지 이해를 할 수가 없었다. 분명 성공했어야 했다.

버키가 낮고 부드러운 목소리로 끼어들었다. "샘."

샘이 처음에는 버키를, 그 다음에는 전 윈터 솔져가 바라보고 있는 곳을 보았다.

저 멀리 호숫가 의자에 한 노년의 남자가 앉아 있었다. 노인은 황갈색 재킷을 입고 있었고, 옆에는 크고 납작한 가방이 있었다.

Sam and Bucky walked toward where the man sat.

"Go ahead," Bucky urged quietly, motioning for Sam to approach the man on the bench.

Sam walked, and as he got closer, he saw that it was actually Steve sitting there.

Only he was older.

Much, much older.

"Cap?" Sam questioned.

"Hi, Sam," Steve greeted him, his voice **gravelly**, but still strong. And somehow, **peaceful**.

"So, did something go wrong, or did something go right?" Sam was hesitant to guess which was the correct answer. But he thought just maybe, it went well.

"Well, after I put the Stones back, I thought maybe I'll try some of that life Tony was telling me to get." Cap reflected on the time he'd taken back.

"How'd that work out for you?" Sam wondered.

Steve looked at the lake and smiled. "It was beautiful."

"Good. I'm happy for you. Truly." And he was.

샘과 버키가 노인이 앉아 있는 곳으로 걸어갔다.

"가봐." 버키는 의자에 앉아있는 남자에게 가보라는 몸짓을 하며 샘을 조용히 부추겼다.

샘이 걸어갔고 그가 가까이 다가갈수록 그 자리에 진짜 스티브가 앉아 있다는 사실을 알아차렸다.

다만 그는 나이가 많아 보였다.

아주, 아주 많아 보였다.

"캡?" 샘이 불렀다.

"안녕, 샘." 스티브가 걸걸하지만, 여전히 힘 있는 목소리로 샘에게 인사를 했다. 그리고 어쩐지 평화로운 목소리였다.

"그래서 일이 잘못된 거야, 아니면 잘된 거야?" 샘은 어느 쪽이 옳은 답인지 추측하기를 망설였다. 그러나 일이 잘된 것인지도 모른다고 생각했다.

"음, 스톤들을 되돌려 놓은 후에 토니가 나에게 가져보라고 말한 그런 삶을 살아보는 게 어떨까 생각했어." 캡은 그가 다시 가지게 된 시간들을 회상했다.

"그 삶은 어땠는데?" 샘이 궁금해했다.

스티브가 호수를 바라보며 미소지었다. "아름다웠어."

"잘됐네. 나도 기뻐. 진심이야." 그는 진심이었다.

If anyone **deserved** a good life, it was Steve.

Without looking, Steve reached down and slid the case next to him over toward Sam. There was something so … balanced about him. Like he'd done everything he'd ever set out to do and was satisfied with the results.

"Thank you."

Sam paused, thinking about the life Steve must have experienced in his time away from them. "Only thing bumming me out is the fact I have to live in a world without Captain America."

"Oh!" Steve said. "Well, that reminds me. Try it on." He seemed pleased to finally pass it forward and let it go.

Sam looked at Steve, then at the case. He saw it, but couldn't believe it.

It was Steve's shield.

Sam was floored. He looked at Bucky, who nodded, in agreement with Steve's decision. Someday maybe he, too, would have the chance to carry the shield. But right here and right now, it **appropriately** belonged to Sam.

만약 누군가 좋은 인생을 살 자격이 있다면 그것은 스티브였다.

스티브가 그를 쳐다보지 않은 채 아래로 손을 뻗어 옆에 있던 가방을 건네주었다. 스티브는 뭐랄까… 뭔가 안정된 느낌이었다. 마치 자신이 시작한 모든 일을 말끔하게 처리한 뒤 결과에 만족한 듯 보였다.

"고마워."

샘은 잠시 멈춰 그들을 떠나 살았을 스티브의 인생을 떠올려 보았다. "딱 하나 안타까운 건, 이제 캡틴 아메리카가 없는 세상을 살아가야 한다는 거야."

"오!" 스티브가 말했다. "음, 그 말 덕에 생각나는군. 한번 열어 봐." 그가 마침내 가방을 건네주었고 그것을 줄 수 있어서 기뻐보였다. 샘은 스티브를 바라본 뒤 가방을 쳐다보았다. 그는 그것을 봤지만 믿을 수 없었다.

그것은 스티브의 방패였다.

샘은 너무도 놀랐다. 샘이 버키를 바라보았고, 버키는 고개를 끄덕이며 스티브의 결정에 동의했다. 언젠가는 어쩌면 그 역시 방패를 지닐 기회를 갖게 될지도 모른다. 하지만 바로 이곳, 지금 이 순간 방패가 마땅히 샘의 것이 되었다.

He lifted the shield from the case and then slid it over his arm, adjusting the straps. He hefted the disc and looked down. It was both heavier and lighter than he'd expected.

"How does it feel?" Steve asked.

"Like it's someone else's," Sam answered **truthfully**.

"It isn't." Steve was confident in his choice, but also took some **delight** in passing the shield to his overwhelmed friend Sam.

"Thank you. I'll do my best," Sam said, **humbled** and still in shock.

"That's why it's yours." Steve put out his hand, taking Sam's. Then he put his other hand on top of his friend's. He had **faith** in Sam. And in time, Sam would, too.

Sam couldn't help but notice the gold band on Steve's left ring finger. Steve really had lived.

"You wanna tell me about her?" Sam was amused and prying just a bit to see if his friend would open up.

샘이 케이스에서 방패를 꺼낸 뒤 팔로 가져가 끈을 조였다. 그가 원반을 들어 올리더니 그것을 내려다보았다. 생각했던 것보다 무겁기도 하고 한편으로는 가볍기도 했다.

"느낌이 어때?" 스티브가 물었다.

"다른 사람 물건인 것 같아." 샘이 솔직하게 대답했다.

"그렇지 않아." 스티브는 자신의 결정을 확신했고, 자신에게 과분한 친구인 샘에게 방패를 넘겨주었단 사실에 어느 정도 기쁨도 느꼈다.

"고마워. 최선을 다할게." 샘이 말했고, 그의 목소리는 겸손했으나 여전히 놀란 기색이 역력했다.

"그래서 네 것이라는 거야." 스티브가 손을 내밀어 샘의 손을 잡았다. 그리고 다른 손을 친구의 손 위에 얹었다. 그는 샘에게 믿음을 가지고 있었다. 그리고 언젠가 샘도 스스로를 믿게 될 것이다.

샘은 의도치 않게 스티브의 왼손 약지에 끼워져 있는 금색 반지를 보게 되었다. 스티브는 정말로 자신의 인생을 산 것이다.

"나한테 그녀 얘기는 해 줄 거야?" 샘은 놀라웠고, 친구가 지난 일들을 알려줄 수 있을지 살펴보았다.

Letting go of Sam's hand, Steve looked down at his feet, a smile playing around his lips. "No. No, I don't think I will."

* * *

When he walked into the house, he wondered for a moment if she would yell at him for being late.

He was also worried that he might step on her feet.

But that was okay. She showed him what to do. She had always been his guiding light.

The two danced in the living room of her house.

He rested his cheek against her forehead.

Steve Rogers was finally home.

스티브가 샘의 손을 놓으며 발을 내려다보았고 입가에 미소를 지었다. "아니. 아니, 그 얘기는 안 할래."


* * *

그가 집으로 걸어 들어갈 때, 자신이 늦었단 이유로 그녀가 야단을 치진 않을까 잠시 걱정했다.

그는 혹시 자신이 그녀의 발을 밟지 않을까 걱정하기도 했다.

하지만 그건 상관없었다. 그녀는 스티브에게 어떻게 해야 하는지 알려주었다. 그녀는 언제나 스티브를 인도하는 불빛이었다.

두 사람은 그녀의 집 거실에서 춤을 췄다.

스티브가 자신의 뺨을 그녀의 이마에 갖다 댔다.

스티브 로저스가 마침내 집으로 돌아왔다.

# 스크린 영어 리딩 –
## 어벤져스, 에이지 오브 울트론, 인피니티 워

| 케일린 신 번역 및 해설 | 박민지 번역 및 해설 | 박민지 번역 및 해설 |
|---|---|---|
| 524면 ǀ 16,000원 | 296면 ǀ 14,000원 | 520면 ǀ 16,000원 |

**구성** ｜ ·영화를 소설화한 **원서 영한대역** ·단어장과 표현 설명 **워크북**

## 국내 유일! 〈어벤져스〉 원서 수록

영어 고수들이 추천하는 최고의 영어 학습법, 원서 읽기!
영화만큼 흥미진진한 〈어벤져스〉 원서로 책장 넘어가는 짜릿함을 느낀다!

**난이도** 첫걸음 ｜ 초급 ｜ 중급 ｜ 고급  **목표** 원서 한 권 완독하기

**대상** 원서 읽기로 영어 실력을 향상하고 싶은 독자

# 영어 고수들은
# 영화를 '원서로' 읽는다!

## 영한대역으로 읽는다!

사전과 해석을 뒤적거리는 답답한 독해는 그만!
영한대역으로 사이다 같은 독해를 즐긴다!

## 〈어벤져스〉로 읽는다!

매번 실패하는 '원서 읽기',
재미있는 스토리로 읽어야 성공한다!
영화만큼 흥미진진한 〈어벤져스〉 원서로
책장 넘어가는 짜릿함을 느낀다!

값 16,000원

© 2020 MARVEL

ISBN 979-11-6521-060-1
ISBN 979-11-6521-059-5 (세트)

04740

* 영화를 각색한 소설로 영화 내용과 전개가 다를 수 있습니다

MARVEL

# 어벤져스
## 엔드게임

## 2

스크린 영어 리딩 – 어벤져스 엔드게임 2

길벗
이지:톡

— 스크린 영어 리딩 —

2

번역·해설 **이시재**

📖 원서가 술술 읽히는 단어장 p16

- ☐ **clinical** 임상의, (판단, 묘사 등이) 분석적인, 냉정한
- ☐ **mechanical** 기계의, 기계 장치의, 기계적인

p18

- ☐ **chamber** 회의실, 공간, 방
- ☐ **mother ship** (우주선 등의) 모함, 모선
- ☐ **snatch** 잡아채다, 움켜잡다
- ☐ **port** 항구, 포트(컴퓨터의 주변 기기 접속 단자)
- ☐ **groan** 신음하다, 끙끙거리다, 괴로워하다
- ☐ **shift** (장소를) 옮기다, 이동하다, 자세를 바꾸다
- ☐ **restraint** 규제, 통제, 제한, 속박, (움직임을 제한하는) 안전벨트
- ☐ **run** 달리다, 뛰다, 작동시키다, (사업체 등을) 운영하다
- ☐ **diagnostic** 진단, 진단 기구, (병의) 특징, 징후
- ☐ **sire** (왕에 대한 경칭으로) 폐하, 전하
- ☐ **entangle** 엉키게 하다, 뒤얽히게 하다
- ☐ **withdraw** (물건을) 꺼내다, (예금 등을) 인출하다
- ☐ **oblivious** 잘 잊어버리는, 건망증이 있는
- ☐ **discomfort** 불편, 불안, (약한) 고통

p20

- ☐ **impossible** 불가능한
- ☐ **duplicate** 복제품, 복사, 복제하다, 사본을 만들다
- ☐ **valuable** 소중한, 귀중한
- ☐ **access** 입장, 접근, 접속하다, 접근하다
- ☐ **bidding** 명령, 요청, 분부, 경매, 입찰

p22

- ☐ **projection** 투사, 투영, 영사, (투사된) 영상

2

- □ **hiss** 쉭 소리를 내다, (화난 어조로) 낮게 말하다
- □ **oversize** 특대의, 너무 큰

p24

- □ **identify** (신원 등을) 확인하다, 알아보다
- □ **disdain** 경멸, 모멸, 거만한 태도, 경멸하다, 업신여기다
- □ **unruly** 다루기 힘든, 제멋대로인
- □ **wretch** 불쌍한 사람, 가엾은 사람, 비열한 사람
- □ **reflection** 반사, 반영, 투영, 영상
- □ **amplify** 증폭시키다, 확대하다, 증대하다

p26

- □ **unbearable** 참을 수 없는, 견딜 수 없는

## 📖 원서가 술술 읽히는 단어장

p28

☐ **startle** 깜짝 놀라게 하다

p30

☐ **bathrobe** 목욕용 가운

☐ **vain effort** 헛수고, 헛된 노력

☐ **grant** 주다, 수여하다, 승인하다, 허락하다, 인정하다

☐ **evade** 피하다, 회피하다, 모면하다

☐ **attire** 의복, 복장

☐ **outfit** 옷, 복장, 의상

☐ **excuse** 변명하다, 용서하다, (너그러이) 봐주다

☐ **appearance** 외모, 겉모습

p32

☐ **mimic** 흉내를 내다, 모방하다

☐ **hesitate** 망설이다, 주저하다

☐ **suitable** 적합한, 적절한, 알맞은

☐ **affectionately** 애정을 담아, 다정하게

p34

☐ **sass** 건방진 말대꾸, 말대꾸하다, 건방진 말을 하다

☐ **know better than to** (~할 정도로) 어리석지는 않다

☐ **underestimate** 과소평가하다, 낮게 어림하다, 경시하다

☐ **perception** 지각, 자각, 인지, 통찰력

☐ **insight** 통찰력, 이해, 간파, 식견

☐ **forthcoming** 다가오는, 곧 있을

☐ **unburden** (걱정 등을) 털어 놓다, (마음의) 부담을 없애다

4

- ☐ **scamper** 날쌔게 움직이다, 재빨리 달리다, 급히 사라지다
- ☐ **ornate** 화려하게 장식한, 잘 꾸민
- ☐ **pillow** 베개
- ☐ **snore** 코를 골다
- ☐ **relative** 비교적인, 상대적인

- ☐ **axe** 도끼
- ☐ **sternly** 엄격하게, 준엄하게, 단호하게
- ☐ **coward** 겁쟁이, 비겁한 사람
- ☐ **melancholy** 우울, 비애, 침울
- ☐ **opportunity** 기회
- ☐ **absolutely** 전적으로, 틀림없이, (대답으로) 그럼, 물론이지
- ☐ **uncertain** 불확실한, 불안정한, 확신이 없는
- ☐ **term** 용어, 말, (일정한) 기간, 기한

- ☐ **straightforward** 똑바른, 정직한, 솔직한, 직접의, 간단한
- ☐ **helplessly** 무력하게, 의지할 데 없이, 어쩔 수 없이
- ☐ **measure** 측정, 계측, (판단, 측정의) 척도, 기준
- ☐ **succeed** 성공하다, 계승하다, 뒤를 잇다

- ☐ **furry** 털로 덮인, 모피로 덮인
- ☐ **extraction** 추출
- ☐ **device** 장치, 기구
- ☐ **repair** 수리하다, (상황을) 바로잡다, (건강을) 회복하다
- ☐ **compel** 강요하다, 억지로 시키다
- ☐ **lay ahead** (위험 등이) 기다리고 있다, 앞에 놓여 있다
- ☐ **burden** 부담, 짐

5

p44

☐ **nonchalantly** 무심하게, 냉담하게, 태연하게

☐ **extraordinary** 기이한, 놀라운, 비범한, 대단한

p48

☐ **whoosh** 쉭 하는 소리, (아주 빠르게) 휙 지나가다

☐ **dwarf** 난쟁이, 소인

☐ **toss** (가볍게) 던지다

p50

☐ **worthy** 자격이 있는, 가치 있는, 훌륭한

☐ **elated** 매우 기뻐하는, 신이 난, 의기양양한

☐ **relieved** 안심한, 안도한, 다행으로 여기는

☐ **unimpressed** 감명받지 않는

☐ **envelop** 감싸다, 뒤덮다

☐ **farewell** 작별 인사, 작별, 고별

☐ **brilliant** 훌륭한, 멋진, 아주 성공적인, 눈부신, 뛰어난, 우수한

---

📖 이 문장도 짚고 가기!

❶ Knowing what lay ahead was a heavy burden for anyone to bear. 그 이후에 듣게 될 얘기는 누구든 견디기에 큰 부담이 될 것이기 때문이었다.

▶ lay ahead는 '위험이 앞에 놓여있다'는 뜻인데요. 이 문장을 풀어서 설명하면, 프리가가 그녀의 앞에 놓여있는 것이 누구도 견뎌내기 힘든 큰 부담(위험)이라는 것을 알고 있었다는 뜻입니다. 그러니 그녀는 토르의 말을 듣고 싶지 않았겠죠?

6

📖 원서가 술술 읽히는 단어장

p52

☐ **ruins** (파괴된 건물의) 잔해, 폐허, 유적

☐ **blare** 요란하게 울리다, 쾅쾅 울리다, 울려 퍼지다

☐ **portable** 휴대용의, 들고 다닐 수 있는

p54

☐ **puddle** (빗물 등의) 물웅덩이

☐ **greasy** 기름투성이의, 기름이 많이 묻은

☐ **unbelievable** 믿을 수 없는, 믿기 어려운

☐ **clock** (속도를) 재다, 측정하다, (남을) 때리다, 치다

p56

☐ **satchel** (어깨에 메는) 책가방, 학생 가방

☐ **rummage** 뒤지다, 샅샅이 찾다, (뒤져서) 찾아내다

☐ **assume** 추정하다, 추측하다

☐ **lock pick** 자물쇠를 따는 도구

☐ **succinct** 간단명료한, 간결한

☐ **vault** (은행의) 금고, 지하 납골당, 아치형 지붕

☐ **sphere** 구체, 구, 구형

☐ **ample** 충분한, 풍부한, 광대한

☐ **orb** 구, 구체, (왕권을 상징하는) 보주

p58

☐ **spike** 큰 못, (못같이) 뾰족한 것

☐ **skeleton** 해골, 뼈대, 골격

☐ **booby trap** 위장 폭탄, 부비 트랩

☐ **hesitation** 주저, 망설임, 우유부단

☐ **endure** 견디다, 참다, 인내하다

p60

- ☐ **exertion** 노력, 분투, (권력, 영향력의) 행사
- ☐ **in an effort to** ~하려는 노력으로
- ☐ **appendage** 부속물, 부가물, 첨가물
- ☐ **devoid of** ~이 없는
- ☐ **rarely** 드물게, 좀처럼 ~하지 않는

p62

- ☐ **leg brace** 금속 다리 보호 기구
- ☐ **crush** 충돌하다, 뭉개다
- ☐ **injury** 부상, 손상, 손해, 피해
- ☐ **ultimately** 궁극적으로, 결국, 근본적으로, 본질적으로
- ☐ **assistance** 도움, 원조, 지원, 조력
- ☐ **simultaneously** 동시에, 일제히
- ☐ **apparent** 분명한, 명백한, 겉보기에는, 외견상의
- ☐ **nothingness** 공허, 존재하지 않음, 없음

p64

- ☐ **vantage point** (무엇을 지켜보기에) 좋은 위치, 시점, 관점, 견해
- ☐ **interrogate** 심문하다, 추궁하다
- ☐ **reduce** 줄이다, 축소하다, (화합물을) 분해하다
- ☐ **accuse** 고발하다, 고소하다, 비난하다, 책망하다

p66

- ☐ **halt** 멈추다, 중단시키다
- ☐ **deduce** 추론하다, 추정하다
- ☐ **tip** 기울어지다, 기울이다, 젖히다, 살짝 건드리다
- ☐ **scale** 규모, 범위, 등급, 저울
- ☐ **implication** 함축, 암시, (행동, 결정이 초래할 수 있는) 결과, 영향
- ☐ **bow** (고개를) 숙이다, (허리를 굽혀) 절하다
- ☐ **obediently** 복종하여, 순순히, 고분고분하게
- ☐ **filter** 걸러내다, 여과하다

8

☐ **conflicting** 모순되는, 상반되는, 충돌하는

p68

☐ **reactivate** 재활성화하다, 재가동하다, 재개하다

☐ **resume** 다시 시작하다, 재개하다

☐ **torture** 고문하다

☐ **unfold** (생각, 의도를) 나타내다, 밝히다, (접은 것을) 펴다, 펼치다

☐ **fulfill** (의무 등을) 수행하다, 완료하다, (소망을) 달성하다, 실현시키다

p70

☐ **wrath** 격노, 분노, 복수, 징벌

☐ **traitor** 배신자, 배반자, 반역자

☐ **betray** 배신하다, 배반하다

☐ **caress** 어루만지다

p72

☐ **shut down** (기계가) 멈추다, 정지하다

☐ **damp** 축축한, 눅눅한

☐ **realization** 깨달음, 자각, 인식

☐ **flee** 달아나다, 도망치다

☐ **crackle** 탁탁 소리를 내다, 금이 가다

☐ **static** (수신기의) 잡음, (전기) 정전기, (움직임 없이) 고정적인

p74

☐ **blot out** 완전히 덮다, 완전히 가리다, (안 좋은 기억을) 애써 잊다

☐ **solitary** 혼자의, 외로운, 고독한, 유일한, 단 하나의

☐ **skyward** 하늘을 향해, 하늘로

📖 원서가 술술 읽히는 단어장　p78

- ☐ **fire escape** (화재 대피용) 비상계단
- ☐ **alley** 골목길, 좁은 길

p80

- ☐ **impact** 영향, 충격, 충돌
- ☐ **rubble** 돌무더기, 잔해
- ☐ **passenger** 승객, 탑승객
- ☐ **swivel** (가운데가 고정된 채) 돌다, 회전하다, (몸, 눈을) 휙 돌리다
- ☐ **glare** 노려보다, 쏘아보다

p82

- ☐ **brief** 잠시의, 잠깐의, (말, 글이) 간결한, 간단한
- ☐ **reiterate** 반복하다, 되풀이하다
- ☐ **repeat** 반복하다, 거듭 말하다
- ☐ **guts** 용기, 기력, 배짱, 근성, 인내력

p84

- ☐ **carry out** 수행하다, 이행하다
- ☐ **billion** 10억
- ☐ **steering wheel** (자동차의) 핸들

p86

- ☐ **retake** 다시 가지다, 되찾다, 재촬영하다
- ☐ **acquire** 습득하다, 얻다, 획득하다
- ☐ **military installation** 군사 시설
- ☐ **hint at** 암시하다, (감정, 생각 등을) 내비치다
- ☐ **vague** 애매한, 모호한, (기억 등이) 희미한, 어렴풋한

- ☐ **stutter** 말을 더듬다
- ☐ **associate** 동료, 동지, 동업자
- ☐ **improvise** (연주, 연설 등을) 즉흥적으로 하다

- ☐ **confirmation** 확인, 확증
- ☐ **fumble** (말을) 더듬다, (손으로) 더듬거리다, 더듬어 찾다
- ☐ **pep talk** 격려의 말, 격려 연설, 응원 연설
- ☐ **expectantly** 기대하며

---

### 이 문장도 짚고 가기!

---

**❶ I dropped the ball.** 실수였어.

▶ 스페이스 스톤을 회수하는 데 실패한 토니가 스티브와 스캇에게 말하는 장면입니다. 공을 떨어뜨렸다니 이게 무슨 의미일까요? 구기 종목 스포츠 경기에서 공을 놓치는 장면을 떠올려 보세요. 공을 놓친다는 것은 아주 큰 실수겠죠? drop the ball은 '큰 실수를 하다, 실수로 망치다'라는 뜻입니다.

**❷ Little stroll down memory lane.** 잘 기억해 봐.

▶ stroll은 '걷다, 산책하다'라는 뜻인데요. memory lane은 과거를 더듬어가는 기억의 길을 뜻합니다. 과거의 기억을 잠깐 걸어보라는 것은 기억을 되짚어 보라는 뜻이겠죠?

**❸ THE Garden State.** 바로 정원의 주.

▶ 여기서 The Garden State, '정원의 주(州)'는 미국 북동쪽에 위치한 뉴저지를 의미하는데요. 1845년부터 1850년까지 뉴저지주의 법무상 직책을 수행하던 아브라함 브라우닝이 뉴저지주는 양쪽에서 열고 닫을 수 있으며 질 좋은 먹거리가 한가득 담겨 있는, 그야말로 '정원의 주'라고 말하면서 아직까지 '정원의 주'라는 별칭으로 불리고 있습니다.

11

# 챕터 29

📖 원서가 술술 읽히는 단어장

p96

- ☐ **bustle** 붐비다, 북적거리다
- ☐ **barbed wire** 가시줄, 가시 철사
- ☐ **fence** 울타리, 담, 방벽

p98

- ☐ **infantry division** 보병 사단
- ☐ **birthplace** 출생지, 발상지, 근원지

p100

- ☐ **barracks** 막사, 병영, 크고 볼품없는 건물
- ☐ **serviceable** 쓸모 있는, 유용한, 편리한, 튼튼한, 실용적인
- ☐ **business suit** 신사복, 양복
- ☐ **fatigues** (군인의) 훈련복, 작업복
- ☐ **unless** 만약 ~이 아니면, ~하지 않는 한
- ☐ **mildly** 약간, 가볍게, 부드럽게, 상냥하게
- ☐ **curious** 궁금한, 호기심이 많은
- ☐ **administer** (회사, 조직을) 관리하다, 운영하다, (약을) 투여하다

p102

- ☐ **transform** 변형시키다
- ☐ **quasi-fascistic** 유사 파시즘
- ☐ **intelligence organization** 정보 기구, 정보 조직
- ☐ **plain** 명백한, 분명한, 똑똑히 보이는, 숨김없는, 솔직한
- ☐ **badge** (소속, 신분, 계급 등을 나타내는) 표, 배지

p104

- ☐ **spot** 발견하다, 찾다, 알아채다
- ☐ **banter** 정감 어린 농담, (악의 없는) 농담

13

☐ **limply** 유연하게, 흐느적거리면서

☐ **appealing** 매력적인, 흥미로운

☐ **seriously** 심하게, 진지하게, 진심으로

p118

☐ **gill** (어류의) 아가미

☐ **strangely** 이상하게, 기묘하게

☐ **beatnik** 비트족

### 🗣 이 문장도 짚고 가기!

**❶ The guard recognized the car because of the "NUFF SAID" bumper sticker on the back.**

초소의 경비병도 그 차의 후방 범퍼에 붙여진 '그만 말해' 딱지를 보고 이를 알아차렸다.

▶ 극 중 카메오로 출연한 스탠 리의 자동차에 스티커가 붙어 있었는데요. 'NUFF SAID'라는 글귀가 있었습니다. NUFF는 enough를 줄인 말로, NUFF SAID는 '충분히 알아들었으니 그만하면 됐다.'라는 뜻입니다. 주로 대화를 종결하거나 혹은 더 이상의 이야기가 필요하지 않다고 생각될 때 쓰는 말인데요. 스탠 리가 칼럼에서 즐겨 사용하던 문구에서 따온 말이라고 하네요.

**❷ Do I know you?** 우리 구면인가요?

▶ 누군가를 언젠가 한 번 본 것 같은 느낌이 들 때 자주 쓰는 표현입니다. '혹시 저 아세요?'라고 직접적으로 묻지 않고 '혹시 제가 당신을 아나요?'라고 에둘러서 공손하게 표현하는 것이죠. 같은 뜻의 표현으로 Have we met before?도 있으니 함께 알아두시면 좋습니다.

**❸ You look a little green around the gills there, Potts.**

어째 안색이 별로 안 좋으시네요, 포츠 씨.

▶ 갑작스레 아버지 하워드 스타크를 만난 토니가 당황하는 장면입니다. gill은 물고기의 아가미를 뜻하는데요. 물고기의 아가미가 초록색이라는 것은 물고기의 건강이 좋지 않다는 의미겠죠? 사람에게 '아가미가 녹색인 것처럼 보여.'라고 말하는 것은 안색이나 건강이 안 좋아 보인다는 뜻입니다.

## ❹ That'd be swell.  그거 좋네요.

▶ swell은 1930년대부터 사용된 슬랭으로 '멋진, 정말 좋은, 즐거운' 등의 뜻을 가지고 있습니다. swell 의 원래 의미는 '붓다, 부풀다'인데요. 눈, 코, 입이 부풀어 오를 만큼 굉장히 기쁜 상태를 표현하기 위해 이 단어를 쓴 것이 아닐까 하는 추측도 있습니다.

## ❺ You're not one of those beatniks, are you, Potts?

혹시 비트족은 아니죠, 포츠 씨?

▶ 토니가 하도 넋이 나가 보이니까 혹시 비트족이 아닌지 하워드가 묻는 장면입니다. beatniks는 미국 의 비트족(beat generation)을 가리키는 말인데요. 비트족은 말 그대로 '패배의 세대'라는 뜻입니다. 1950년대 전후 미국의 풍요로운 물질 환경 속에서 보수화된 기성질서에 반발해 저항적인 문화와 기행을 추구한 젊은 세대를 말합니다. 영화 〈이유 없는 반항〉의 제임스 딘을 비트족의 대표적인 예로 들 수 있습니다.

📖 원서가 술술 읽히는 단어장

p120

- ☐ **assorted** 분류된, 여러가지의, 여러 종류의, 다채로운
- ☐ **state-of-the-art** 최신의, 최신 기술의, 최첨단의
- ☐ **feature** 특색, 특징, 특성, 특색을 이루다
- ☐ **transistorize** 트랜지스터화하다

p122

- ☐ **technology** 기술, 과학 기술
- ☐ **annoyed** 짜증 나는, 화가 난, 불쾌한
- ☐ **take a sip** 한 모금 마시다
- ☐ **twitch** 씰룩거리다, 경련하다

p124

- ☐ **in a dash** 서둘러, 허둥지둥
- ☐ **hang up** 전화를 끊다

p126

- ☐ **freight** 화물, 화물 운송
- ☐ **expecting** 임신한
- ☐ **impending** 임박한, 곧 닥칠

p128

- ☐ **weird** 이상한, 기이한
- ☐ **knot** 매듭
- ☐ **exactly** 정확히, 꼭, 틀림없이
- ☐ **pregnant** 임신한
- ☐ **bemused** 멍한, 어리벙벙한, 넋이 나간
- ☐ **pantry** 식료품 저장실
- ☐ **expectant** 기다리는, 기대하는, 출산을 앞둔

- ☐ **awful** 끔찍한, 지독한
- ☐ **tremble** (몸을) 떨다, 떨리다, (가볍게) 흔들리다
- ☐ **warn** 경고하다, 주의를 주다
- ☐ **worship** 숭배하다, 존경하다
- ☐ **resent** 분개하다, 노하다, 화내다
- ☐ **outweigh** (가치, 중요성 등이) 능가하다, ~보다 중대하다
- ☐ **self-interest** 사리사욕, 이기심
- ☐ **inconspicuous** 눈에 잘 안 띄는, 주의를 끌지 않는
- ☐ **instinct** 본능, 타고난 소질

- ☐ **fishy** 수상한, 의심스러운
- ☐ **describe** 묘사하다, 서술하다
- ☐ **available** 이용할 수 있는, 쓸모 있는
- ☐ **MP (military police)** 헌병
- ☐ **breach** (법률, 도덕 등의) 위반, 불이행, (벽에 생긴) 틈, 구멍

- ☐ **frosted glass** 불투명 유리
- ☐ **pass by** 지나가다, 지나치다, 옆을 지나다
- ☐ **command** 지휘하다, 명령하다, 지시하다

- ☐ **haunt** (생각, 감정 등이) 머리에서 떠나지 않다, (오랫동안) 괴롭히다
- ☐ **sergeant** 병장, 하사관
- ☐ **Air Command** 공군 사령부, 항공 군단
- ☐ **decisive** (문제, 논쟁 등이) 결정적인, (성격이) 결단력 있는

- ☐ **enthuse** 열중하다, 열광하다, 감격하다
- ☐ **shudder** (추위, 공포로) 떨다, (싫어서) 몸서리치다
- ☐ **invincible** 무적의, 이길 수 없는

17

- [ ] **awhile** 잠시, 잠깐

p140

- [ ] **qualified** 자격이 있는, 적격의, 적임의
- [ ] **successfully** 성공적으로, 훌륭하게
- [ ] **lost** 잃어버린, 분실한, 자포자기한, 어떻게 할 줄을 모르는

p142

- [ ] **signal** (동작, 소리로) 신호를 보내다

p144

- [ ] **discipline** 훈육, 단련, 수양
- [ ] **tough** 힘든, 어려운, 엄한, 냉정한
- [ ] **look back** (과거를) 되돌아보다

p146

- [ ] **fancy** 고급의, 값비싼, 일류의
- [ ] **childhood** 어린 시절
- [ ] **absent** 결석한, 부재의, 불참한
- [ ] **constantly** 끊임없이
- [ ] **father figure** 아버지 같은 존재, 이상적인 아버지 상
- [ ] **protective** 보호하는, 보호용의, 방어적인
- [ ] **AI (artificial intelligence)** 인공 지능

p148

- [ ] **overwhelm** (격한 감정이) 휩싸다, 압도하다, (힘으로) 제압하다
- [ ] **comfort** 위로, 위안, 위로가 되는 것
- [ ] **million** 100만, 100만의, 많은, 무수한

**❶ Crikey O'Reilly!** 이런 세상에!

▶ Crikey O'Reilly!는 아일랜드에서 놀랄 때 쓰는 말인 Blimey O'Reilly!(맙소사! 아뿔싸)를 살짝 바꿔서 사용한 표현입니다.

**❷ You know? He did drop the odd pearl.**

왜 있잖아요, 아버지는 가끔 격언도 해주셨죠.

▶ pearl에는 '진주'라는 뜻 말고도 '아주 귀중한 것'이라는 의미가 있는데요. 그래서 pearl of wisdom 은 '주옥같은 말'이라는 뜻입니다. odd는 여기서 '가끔의, 이따금의'라는 뜻으로 쓰였습니다. 결국 이 문장은 '아버지가 아주 드물게 주옥같은 말을 해주셨다.'라고 의역할 수 있습니다.

이 표현에서 odd만 빼면 또 다른 표현이 되는데요. 1930년대 영화에서 주인공이 분노해 진주 목걸이 를 바닥에 내팽개치거나 혹은 꽉 쥐는 장면에서 drop the pearls라는 표현이 유래했습니다. 그래 서 '화를 내기 직전이다'라는 말을 clutch one's pearls(진주를 꽉 쥐다)라고 표현하고, 반대로 '화 를 풀다'라는 말은 drop the pearls라고 합니다.

📖 원서가 술술 읽히는 단어장

p152

☐ **contempt** 경멸, 멸시

p154

☐ **disgust** 혐오감, 역겨움

☐ **wrist** 손목, 팔목

☐ **tear** 찢다, 뜯다, 잡아 뜯다, 떼어 내다

p156

☐ **furious** 격노한, 매우 화가 난

☐ **humiliate** 굴욕감을 주다, 창피를 주다

☐ **pathetic** 불쌍한, 애처로운, 한심한, 무기력한

☐ **holster** (가죽으로 된) 권총집

☐ **sizzling** 지글지글 소리내는, 몹시 뜨거운

☐ **sensation** 감각, 지각, 느낌, 기분, 감동, 선풍

☐ **pry** 지레로 들어 올리다, (사람, 물건을) 가까스로 움직이다

p158

☐ **throne** 왕좌, 옥좌

☐ **ascend** 오르다, 올라가다

☐ **affix** 부착하다, 붙이다

☐ **for the sake of** ~을 위해서

📖 원서가 술술 읽히는 단어장

p160

☐ **irony** 풍자, 반어, 비꼬는 말
☐ **circumstance** (일, 사건 등을 둘러싼) 환경, 상황, 정황
☐ **totally** 완전히, 전적으로
☐ **awesome** 경탄할 만한, 어마어마한, 엄청난

p162

☐ **resting place** 안식처, 무덤
☐ **trek** 길고 고된 여행, (힘들게 오래) 걷다, 이동하다
☐ **overall** 전반적인, 전체의, 총체적인
☐ **effect** 영향, 결과, 효과, 느낌, 인상
☐ **macabre** 섬뜩한, 으스스한, 무시무시한
☐ **raccoon** 미국너구리
☐ **technically** 엄밀히 말하면, 기술적으로
☐ **description** 서술, 기술, 묘사, 표현
☐ **stash** 숨겨둔 물건, 숨긴 장소, (안전한 곳에) 넣어 두다, 숨기다
☐ **dismissively** 오만하게, 경멸적으로
☐ **unearthly** 섬뜩한, 기이한

p164

☐ **seek** 찾다, 찾으러 가다, 추구하다, 노력하다, 시도하다
☐ **torso** (인체의) 몸통
☐ **belie** 거짓으로 전하다, 속이다, (감정을) 숨기다

p166

☐ **ominously** 불길하게, 기분 나쁘게
☐ **robe** 예복, 의복, 길고 헐거운 겉옷
☐ **semicircular** 반원의
☐ **sheer** 완전한, (경사가) 가파른, 깎아지른 듯한

- □ **abyss** 심연, 깊은 구렁
- □ **everlasting** 영원한, 변치 않는
- □ **tiny** 아주 작은, 자그마한
- □ **pace** 천천히 걷다, (초조하거나 화가 나서) 서성거리다

- □ **interact** 상호 작용하다, 서로 영향을 주다
- □ **mock** 놀리다, 조롱하다, 흉내내다, 무시하다
- □ **buy** (의견을) 믿다, 받아들이다
- □ **coincidence** 우연의 일치
- □ **unacceptable** 용납할 수 없는, 인정할 수 없는
- □ **resolved** 굳게 결심한, 단호한

- □ **cup** (두 손을 동그랗게 모아 쥐고) ~을 감싸다
- □ **confide in** ~에게 비밀(속마음)을 털어놓다
- □ **decent** 품위 있는, 예의 바른, 적당한, 알맞은, 훌륭한
- □ **sentimentality** 다정다감, 감상적임, 감상적인 생각

- □ **vulnerable** 취약한, 연약한
- □ **retort** 쏘아붙이다, 응수하다, 대꾸하다
- □ **ledger** (은행, 사업체 등에서 거래 내역을 적은) 원장
- □ **repay** (빌린 돈을) 갚다, 상환하다, (은혜 등을) 갚다, 보답하다

- □ **pellet** 알갱이, 작은 알약, 작은 산탄 총알
- □ **electrostatic** 정전기의

- □ **quiver** 화살집, 화살통, (감정, 몸의) 떨림, 가벼운 전율
- □ **purchase** 손으로 잡을 곳, 발을 디딜 곳

☐ **taut** (밧줄 등이) 팽팽한, (신경 등이) 긴장된

p180

☐ **crevasse** 크레바스(빙하 속의 깊이 갈라진 틈)
☐ **keep a grip on** ~을 잡고 있다, ~을 장악하고 있다
☐ **sway** 흔들리다, 동요하다, 기울다

p182

☐ **absolve** (죄를) 용서하다, 사면하다
☐ **implore** 애원하다, 간청하다
☐ **serene** 고요한, 평화로운, 조용한
☐ **grapple** 붙잡다, 꽉 쥐다, 격투하다, 맞붙어 싸우다
☐ **coalesce** 합치다, 합체하다, 합동하다, 연합하다

p184

☐ **agonizingly** 고통스럽게, 괴로울 정도로
☐ **negate** 무효화하다, 효력이 없게 만들다, (사실을) 부인하다
☐ **ledge** (절벽에서 튀어나온) 바위 턱, 암붕

**❶ If only it were that easy.** 그게 그렇게 쉽다면 말이지요.

▶ 섬뜩한 분위기를 자아내는 보르미르에서 망토를 두른 미지의 형체가 클린트와 나타샤에게 말하는 장면입니다. 흔히 가정법으로 알고 있는 if only(~였으면 좋을 텐데) 구문인데요. 단순히 스톤의 위치를 알려주고 찾아가면 되는 문제면 좋을 텐데, 그렇게 쉬운 일이 아니라는 말입니다.

**❷ No, don't you get all decent on me now.**

안 돼, 혼자만 멋있는 거 하려고 하지 마.

▶ decent는 '굉장히 멋진'이라는 뜻으로 awesome이나 cool과 같은 어감을 가지고 있습니다. 스톤을 얻기 위해 서로가 희생을 자처하는 상황에서, 클린트가 약간의 농담을 섞어 '나한테서 멋진 걸 다 가져가려고 하지 마.', 즉 '혼자서 멋있는 척하려고 하지 마.'라고 나타샤에게 말하는 장면입니다.

**❸ They both had red in their ledgers.**

그들은 서로에게 큰 빚을 지고 있었다.

▶ have red in one's ledger는 '갚아야 할 빚이 있다'는 의미를 가진 오래된 표현입니다. 나타냐와 클린트가 서로에게 신세를 졌기에 그것을 갚으려 한다는 의미이죠.

📖 원서가 술술 읽히는 단어장

p188

☐ **burst with** ~으로 터질 듯하다

☐ **whirl** 소용돌이치다, 회전하다, 빙빙 돌다

p190

☐ **power down** 전원을 끊다, 정지하다, 출력을 낮추다

☐ **pensively** 수심에 잠겨, 깊은 생각에 잠겨

p192

☐ **absence** 부재, 결석, 결근, 불참

☐ **gaping** 입을 크게 벌린, 크게 갈라진

☐ **devastated** 황폐한, 망연자실한, 엄청난 충격을 받은

p194

☐ **dock** 부두, 선창

☐ **remarkably** 두드러지게, 현저하게, 몹시, 매우

☐ **anxious** 불안한, 걱정하는, 염려하는

☐ **anticipation** 기대, 예상, 예측

☐ **sadden** 슬프게 하다, 슬퍼지다, 우울해지다

☐ **agitated** 불안한, 흥분한

p196

☐ **sputter** (분노, 충격으로) 식식거리며 말하다

☐ **earthly** 지구의, 속세의

p198

☐ **lifetime** 일생, 평생, 생애

☐ **weight** 무게, 체중, 무거운 짐을 지우다, 과중한 부담을 지우다

- ☐ **onward** 전진하는, 향상하는, 전방으로, 앞으로
- ☐ **procedure** 절차, 진행, 경과
- ☐ **delicate** 섬세한, 정교한, 연약한
- ☐ **understatement** 절제, 절제된 표현
- ☐ **eternity** 영원

- ☐ **transparent** 투명한
- ☐ **metallic** 금속의, 금속으로 된
- ☐ **harness** (동력원 등으로) 이용하다, 활용하다
- ☐ **interval** 간격, 틈

- ☐ **cuff** (셔츠의) 소맷부리, 소매 끝동
- ☐ **suspend** 매달다, 걸다
- ☐ **volunteer** 자원하다, 자진하다, 자원 봉사로 하다
- ☐ **strut** 뽐내며 걷다, 활보하다
- ☐ **invulnerability** 불사신, 상처를 입힐 수 없음
- ☐ **compare** 비교하다, 견주다

- ☐ **ensue** 잇따라 일어나다, 계속되다, (어떤 일, 결과가) 뒤따르다
- ☐ **eagerness** 열망, 열심, 열의
- ☐ **debate** 토론, 토의, 논의

- ☐ **hasty** 성급한, 서두른, 경솔한
- ☐ **rashly** 성급하게, 무분별하게, 경솔하게
- ☐ **prove a point** 생각을 밝히다, 주장이 정당함을 보여주다
- ☐ **occasionally** 가끔, 때때로, 이따금
- ☐ **pacify** (화가 난 사람을) 달래다, 진정시키다

- ☐ **atone** 속죄하다
- ☐ **entire** 전체의, 완전한
- ☐ **surely** 확실히, 분명히, 틀림없이, 꼭, 정말로
- ☐ **channel** (돈, 감정, 생각 등을) ~에 쏟다
- ☐ **continent** 대륙

p210

- ☐ **course** 빠르게 흐르다
- ☐ **vein** 정맥, 혈관
- ☐ **alternately** 번갈아, 교대로, 엇갈리게
- ☐ **arrogant** 오만한, 거만한
- ☐ **ashamed** 부끄러운, 창피한, 수치스러운
- ☐ **lighten** 밝아지다, (마음이) 가벼워지다, (마음을) 밝게 하다
- ☐ **bicker** (사소한 일로) 다투다, 말다툼하다, 언쟁하다
- ☐ **curt** 퉁명스러운, 무뚝뚝한, (문체, 말이) 간결한, 짧은
- ☐ **conviction** 확신, 강한 신념, 유죄 선고
- ☐ **indestructible** 파괴할 수 없는, 불멸의

p212

- ☐ **radiation** 방사선

📖 **이 문장도 짚고 가기!**

❶ Yeah, look, I know that I'm way outside my pay grade here. 그래, 나도 내 영역 밖의 일이란 건 알아.

▶ 나타샤의 죽음을 용납할 수 없는 토르가 클린트에게 '넌 인간이라서 죽음을 되돌릴 수 없다고 말하는 거야.'라는 식으로 얘기하는데요. 이 말에 클린트가 한 대답입니다. pay grade는 '급여 수준'이라는 뜻인데요. '능력'이나 '등급', '권한'을 뜻하기도 합니다. 클린트는 토르처럼 우주의 힘이나 초능력이 없기 때문에 '여기선 내 능력이 한참 떨어지지.' 혹은 '이건 한참 내 능력(영역) 밖의 일이야.'라고 말하는 것이죠.

📖 원서가 술술 읽히는 단어장

p216

- ☐ **positive** 긍정적인, 확실한, 확신하는, 분명한

p218

- ☐ **retrieve** 되찾아오다, 회수하다
- ☐ **recalibrate** (온도계, 계량기 등을) 재조정하다
- ☐ **console** 계기반, 제어반, (기계, 기기 등의) 제어 장치

p220

- ☐ **don** (옷, 모자, 구두 등을) ~을 입다, 쓰다, 신다
- ☐ **protective goggles** 보안경
- ☐ **buffer zone** 완충지대
- ☐ **argument** 논쟁, 언쟁, 말다툼

p222

- ☐ **favor** 호의, 부탁
- ☐ **impenetrable** 관통할 수 없는, 들어갈 수 없는, 헤아릴 수 없는
- ☐ **implode** 안쪽으로 파열하다, (조직, 시스템 등이) 붕괴되다
- ☐ **utilize** 활용하다, 이용하다

p224

- ☐ **conform** (규칙, 법 등에) 따르다, 순응하다
- ☐ **rictus** 놀라 입을 벌린 표정, 찡그린 얼굴
- ☐ **willpower** 의지력

p226

- ☐ **flesh** 살, 피부
- ☐ **grit** 이를 갈다
- ☐ **worthiness** 가치 있음, 훌륭함

p228

- ☐ **gleam** 빛나다, 번쩍이다, 번득이다, 희미하게 빛나다
- ☐ **strain** 안간힘을 쓰다
- ☐ **threaten** 협박하다, 위협하다
- ☐ **unique** 유일무이한, 독특한, 특별한
- ☐ **summon** 소환하다, (회의를) 소집하다, (용기 등을) 내다

p230

- ☐ **muster** (용기, 힘 등을) 모으다, 불러일으키다
- ☐ **blank** 백지의, 공백의, 빈, 공허한

p232

- ☐ **pass out** 의식을 잃다, 기절하다
- ☐ **ongoing** 전진하는, 진행 중의
- ☐ **blistering** 맹렬한, 타는 듯한
- ☐ **temperature** 온도, 기온
- ☐ **limb** 팔다리

p234

- ☐ **intent** 의지, 의향, 의미, 의도, 취지
- ☐ **gather** 모이다, 모으다, 수집하다
- ☐ **sign** 신호, 징후, 조짐, 기색, 흔적

p236

- ☐ **vibrate** 떨다, 흔들리다, 진동하다

p238

- ☐ **quiver** 떨다, 떨리다
- ☐ **palm** 손바닥
- ☐ **clammy** 축축한, 차고 끈적끈적한
- ☐ **overcome** 극복하다, 이겨내다, (적 등을) 이기다, 압도하다
- ☐ **skylight** (지붕, 천장 등의) 채광창

**이 문장도 짚고 가기!**

❶ And the universe went blank. 그리고 온 우주가 새하얘졌다.

▶ 건틀렛을 낀 브루스가 온 힘을 다해 손가락을 튕기자 별안간 우주에 벌어진 일입니다. go blank는 '텅 비다'라는 뜻인데요. 온 우주가 텅 비었다는 말은 아무것도 없이 새하얘졌다는 의미와 같겠죠? 사람에게 쓰면 '머리가 하얘져서 아무 생각이 나지 않다, 마음이 텅 비다, 의식을 잃다, 기절하다'라고도 해석됩니다.

📖 원서가 술술 읽히는 단어장

p240

- ☐ **obstruct** 차단하다, 방해하다, 가로막다
- ☐ **notice** 의식하다, 주목하다, 알아채다
- ☐ **flash** 섬광, 반짝임, 빛
- ☐ **missile** 미사일
- ☐ **strike** (군사) 공격, 공습

p242

- ☐ **avoid** 피하다, 모면하다, 막다, 방지하다
- ☐ **shockwave** (폭발, 지진으로 인한) 충격파
- ☐ **mercy** 자비
- ☐ **volley** (화살, 탄환 등의) 일제 사격, 집중 투하
- ☐ **fissure** (바위, 땅의) 갈라진 틈, 균열

p244

- ☐ **cavern** (큰) 동굴, 굴
- ☐ **debris** 잔해, 파편
- ☐ **awareness** 의식, 자각
- ☐ **pin** (어떤 장소에) ~을 고정시키다, 움직이지 못하게 하다
- ☐ **underneath** ~의 밑에, 아래에
- ☐ **rod** 막대, 지팡이

p246

- ☐ **structure** 구조물, 건축물
- ☐ **crater** (화산의) 분화구, (폭탄, 지뢰의 폭발로 생긴) 큰 구멍
- ☐ **cramped** 비좁은, 갑갑한
- ☐ **canopy** (비행기 조종석의) 덮개
- ☐ **strain** 부담, 중압, 압박

❶ Mayday, mayday! Does anybody copy?

메이데이! 메이데이! 누구 들리는 사람 있나?

▶ 무너진 건물 속에 함몰된 로디가 도움을 요청하며 콤스에 소리치는 장면입니다. 전쟁 영화에서 특히 많이 들을 수 있는 표현인데요. '메이데이'는 항공기나 선박에서 쓰는 응급 조난 신호입니다. 프랑스어로 '도와줘'라는 뜻의 m'aider에서 유래했다고 합니다. copy는 '복사하다'가 아닌 '듣다, 이해하다'라는 뜻으로 쓰여 '누구 듣고 있어?'라는 표현이 됩니다.

📖 원서가 술술 읽히는 단어장

p262

- ☐ **drift** (물, 공기에) 떠가다, 표류하다, (서서히) 움직이다, 이동하다
- ☐ **advanced** 선진의, 고급의, 상급의, 진보한
- ☐ **laboratory** 실험실, 연구실
- ☐ **on the face of the Earth** 지구상에서

p264

- ☐ **flaming** 불타는, 타오르는, (색채가) 선명한, 열렬한, 열정적인
- ☐ **nudge** (팔꿈치로) 쿡 찌르다
- ☐ **affectionate** 다정한, 애정 어린
- ☐ **furrow** (미간을) 찡그리다
- ☐ **backlash** 반발, 반동, 저항, 반격
- ☐ **demolish** (건물을) 파괴하다, 무너뜨리다

p266

- ☐ **wary** 경계하는, 조심하는
- ☐ **rebar** (콘크리트 보강용) 철근
- ☐ **drywall** 석고판
- ☐ **cast a shadow** 그림자를 드리우다
- ☐ **demonic** 악마의, 악령의

p268

- ☐ **wreak** (큰 피해를) 입히다, 가하다
- ☐ **havoc** 대파괴, 큰 혼란, 피해
- ☐ **wreckage** 잔해, 파편

p270

- ☐ **godly** 경건한, 독실한, 신성한, 신의
- ☐ **eliminate** 없애다, 제거하다, 삭제하다, 죽이다

p272

- ☐ **resist** 저항하다, 반대하다
- ☐ **stubborn** 고집스러운, 완고한, 완강한
- ☐ **shred** 조각조각 찢다, 갈가리 자르다
- ☐ **lodge** 꽂다, 박다
- ☐ **teem with** (사람, 동물 등이) 바글거리다, 풍부하다

p274

- ☐ **battle cry** (전쟁터에서의) 함성
- ☐ **meantime** 그동안, 중간 시간
- ☐ **recover** 회복하다, 되찾다, 만회하다

p276

- ☐ **disperse** 흩어지다, 흩뜨리다, 확산시키다, 분산시키다

## 챕터 37

📕 본책 p278

📖 원서가 술술 읽히는 단어장

p278

☐ **buy time** 시간을 벌다

p280

☐ **whimper** 훌쩍이다, 울먹이다, 낑낑거리다
☐ **liquid** 액체
☐ **straddle** 두 발을 벌리다, 다리를 벌리고 서다, (강, 도로를) 가로지르다

p282

☐ **ravenous** 몹시 굶주린, 탐욕스러운, 게걸스럽게 먹는
☐ **unrelenting** 가차없는, 무자비한, 잔인한
☐ **beep** 삐 소리를 내다

p284

☐ **ripple** 잔물결, 파문
☐ **cascade** 작은 폭포, 폭포처럼 떨어지다
☐ **shriek** (흥분, 공포 등으로 날카롭게) 비명을 지르다
☐ **outpace** 앞지르다, 앞서다
☐ **dissipate** 소멸되다, (구름, 안개 등을) 흩뜨리다, 흩어져 없어지다
☐ **writhe** (고통으로) 몸부림치다, 몸을 뒤틀다

p286

☐ **clamp** 죔쇠로 고정시키다, 꽉 물다, 꽉 잡다
☐ **tug** (세게) 잡아당기다, 끌어당기다
☐ **mechanism** 기계 장치, 기구
☐ **celebration** 축하
☐ **wistfully** 아쉬운 듯이, 생각에 잠겨
☐ **scramble** 기어 다니다, 재빨리 움직이다, 서로 다투다

□ **shaft** 수직 통로, 승강기 통로

□ **claim** 주장하다, 요구하다, (목숨을) 앗아 가다

□ **sickening** 소름 끼치는, 역겨운

□ **delirious** 기뻐 날뛰는, 좋아서 어쩔 줄 모르는

□ **exhausted** 탈진한, 기진맥진한, 지친

---

**이 문장도 짚고 가기!**

**❶ She'd be having a ball, too, he thought wistfully.**

나타샤도 즐겼을 거라고 클린트는 애석해하며 생각했다.

▶ Have a ball은 '즐기다'라는 뜻입니다. ball에는 '무도회'라는 뜻도 있는데요. 무도회를 한다는 것은 다시 말해 '즐거운 시간을 보낸다'는 의미로도 해석할 수 있습니다. '나타샤가 있었다면 이 순간을 함께 즐겼을 텐데.'라고 클린트가 아쉬워하는 장면입니다.

37

📖 원서가 술술 읽히는 단어장

p292

☐ **level** (총을) 겨누다

p294

☐ **archer** 궁수, 활 쏘는 사람
☐ **oddly** 이상하게, 기묘하게

p296

☐ **badly** 몹시, 심하게, 대단히, 나쁘게, 서투르게
☐ **acceptance** 수락, 받아들임, 동의, 승인
☐ **defeat** 패배, 실패, 좌절
☐ **pitiful** 측은한, 가여운, 불쌍한

p298

☐ **defensively** 방어적으로
☐ **sizzle** 지글거리다, 타는 듯이 덥다
☐ **unshackled** 해방된, 속박을 받지 않는

📖 **이 문장도 짚고 가기!**

❶ **I AM this.** 이게 바로 나야.

▶ 강조하거나 화자의 강인한 의지를 나타낼 때, 크게 외치는 느낌을 표현할 때 대문자를 사용하는데요. 2014년의 네뷸라는 아버지 타노스에게 인정받기 위해 인피니티 건틀렛을 바쳐 자신의 존재를 증명하려 합니다. 이 문장은 미래에서 온 네뷸라처럼 나약하고 타노스를 배신하는 존재가 아닌, '지금의 자신이 바로 나'라는 것을 강조하기 위해 대문자가 사용되었습니다.

📖 원서가 술술 읽히는 단어장

p300

☐ **blot out** ~을 완전히 가리다, (안 좋은 기억을) 애써 잊다

p302

☐ **lightning** 번개, 번갯불
☐ **slam** 쾅 닫다, 세게 부딪다, 치다
☐ **supercharged** (엔진이) 과급된, (보통 것보다) 더 강력한

p304

☐ **smash** 박살내다, 부딪치다, 충돌하다, 때려 부수다
☐ **aside** 옆에, 떨어져서, 한쪽으로
☐ **pile** 무더기, 더미, 쌓아 놓은 것
☐ **momentum** 가속도, 탄력, 추진력, 기세
☐ **vital** 생명의, 생명 유지에 필요한, 필수적인, 활기 있는

p306

☐ **flip** 공중제비, 홱 뒤집다
☐ **squarely** 똑바로, 정면으로, 곧바로, 정확하게
☐ **blow** 강타, 타격, 구타
☐ **eventually** 결국, 드디어, 마침내
☐ **boomerang** 부메랑

p308

☐ **mighty** 강력한, 강한, 장대한, 웅장한
☐ **bare** 벌거벗은, 텅 빈
☐ **retaliate** 보복하다, 앙갚음하다
☐ **repeatedly** 반복해서, 되풀이하여
☐ **stomp on** 짓밟다
☐ **whiz** 윙 하며 움직이다, 쌩 하고 지나가다

40

□ **personal** 개인적인, 개인의, 사적인

□ **flicker** (등불, 희망, 빛 등이) 깜박이다

p324

□ **rampage** 광란, 야단법석, 격노 상태, 사납게 돌진하다

□ **menace** 위협, 협박, 공갈, 위협하다, 협박하다

□ **force** (물리력을 이용해) 강제로 ~하다, ~하게 만들다

□ **literal** 문자의, 문자 그대로의, (문자 그대로) 정확한, 과장없는

🔲 이 문장도 짚고 가기!

❶ It had disturbed him a bit at the time, given his own struggle to prove his worthiness. 당시에 토르는 스스로의 가치를 증명하려 고군분투했던 자신을 생각하며 살짝 불안하기도 했다.

▶ given이 문장의 맨 앞에 나오면 '~의 상황을 고려할 때'라는 의미입니다. 이전에 토르는 묠니르를 가질 수 있는 자격(worthiness)을 입증하기 위해 분투했는데요. 그러한 상황을 고려할 때, 캡틴 아메리카가 묠니르를 들 수 있다는 사실이 조금은 신경 쓰였다는 뜻입니다.

❷ Thanos returned to his feet, and the two warriors stood toe-to-toe. 타노스가 다시 일어섰고, 두 전사가 맞대결을 시작했다.

▶ stand toe to toe는 '발가락이 맞닿을 정도(toe to toe)로 가깝게 서 있다'는 의미입니다. 우리말로 자연스럽게 해석하면 '정면 대결을 펼치다, 맞대결하다'라고 할 수 있습니다.

❸ Hey, Cap, you read me? 이봐, 캡, 내 말 들리나?

▶ read에는 '읽다'라는 뜻 외에 '이해하다, 듣다, 알아듣다'라는 의미도 있습니다. 이 표현은 Do you copy?(내가 한 말 이해했어?)와 마찬가지로 전쟁 영화에서 자주 들을 수 있는 표현입니다.

📖 원서가 술술 읽히는 단어장

p328

☐ **spirit** 정신, 영혼, 기분, 마음
☐ **lift** 들어올리다, (기분, 사기 등이) 좋아지다
☐ **blip** 일시적인 상황 변화, 일시적 문제, (삐 소리와 함께 화면에 나타나는) 깜박 신호
☐ **flank** ~이 옆에 있다, 측면에 배치되다

p330

☐ **fray** 싸움, 경쟁
☐ **cloak** 망토
☐ **levitation** 공중 부양
☐ **fellow** 동료, 동지
☐ **neighborhood** 이웃, 근처, 부근, 인근
☐ **via** (어떤 장소를) 경유하여, 거쳐, 통해서

p332

☐ **accompany** 동행하다, 동반하다
☐ **steed** (승마용) 말, 군마

p334

☐ **skyward** 하늘로, 하늘을 향해
☐ **garage** 차고, 주차장

p336

☐ **affair** 사건, 일, (사교적인) 모임, 행사
☐ **spoil for** ~을 갈망하다
☐ **in time** 시간 맞춰, 늦지 않게
☐ **ravager** 파괴자, 약탈자

p338

☐ **terrestrial** 지구의, 육지의, 지상의

☐ **mind-blowing** 너무나 신나는, 감동적인, 놀라운

☐ **renewed** 재개된, 새로워진

**⌐⌐,, 이 문장도 짚고 가기!**

---

**❶ A duck. Huh.** 오리말이다.

▶ 캡틴 아메리카의 뒤로 수많은 포털이 열리기 시작하면서, 사라졌던 동료들이 하나둘 나타납니다. 이 장면에서 갑자기 오리가 나타나서 의아해하셨을 텐데요. 〈엔드게임〉에 깜짝 등장한 오리 캐릭터 '하워드 덕'을 말합니다. 영화에서는 아주 짧게 나오기 때문에 주의 깊게 보셔야 할 거예요.

**❷ Tony had gotten his bearings and sat up, with Friday busy recalibrating his armor for round two.** 토니도 정신을 차린 뒤 일어났고, 프라이데이는 2차전 돌입을 위해 아이언맨 슈트를 재조정하느라 분주했다.

▶ get one's bearings는 '주변 상황을 파악하다' 또는 '정신을 차리다'라는 표현입니다. get 대신 동사 find나 take를 넣어도 같은 의미가 됩니다.

📖 원서가 술술 읽히는 단어장

p340

☐ **vent** (감정 등을) 터뜨리다, 발산하다
☐ **lieutenant** (육, 해, 공군의) 중위, 소위

p342

☐ **ginormous** 엄청나게 큰, 터무니없이 큰
☐ **tread** (발을) 디디다, 밟다, (어디를) 걷다, 걸어가다
☐ **cohort** 집단, 군대
☐ **certain** 확실한, 틀림없는, 확신하는
☐ **hang in the balance** 위기에 처해 있다, 미해결 상태에 있다
☐ **regain** 되찾다, 회복하다
☐ **elsewhere** (어딘가) 다른 곳에서
☐ **generate** 발생시키다, 일으키다, 초래하다

p344

☐ **blaze** 활활 타다, 눈부시게 빛나다, (총을) 쏘아 대다
☐ **combatant** 전투원, 전투 부대
☐ **swoop** 급습하다, (공중에서) 달려들다, 급강하하다
☐ **wasp** 말벌
☐ **skull** 두개골, 머리
☐ **staff** 지팡이, 막대기
☐ **combined forces** 연합군, 연합 부대
☐ **unthinkable** 생각할 수 없는, 상상도 할 수 없는

p346

☐ **vexed** 짜증나는, (문제가) 곤란한, 난처한
☐ **unabashed** 뻔뻔한, 태연한
☐ **distracted** 주의가 산만한, 심란한

☐ **strand** (실, 전선, 머리카락 등의) 가닥, 올, 줄
☐ **dusty** 먼지투성이의, 먼지가 많은

☐ **sparkly** 불꽃을 튀기는, 반짝반짝 빛나는, 활기 있는
☐ **endearing** 사랑스러운
☐ **exuberant** 활기 넘치는, 생동감 넘치는
☐ **bear hug** 강한 포옹, 따뜻한 포옹

☐ **off guard** 경계를 푼, 방심하여
☐ **tenderly** 부드럽게, 상냥하게, 친절하게
☐ **expressionless** 무표정한, 표정이 없는

☐ **crotch** (인체, 바지의) 가랑이, 사타구니, (손가락, 나무 등의) 갈래

## 이 문장도 짚고 가기!

**❶ Tony was in the thick of it as an Outrider lunged for him.**

토니는 아웃라이더가 자신에게 달려들 때 전장의 중심에 있었다.

▶ In the thick of는 '~이 가장 바쁠 때'라는 말입니다. 전투가 벌어지고 있으니, 전투가 가장 격렬하게 벌어지는 곳에 토니가 있었다는 말이겠죠?

**❷ As Mantis would say, kicking names and taking ass.**

맨티스라면 보여주고 본 때리라고 말했을 것이다.

▶ 피터 퀼이 치타우리족과 싸우면서 맨티스를 떠올리는 장면입니다. 원래 이 표현은 kick ass and take names(본때를 보여주다)가 옳은 표현입니다. 〈인피니티 워〉에서 맨티스가 토니에게 목적어 ass와 name을 바꾸어 잘못 말한 것을 인용해서 쓴 것으로 보입니다.

📖 원서가 술술 읽히는 단어장

p356

- □ **goon** 폭력배, 깡패
- □ **tiring** 피곤한, 피곤하게 만드는, (사람, 이야기가) 지루한

p358

- □ **dog** (오랫동안) 괴롭히다, (누구 뒤를) 바싹 따라가다
- □ **tip** (뾰족한) 끝
- □ **brute** 짐승, 야수, 큰 동물

p360

- □ **contradict** 부정하다, 반박하다, 반대하다
- □ **key fob** 전자 열쇠

p362

- □ **heighten** 높이다, 높게 하다, (감정, 효과가) 고조되다
- □ **radio** 무전을 보내다, 무선 연락을 하다
- □ **smack** 때리다, 세게 부딪치다

p364

- □ **make fun of** ~을 놀리다, 비웃다
- □ **envelop** 감싸다, 뒤덮다, 봉하다, (적을) 포위하다, 공격하다

p366

- □ **in no time** 곧, 당장, 즉시
- □ **rear** (어떤 것의) 뒤쪽, 뒷부분, 후방의

p368

- □ **disagree** 동의하지 않다, 의견이 다르다
- □ **dead** 죽은, 작동을 안 하는, 부진한, 무감각한
- □ **hot wire** 부정으로 조작하다, (열쇠 대신에) 철사를 이용하여 차에 시동을 걸다

- ☐ **storm** 기습하다, 급습하다, 뛰쳐나가다, 호통치다
- ☐ **petty** 사소한, 하찮은, 작은, 소규모의
- ☐ **skirmish** 사소한 충돌, 작은 논쟁, 소규모 접전
- ☐ **drain** (물을) 빼내다, (힘, 재물 등을) 고갈시키다, 소모시키다
- ☐ **expend** (돈, 시간, 에너지를) 소비하다, 들이다, 쓰다
- ☐ **grumble** 불평하다, 투덜거리다, 우르릉거리다

- ☐ **sheathe** (칼을) 칼집에 넣다
- ☐ **vicious** 잔인한, 포악한, 악랄한
- ☐ **concussive** 격동적인, 충격적인, 뇌진탕의
- ☐ **radius** 반지름, 반경, (활동, 능력 등의) 범위, 구역

- ☐ **kinetic energy** 운동 에너지
- ☐ **circuit** 순환, 순회

- ☐ **obey** 순종하다, 복종하다, (명령, 법 등을) 따르다, 지키다
- ☐ **whim** (일시적인) 기분, 변덕
- ☐ **incapacitate** 무력하게 하다, 무능력하게 하다, 실격시키다
- ☐ **onslaught** 맹공격, 맹습
- ☐ **deflect** (광선, 탄알 등이 한쪽으로) 빗나가다, 빗나가게 하다
- ☐ **dart** 쏜살같이 움직이다, 흘깃 쳐다보다

- ☐ **trap** 덫, 올가미, 함정, (위험한 장소에) 가두다
- ☐ **snag** 낚아채다, 잡아채다

- ☐ **Instant** 즉시, 찰나, 순간, 순식간, 즉각적인
- ☐ **party** 정당, 일행, 무리, 단체, (군사) 부대

47

- □ **levitate** 공중에 뜨다, 공중 부양시키다
- □ **peel** (과일, 채소 등의) 껍질을 벗기다, (옷을) 벗다
- □ **bellow** (우렁찬 소리로) 고함치다, 울부짖다

- □ **whip** 채찍질하다, 매질하다, 갑자기 움직이다
- □ **troop** (대규모의) 병력, 군대, 부대, 무리
- □ **imprison** 가두다, 감금하다, 투옥하다, 수감하다

📖 원서가 술술 읽히는 단어장

p388

- ☐ **launcher** (로켓, 미사일 등의) 발사 장치
- ☐ **underbelly** 아랫배, 하복부, (공격에) 가장 취약한 부분, 약점
- ☐ **catastrophic** 큰 재앙의, 파멸적인, 비극적인
- ☐ **in concert** 일제히, 소리를 맞추어, 협력하여
- ☐ **dozens of** 수십의, 많은
- ☐ **launch** (조직적인 일을) 시작하다, (상품을) 출시하다, (우주선 등을) 발사하다
- ☐ **haphazardly** 우연히, 무계획적으로, 무턱대고, 되는 대로
- ☐ **indiscriminately** 무분별하게, 마구잡이로
- ☐ **distinguish** 구별하다, 식별하다, 구분하다, 분류하다

p390

- ☐ **scorch** 타다, 태우다, 그슬리다
- ☐ **perish** 죽다, 소멸하다, 사라지다
- ☐ **stench** 악취, 고약한 냄새
- ☐ **lethal** 치명적인, 치사의, 죽음을 초래하는
- ☐ **assault** 폭행, 공격, 습격, 급습

p392

- ☐ **deter** (기를 꺾어) 그만두게 하다, 단념시키다, 방해하다, 저지하다
- ☐ **elimination** 제거, 삭제, 제외, 배제
- ☐ **dam** 댐
- ☐ **oncoming** 다가오는, 접근하는, 장래의

p394

- ☐ **spiral** 나선, 나선형, 소용돌이, 나선형의
- ☐ **imitate** 모방하다, 본뜨다, 흉내내다
- ☐ **waterspout** 용오름, 물기둥
- ☐ **keep someone at bay** (적 등의) 접근을 막다, (문제의) 발생을 막다

p396

☐ **predicament** 곤경, 궁지

p398

☐ **dodge** (재빨리) 피하다, 회피하다
☐ **reel** 비틀거리다, 휘청거리다, 마음이 어지럽다
☐ **corner** (구석에) 가두다, (궁지에) 몰아넣다

p400

☐ **commence** 시작하다, 개시하다, 착수하다
☐ **rapid** (속도가) 빠른, 급한, 신속한, (동작이) 기민한, 민첩한

📖 원서가 술술 읽히는 단어장

p402

- ☐ **photon** 광자, 광양자
- ☐ **descend** 내려오다, 내려가다
- ☐ **outer space** (대기권 외) 우주 공간

p404

- ☐ **unstoppable** 막을 수 없는, 제지할 수 없는
- ☐ **plunge into** 뛰어들다, 돌입하다
- ☐ **flame** 불길, 불꽃, 화염
- ☐ **assist** 돕다, 거들다, 원조하다

p406

- ☐ **huddle** 몸을 웅크리다, 옹송그리다
- ☐ **horde** (사람의) 떼, 무리, 패, 군중
- ☐ **endless** 무한한, 끝없는
- ☐ **dishearten** 낙담시키다, 낙심하게 하다

p408

- ☐ **aid** 원조, 지원, 도움
- ☐ **assemblage** 집합체, 모임
- ☐ **confidently** 확신을 갖고, 자신 있게, 대담하게
- ☐ **eerie** 괴상한, 으스스한

p410

- ☐ **flit** (가볍게) 돌아다니다, 휙 스치다
- ☐ **astride** 걸터앉아, 올라타고
- ☐ **monstrous** 무시무시하게 큰, 거대한, 괴물 같은

- ☐ **battleground** 전쟁터, 전장
- ☐ **straight line** 직선
- ☐ **billow** (바람에) 부풀어 오르다, (연기, 구름 등이) 피어오르다
- ☐ **trio** 3인조

## 이 문장도 짚고 가기!

**❶ They needn't have bothered.** 그들은 고민할 필요가 없었다.

▶ 콜버스 글레이브와 프록시마 미드나이트가 전력을 다해 어벤져스에게 돌격하는 장면입니다. needn't는 need not의 줄임말로 '~할 필요가 없다'는 뜻이고, bother은 '방해하다, 괴롭히다'라는 의미입니다. 즉 타노스의 부하들은 그들의 눈앞에 나타난 어벤져스 때문에 타노스에게 바칠 건틀렛을 찾는 임무를 방해받을(have bothered) 필요가 없었다는(needn't) 뜻입니다. 쉽게 말해, 어벤져스를 신경 쓸 필요가 없었다는 말이죠.

**❷ The trio continued their attack, pinning Thanos down.**

삼인조는 타노스를 계속 공격해 그의 발을 묶어두었다.

▶ 페퍼와 슈리, 호프가 합세하여 타노스를 공격하는 장면입니다. pin down은 마치 핀으로 누군가를 콕 찍어 어디로 못 가게 만드는 이미지를 떠올리면 의미를 유추하기 쉽습니다. 우리말로 자연스럽게 말하면 '발을 묶어두다, 꼼짝 못 하게 하다'와 같은 표현이 가능합니다.

📖 원서가 술술 읽히는 단어장

p416

- ☐ **corpse** 시체, 송장
- ☐ **spur** 박차를 가하다, 원동력이 되다, 자극하다

p418

- ☐ **tackle** (상대방과) 맞붙다, 대결하다

p420

- ☐ **head-butt** 박치기, 박치기를 하다, 머리로 들이받다
- ☐ **retaliation** 보복, 앙갚음

p422

- ☐ **succession** 연속, 연발, 계승, 상속
- ☐ **unlimited** 제한 없는, 무제한의, 끝없는, 무한한
- ☐ **savor** 맛보다, 음미하다, 감상하다, 즐기다

p428

- ☐ **smirk** 히죽대며 비웃다, 능글맞게 웃다, 억지로 웃다
- ☐ **snugly** 아늑하게, 포근하게, 편안하게, 아담하게
- ☐ **triumphantly** 의기양양하게, 승리를 얻어
- ☐ **truly** 정말로, 진심으로
- ☐ **misplaced** (상황에) 부적절한, 잘못된, (위치가) 잘못된

**❶ Or so he thought.** 아니면 그가 그렇게 생각했는지도 모른다.

▶ so가 문장 앞이나 뒤에 쓰이면 '그렇게 ~했다'는 말입니다. 이 문장도 '그는 그렇게 생각했다.'라고
해석하면 자연스럽겠네요. 문장 맨 처음에 온 or을 어떻게 해석해야 할지 어려워 하시는 분들이 많은
데요. 문맥에 따라 '아니, 어쩌면, 아니면' 등으로 해석 가능합니다.

**❷ He reached out to take the gauntlet only to see Thor
swinging both Stormbreaker and Mjolnir.**

타노스가 건틀렛을 차지하기 위해 손을 뻗었을 때 스톰브레이커와 묠니르 모두를 휘두
르고 있는 토르가 눈에 들어왔다.

▶ 이 문장을 직역하면 '그가 스톰 브레이커와 묠니르를 휘두르는 토르만을 보기 위해서 건틀렛을 빼앗
으려 다가갔다'라는 어색한 표현이 됩니다. 바로 only to 때문인데요. 문장 중간에 only to가 나올
때는 '결국 ~하기 위한 것뿐이었다.'라고 해석하면 됩니다. '타노스가 건틀렛을 빼앗으려 손을 뻗었으
나, 눈앞에 나타난 건 스톰 브레이커와 묠니르를 휘두르는 토르뿐이었다.'라고 해석하면 훨씬 자연스
럽겠죠?

📖 원서가 술술 읽히는 단어장

p432

☐ **force** 힘, 기세, 체력, 폭력, 영향력, 세력
☐ **evaporate** 증발하다, 사라지다
☐ **befall** (안 좋은 일이) 닥치다, 생기다

p434

☐ **shoulder** (책임을) 짊어지다, (어깨에) 메다
☐ **dive** (물속에) 뛰어들다, (비행기, 새 등이) 급강하하다
☐ **crumble** 바스러지다, 허물어지다, 무너지다
☐ **unopposed** 반대가 없는, 저항 받지 않는
☐ **faithful** 충실한, 충직한, 신의 있는
☐ **servant** 하인

p436

☐ **molten** (금속 등이) 녹은, 용해된
☐ **slag** 재, 광재
☐ **touch down** 착륙하다
☐ **respond** 대답하다, 응답하다

p438

☐ **repetition** 반복, 되풀이
☐ **cast down** (시선을) 내리깔다, (머리를) 숙이다, 낙담시키다

📖 원서가 술술 읽히는 단어장

p444

- ☐ **age** 나이가 들다, 나이를 먹다
- ☐ **go through** (일, 어려움을) 겪다, (과정, 단계를) 거치다

p446

- ☐ **pick up** 회복되다, 더 강해지다, 다시 시작하다, 계속하다
- ☐ **firework** 폭죽, 불꽃놀이
- ☐ **overhead** 머리 위에, 하늘 높이, 높은 곳에
- ☐ **royal** 왕실의, 임금의, 국왕의, 여왕의, 성대한, 장엄한
- ☐ **tribal** 부족의, 종족의
- ☐ **council** 회의, 협의, 심의, (지방 자치 단체의) 의회

p448

- ☐ **contentedly** 만족스럽게
- ☐ **crown** 왕관

p450

- ☐ **hold in** (감정을) 억누르다
- ☐ **celebration** 축하, 기념 행사, 축전
- ☐ **reunite** 재결합하다, 합동하다
- ☐ **restore** 회복하다, 복구하다
- ☐ **pause** (말, 일을 하다가) 잠시 멈추다
- ☐ **contemplate** 심사숙고하다, 곰곰이 생각하다, 응시하다
- ☐ **testament** 유언, 유서, 증거
- ☐ **epic** 장대한, 영웅적인, 웅대한, 서사시적인

p452

- ☐ **greeting** 인사, 인사말
- ☐ **untimely** 때 이른, 시기상조의

- □ **pull off** (힘든 것을) 해내다, 성사시키다
- □ **scratch one's head** (곤란해서) 머리를 긁다, 곤혹스러워 하다
- □ **survivability** 생존가능성
- □ **gig** (대중 음악가, 코미디언의) 공연, 출연, (임시로 하는) 일, 직장

**□』 이 문장도 짚고 가기!**

❶ It's got me scratching my head about the survivability of it all. 무사히 살아 돌아올 수 있을지 잘 모르겠어.

▶ 토니는 시간 여행을 떠나기 전에 홀로그램 영상을 녹화해 두는데요. 그 홀로그램 영상 속 토니가 말하는 장면입니다. 무언가를 고심하거나 곤란한 상황에 처했을 때 무의식중에 머리를 긁게 되죠? 이것을 문자 그대로 만든 영어 표현이 scratch one's head입니다. '골똘히 생각하다' 혹은 문맥에 따라 '곤혹스러워하다'라고 해석할 수 있습니다. 책에 나오는 문장은 의역한 표현으로, 토니가 골똘히 생각해봤을 때 어벤져스가 살아남을 가능성이 있을지 잘 모르겠다는 의미입니다.

📖 원서가 술술 읽히는 단어장    p454

- ☐ **pay one's last respects** 조의를 표하다, 마지막 고별을 하다
- ☐ **floral** 꽃의, 꽃으로 만든, 꽃 그림의, 꽃무늬의
- ☐ **spray** 작은 가지, (보석 등의) 가지 모양의 장식
- ☐ **forge** 구축하다, 위조하다, (금속을) 벼리다

p456

- ☐ **reminder** 상기시키는 것, 생각나게 하는 것, 기념품, 유품
- ☐ **proof** 증거, 증거물, 증명
- ☐ **be in attendance** (특별한 행사에) 참석하다

p458

- ☐ **technological** 기술적인, 과학 기술의
- ☐ **general** 장군, 대장, 군사령관
- ☐ **Secretary of State** 국무장관

p460

- ☐ **grief** 비탄, 비통, 큰 슬픔
- ☐ **chirp** 재잘거리다, 짹짹거리다
- ☐ **inscrutable** (사람, 표정이) 불가해한, 헤아리기 어려운
- ☐ **agreeable** 동의하는, 승낙하는
- ☐ **distant** 다른 생각을 하는, (태도가) 쌀쌀한, 서먹서먹한

p464

- ☐ **majesty** 폐하, 위엄, 장엄함, 웅장함

p466

- ☐ **cheerfully** 쾌활하게, 명랑하게, 기꺼이

p468

- □ **amiably** 상냥하게, 친절하게, 온화하게
- □ **virtue** 선, 선행, 미덕, 덕목
- □ **natural** 자연의, 천연의, (행동이) 타고난, 천부적인

p470

- □ **soothingly** 달래며, 진정시켜
- □ **quail** 메추라기
- □ **insecurity** 불안, 불안정
- □ **bait** (장난삼아) 괴롭히다, 못살게 굴다

p472

- □ **muse** 사색하다, 숙고하다, 생각에 잠기다
- □ **superior** 우수한, 우세한, 우월한
- □ **in charge** ～을 맡은, 담당인

p474

- □ **nasty** (아주 나빠서) 끔찍한, 형편없는
- □ **console** 위로하다, 위안을 주다

p480

- □ **venture** 위험을 무릅쓰고 ～하다, 과감히 ～하다
- □ **unusually** 보통과는 달리, 이상하게, 매우, 대단히

p482

- □ **impatiently** 성급하게, 초조하게
- □ **flat** 평평한, 납작한, 고른

p484

- □ **gravelly** 자갈투성이의, (목소리가) 걸걸한
- □ **peaceful** 평화로운, 평온한, 조용한

p486

- □ **deserve** ～할 자격이 있다, ～할 만하다

□ **appropriately** 적당하게, 어울리게, 알맞게

p488

□ **truthfully** 정직하게, 참되게, 진실하게
□ **delight** 기쁨, 즐거움, 환희
□ **humble** 겸손한, 겸손하게 만들다, 겸손하게 처신하다
□ **faith** 믿음, 신뢰

## 이 문장도 짚고 가기!

**❶ He decided to try a page from Tony's book.**

그는 토니의 방식대로 해보기로 결심했다.

▶ 토니의 동료 해피 호건이 토니의 딸 모건을 달래는 장면입니다. 이 문장을 직역하면, 해피가 토니의 책에서 한 페이지를 시도하기로 결정했다는 의미인데요. 토니라는 책에서 한 페이지를 찾아 그것대로 시도한다는 것은 토니의 습관이나 행동을 따라해 본다는 의미입니다. 굉장히 시적인 표현이죠?

**❷ Valkyrie rolled her eyes.** 발키리가 눈을 굴렸다.

▶ 토르가 발키리에게 뉴 아스가르드의 왕이 되어 달라 하자, 장난이라고 생각한 그녀가 어이없어하는 장면입니다. roll one's eyes는 '눈을 굴리다'라는 표현인데요. 어이없다는 듯 한숨을 쉬며 눈을 위로 굴리는 모습을 상상해 보세요. 주로 어떤 상황이나 말이 어이없을 때 이 표현이 사용됩니다. 따분함을 나타내거나 곁눈질을 할 때도 자주 사용되니, 맥락에 맞게 해석해 주세요.